权威·前沿·原创

皮书系列为
"十二五""十三五""十四五"时期国家重点出版物出版专项规划项目

BLUE BOOK

智 库 成 果 出 版 与 传 播 平 台

人力资源市场蓝皮书
BLUE BOOK OF HUMAN RESOURCE MARKET

中国人力资源市场分析报告（2023）

ANALYSIS REPORT ON HUMAN RESOURCE MARKET IN CHINA (2023)

主　编／余兴安

副 主 编／田永坡

社会科学文献出版社
SOCIAL SCIENCES ACADEMIC PRESS (CHINA)

图书在版编目（CIP）数据

中国人力资源市场分析报告. 2023 / 余兴安主编；
田永坡副主编. --北京：社会科学文献出版社，
2023. 10
（人力资源市场蓝皮书）
ISBN 978-7-5228-2600-4

Ⅰ.①中… Ⅱ.①余… ②田… Ⅲ.①劳动力市场-
研究报告-中国-2023 Ⅳ.①F249. 212

中国国家版本馆 CIP 数据核字（2023）第 193285 号

人力资源市场蓝皮书

中国人力资源市场分析报告（2023）

主　　编／余兴安
副 主 编／田永坡

出 版 人／冀祥德
组稿编辑／宋　静
责任编辑／吴云岑
责任印制／王京美

出　　版／社会科学文献出版社·皮书出版分社（010）59367127
　　　　　地址：北京市北三环中路甲 29 号院华龙大厦　邮编：100029
　　　　　网址：www. ssap. com. cn
发　　行／社会科学文献出版社（010）59367028
印　　装／三河市东方印刷有限公司

规　　格／开本：787mm×1092mm　1/16
　　　　　印张：24　字数：364 千字
版　　次／2023 年 10 月第 1 版　2023 年 10 月第 1 次印刷
书　　号／ISBN 978-7-5228-2600-4
定　　价／158. 00 元

读者服务电话：4008918866

陈　君　陈　巍　陈荣鑫　林　凡　郑振华
柏玉林　侯　蓉　侯立文　夏　鸣　郭旭林
郭惠莲　戚燕群　董庆前　程　功　曾　佳
曾　辉　赖德胜　蔡梦莹　魏艳春

编　　务（按姓氏音序排列）
柏玉林　蔡梦莹　朱丹雨

主要编撰者简介

余兴安 全国政协委员，中国人事科学研究院院长、研究员，《中国人事科学》学术月刊编委会主任，兼任中国人才研究会常务副会长、中国行政管理学会副会长。主要作品有《激励的理论与制度创新》《人力资源服务概论》《人力资源管理风险防控》《当代中国的行政改革》《中国古代人才思想源流》《当代中国人事制度》及译注《经史百家杂钞》等，主编《中国人力资源发展报告》《中国人力资源市场分析报告》《中国事业单位发展报告》《中国企业人力资源发展报告》等年度蓝皮书。

田永坡 中国人事科学研究院人力资源市场与流动管理研究室主任，博士、研究员，全国人力资源服务标准化技术委员会委员。主要研究方向为教育与劳动力市场、公共就业和劳动力市场政策。先后主持国家自然科学基金、中央组织部、人力资源社会保障部及多个省市委托课题50余项，在《经济研究》等发表论文数篇，出版专著《劳动力市场发展及测量》《工作搜寻与失业研究》，部分成果被《新华文摘》《人大报刊复印资料》等全文或者部分摘转。

中国人事科学研究院简介

中国人事科学研究院（简称"人科院"），是我国干部人事改革、人才资源开发、人力资源管理和公共行政研究领域唯一的国家级专业研究机构，隶属中华人民共和国人力资源和社会保障部。

人科院肇端于 1982 年 6 月国家劳动人事部成立的人才资源研究所、1984 年 11 月成立的行政管理科学研究所及 1988 年 9 月国家人事部成立的国家公务员研究所，在经多次机构改革与职能调整后，于 1994 年 7 月正式成立。历经四十余年的发展，人科院积累了丰富的科研资源，培养了一支素质优良的科研队伍，形成了较完备的学术研究体系，产生了一大批具有较大影响的科研成果，发挥了应有的参谋智囊作用，同时也成为全国人才与人事科学研究的合作交流中心。王通讯、吴江等知名学者曾先后担任院长之职，现任院长为全国政协委员余兴安研究员。

多年来，人科院围绕大局、服务中心，研究领域涉及行政管理体制改革、人才队伍建设、公务员制度、事业单位人事制度改革、企业人力资源管理、收入分配制度改革、就业与创业、人才流动与人力资源服务业发展等方面。曾参与《公务员法》《事业单位人事管理条例》《国家中长期人才发展规划纲要》等重大政策法规的调研与起草，推动了相关领域诸多重大、关键性改革事业的发展。人科院每年承担中央单位和各省市下达或委托的近百项课题研究任务，发表百余篇学术论文，并编辑出版《中国人事科学》（月刊）、《国际行政科学评论》（季刊）、《中国人力资源发展报告》（年度出版）、《中国事业单位发展报告》（年度出版）、《中国人力资源市场分析报告》（年度出版）、《中国企业人力资源发展报告》（年度出版）、《中国培训事业发展报告》（年度出版）、《中国人事科学研究报告》（年度出版）等学术期刊和年度报，与中国社会科学出版社等合作，出版"中国人事科学研究院学术文库"系列著作。

人科院是我国在国际行政科学学术交流与科研合作领域的重要组织与牵头单位，是国际行政科学学会（IIAS）、东部地区公共行政组织（EROPA）及亚洲公共行政网络（AGPA）的中国秘书处所在地。通过多年努力，人科院在国际行政科学研究领域的作用与地位不断提升，余兴安院长、柳学智副院长先后当选为国际行政科学学会副主席。

人科院注重与国家部委、地方政府、高等院校和科研院所的交流与合作。积极搭建学术交流平台，成立"全国人事与人才科研合作网"，建立了十余家科研基地，每年举办多场高水平的学术研讨会，组织科研协作攻关，还与中国人民大学、首都经贸大学等院校联合招收硕士、博士研究生，设有公共管理学科博士后工作站。

摘　要

本书以国家统计和人社等职能部门、高校、研究机构及人力资源服务机构的统计和调查数据为基础，对人力资源市场中的供给与需求、就业、流动、人力资源服务等方面进行了系统分析，全书包括总报告、人力资源基本状况、区域与行业人力资源市场、人力资源服务四个专题，由22篇报告组成。

总报告分析了人力资源市场上供需的规模、区域分布、素质结构等状况，人力资源匹配在城乡、区域、行业等维度的表现和特点，劳动者流动性以及分区域、分行业、分单位性质的劳动者收入等状况。

人力资源的基本状况篇围绕数实融合背景下人才需求、制造业人才需求、通过公共招聘网站招聘情况等内容，对中国人力资源市场的发展特点和趋势、求职招聘、就业等问题进行了系统分析。

区域与行业人力资源市场篇以各地区的调查和统计数据为基础，对上海市、重庆市、湖南省、山东省、广东省、河南省、昆山市、青岛市以及大健康、金融等行业的供需、流动、薪酬等进行了研究。

人力资源服务篇则围绕行业、区域等维度对当前我国人力资源服务行业的发展进行了分析。在行业方面，对领导人才的评价、人才集团发展、人力资源服务头部机构的经营状况等进行了分析。在区域研究上，对北京市、云南省的人力资源服务行业发展及相关问题进行了分析和探讨。

综合全书对人力资源市场的分析，可以发现如下八个特点：一是在百城监测数据范围内，2022年的供需缺口比2021年有所减小，求职规模有所增

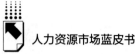

加，人力资源市场需求有所下降；二是需求依然具有结构性的特点，制造业、批发和零售业、住宿和餐饮业、居民服务修理和其他服务业、租赁和商务服务业、建筑业、信息传输计算机服务和软件业、房地产等八个行业的需求占据了百城监测数据中需求总量的八成以上；三是2022年人力资源市场流动性与上年基本持平，无论是城镇行业还是城乡之间，均呈现流动性较强的特点；四是第三代农民工正规就业比例有所提高，就业选择也逐渐由传统体力型向服务型、知识型过渡，但仍然面临着就业竞争力不强、职业层次不高等挑战；五是公共招聘网站的人力资源需求在近年来呈现招聘岗位总量下降趋势，但平均市场承诺薪酬呈现逐年提高的特点；六是业务外包、灵活用工等新兴业务在人力资源服务机构头部企业中快速增长，头部企业的营业收入、毛利等规模指标保持持续增长态势，毛利率、利润率等盈利能力指标则呈下滑趋势；七是人力资源服务行业发展实现经济效益和社会效益的双丰收，在促进就业、实现人岗匹配方面发挥了较大作用；八是人力资源服务业发展的区域化特点依然较为明显，与经济发展水平呈现较为一致的特点。

关键词： 人力资源　就业　薪酬　人力资源服务

目 录 ↰

I 总报告

II 人力资源基本状况

Ⅲ 区域与行业人力资源市场

Ⅳ 人力资源服务

皮书数据库阅读**使用指南**

总 报 告

General Report

B.1

中国人力资源市场发展状况
（2022~2023年）

田永坡　朱丹雨　郭旭林*

摘　要： 本报告使用统计、人社、发改等职能部门的统计数据，相关研究
机构以及人力资源服务机构的调查数据，对我国的人力资源市场
中劳动力供给、需求、流动、匹配等情况进行了系统分析，主要
包括：第一，劳动力供给的规模、区域分布，需求的区域分布、
行业构成等；第二，人力资源市场中供需匹配的总体情况以及不
同区域、行业层面匹配的特点；第三，城镇行业间、城乡之间劳
动力流动的状况；第四，分区域、分行业、分单位性质的劳动者
收入状况及变动趋势；第五，不同类型人员的收入状况及变动趋
势。分析结果显示：2022 年，人力资源市场上劳动力供给略有
上升，需求略有下降；求人倍率平均值为 1.42，比 2021 年的平

---

* 田永坡，博士，中国人事科学研究院人力资源市场与流动研究室主任、研究员，研究领域包
括就业、人力资源服务业及劳动力市场政策；朱丹雨，中国人事科学研究院人力资源市场与
流动研究室研究实习员，研究领域为人力资源市场；郭旭林，中国（湖南）自由贸易试验区
长沙片区芙蓉事务中心制度创新部部长。

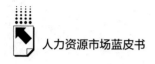

均值1.57低0.15；在流动方面，2021年全国常住外来人口占总常住人口比例为29.81%，城镇职工变动率为0.03，与上一年度基本持平，2022年全国农民工总量29562万人，比上年增长1.1%；在收入方面，城镇单位就业人员的平均工资稳步上升，平均工资排在前三位的行业依次为信息传输、软件和信息技术服务业，金融业，以及科学研究和技术服务业。

关键词： 人力资源　供需结构　劳动力流动　就业　收入

2022年，我国经济保持增长，发展质量稳步提升，为人力资源市场的发展提供了良好的基础。根据国家统计局的数据，全年国内生产总值1210207亿元，比上年增长3.0%；人均国内生产总值85698元，比上年增长3.0%。国民总收入1197215亿元，比上年增长2.8%。全员劳动生产率为152977元/人，比上年提高4.2%。三次产业结构比例进一步优化，其中，第一产业增加值占国内生产总值占比为7.3%，第二产业增加值占比为39.9%，第三产业增加值占比为52.8%。

本报告以统计、人社、发改等职能部门的统计数据，相关研究机构以及人力资源服务机构的调查数据为基础，从人力资源市场中的供给与需求、就业与失业以及劳动者收入等方面，对近年来我国人力资源市场运行的基本维度进行了描绘。

一　人力资源市场供给与需求状况分析

这里以全国近百个大中型城市①的人力资源市场监测数据为代表进行人

---

① 每个季度参加汇总的城市总数不同，如2018年第四季度全国共有102城市上报了季度数据；2018年第三季度全国共有104个城市上报了季度数据，其中，哈密、广州、北京、铜川、乌鲁木齐、渭南、辽源、长春、通化、佛山、深圳、厦门、宁波、杭州等14个城市的数据未参加全国数据汇总。

力资源市场供需状况分析。根据 2017 年第一季度至 2022 年第三季度人力资源社会保障部对人力资源市场的监测数据，本报告对我国近百个大中型城市的人力资源市场供需状况进行了分析，结果如下。

（一）人力资源市场的供给情况

总体供给变化上，2022 年总体求职人数略有上升；在区域分布上，2022 年东部和西部供给人数均略有上升，中部供给人数略有下降；2022 年求职人员中具有一定技术等级或专业技术职称的人数占比略有下降。近年来人力资源市场供给所表现的具体特征如下。

1. 求职人数有所增加；在当年的季度环比上，2022 年市场求职人数在第一季度和第三季度呈正增长，第二季度呈负增长

与上一年同期相比，2022 年市场总体求职人数有所上升，远好于 2021 年求职人数总体减少的情况。2022 年第一季度市场总体求职人数比 2021 年第一季度减少 5.4 万人，减少 1.60%；第二季度同比减少 16.20 万人，减少 5.00%；第三季度同比增加 98.10 万人，大幅增长了 39.90%（见图1）；其中，第三季度同比增速是 2018~2022 年中最高值。总体而言，2022 年前三个季度市场总体求职人数增加了 76.5 万人，这说明 2022 年求职市场总体有所回暖。

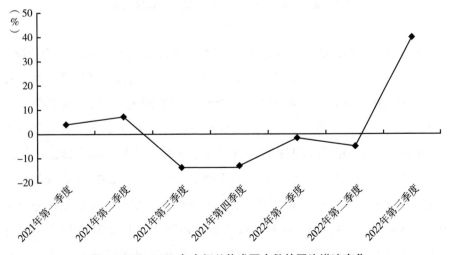

图1　2021~2022 年市场总体求职人数的同比增速变化

在当年的季度环比上，2022 年市场总体求职人数增速前三个季度分别为 27.40%、−1.00% 和 10.60%，2021 年前三个季度增速分别为 8.90%、5.50% 和−25.20%（见图 2），相比而言，2022 年增长幅度明显大于 2021 年。同时，2022 年与 2021 年的当年季度环比增速均具有相同的变化特点，即当年的第一季度较高，第二季度和第三季度均低于第一季度，甚至为负增长。总体而言，这说明市场求职人数变化具有较强的季节性特点。

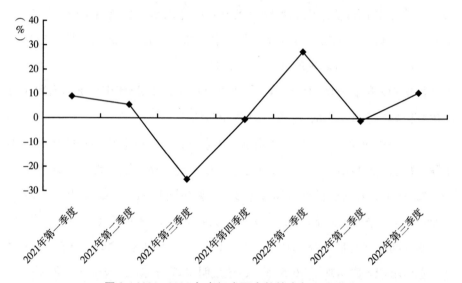

图 2　2021～2022 年市场求职人数的当年环比增速

2. 东部地区和西部地区市场供给人数均有所上升，而中部地区略有下降

与上一年同期相比，东部地区 2022 年市场供给的同比增速第一季度和第二季度均在 0 以下，增速分别为−5.00% 和−12.10%，人数分别减少 8.40 万人和 20.90 万人；第三季度则出现高速增长，增速为 83.40%，人数增加 97.10 万人；与 2021 年同期相比合计增加了 67.80 万人，说明 2022 年东部地区人力资源市场供给人数整体上略有增加。中部地区 2022 年市场供给同比增速的前三个季度依次是 8.10%、−11.70% 和 2.80%，人数变化分别是增加 7.30 万人、减少 10.00 万人和增加 1.90 万人，与 2021 年同期相比合计减少了 0.8 万人，说明 2022 年中部地区人力资源市场供给人数有所减

少。西部地区 2022 年市场供给前三个季度同比增速依次是−5.70%、22.40%和−1.50%，人数变化分别是减少 4.30 万人、增加 14.70 万人和减少 0.90 万人，与 2021 年同期相比合计增加了 9.50 万人，说明 2022 年西部地区人力资源市场供给人数略有增加（见图 3）。总体而言，2022 年东部地区和西部地区供给人数均有所增加，而在中部地区人力资源市场供给人数有所减少。

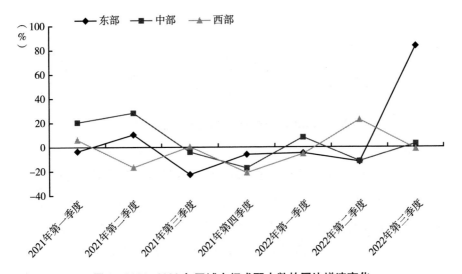

图 3　2021~2022 年区域市场求职人数的同比增速变化

　　在当年季度的环比增速上，2022 年东部地区与中部地区、西部地区变化不同，即东部地区第一季度与第三季度增速稍高，第二季度增速较低，且三个季度均为正增长，而中部地区和西部地区在第一季度为较高的正增长，第二季度和第三季度均为较低的正增长或负增长。具体表现为：东部地区前三个季度环比增速依次为 16.50%、6.40%和 36.20%；中部地区第一季度实现较高的增长（42.80%），而第二季度和第三季度则为负增长，分别是−21.60%和−2.70%；西部地区第一季度为较高的增速（34.40%），而第二季度和第三季度则为较低的正增长或负增长，分别是 9.60%和−26.90%（见图 4）。

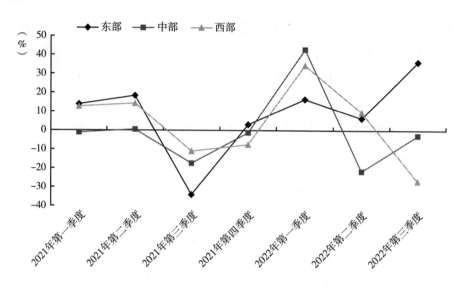

图4　2021~2022年区域市场求职人数的当年环比增速变化

3. 求职人员中具有一定技术等级或专业技术职称的比例有所下降

总体上看，2022年前三个季度求职人员中具有一定技术等级或专业技术职称的总占比均值为39.73%，低于2021年前三个季度的均值（42.10%），与2017~2021年占比的平均值（46.94%）相比，低7.21个百分点（见图5）；其中，2022年前三个季度求职人员中具有一定技术等级总占比的均值为24.07%，低于2021年前三个季度的均值（27.53%），与2017~2021年占比的均值（30.05%）相比，低5.98个百分点；2022年前三个季度求职人员中具有一定专业技术职称总占比的均值为15.67%，略高于2021年前三个季度均值（14.57%），但与2017~2021年占比的均值（16.90%）相比，低1.23个百分点（见图6）。总体来讲，与2021年相比，2022年求职人员中具有一定技术等级或专业技术职称的占比略有下降，与2017~2021年相比，该占比下降幅度较大。

（二）人力资源市场的需求情况

总体需求变化上，2022年人力资源市场总体需求有所下降，其中，第

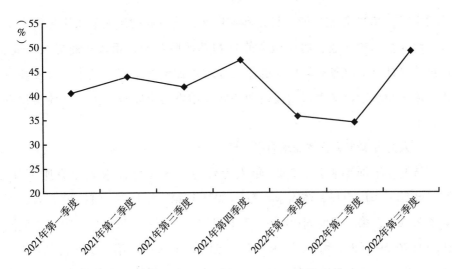

图5　2021~2022年求职人员中具有一定技术等级或专业技术职称的总占比

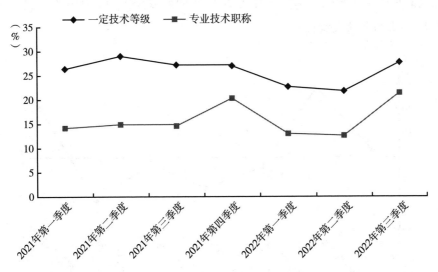

图6　2021~2022年求职人员中具有一定技术等级或专业技术职称的占比

一季度和第二季度有所下降，但第三季度有所增加；在区域上，2022年东部地区人力资源市场需求略有增加，而中部地区和西部地区人力资源市场需求均有所下降；2022年市场对技术等级或职称有明确要求的占总需求人数的比重有所下降，且下降幅度与2017~2021年相比进一步扩大；从行业需求来看,2022年制造业、批发和零售业、建筑业的用人需求占比略有上升,而住宿和餐饮业、居民服务修理和其他服务业、租赁和商务服务业、信息传输计算机服务和软件业的用人需求占比略有下降,其中,批发和零售业用人需求增幅最大,而住宿和餐饮业用人需求降幅最大,具体变化特点如下。

1. 人力资源市场总体需求有所下降

与上一年同期相比,2022年人力资源市场总体需求人数有所下降。2022年第一季度市场总体需求人数比2021年第一季度减少14.30万人,下降了2.70%;第二季度同比减少92.40万人,下降了17.90%;第三季度同比增加76.50万人,增长了20.50%(见图7);其中,第二季度同比增速下降至-17.90%,下降速度是2017~2022年中的最低值。总体而言,2022年市场总体需求人数三个季度合计比2021年同期减少了30.20万人,这说明2022年市场需求人数有所下降。

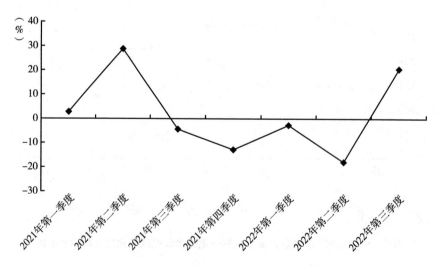

图7 2021~2022年市场总体需求同比增速变化

在当年的季度环比上,与2021年呈现相同的变化特点,2022年市场需求人数在第一季度环比增速较高,其他的季度均出现较低或负增长。具体来看,2022年前三个季度的环比增速依次为28.50%、-13.50%和5.40%,其中，第一季度的环比增速为 28.50%，明显远高于第二、三季度的环比增速（见图 8），这一变化趋势与 2017~2021 年基本一致。总体来看，人力资源市场需求具有较强的季节性特点。

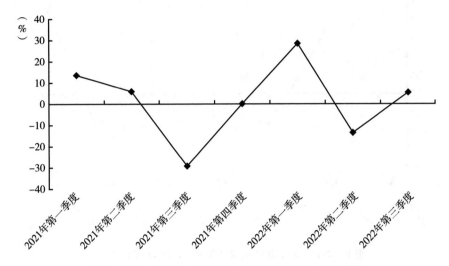

图 8　2021~2022 年市场总体需求的当年环比增速变化

2. 东部地区人力资源市场需求略有上升，中部地区和西部地区人力资源市场需求均有所下降

　　与上一年同期相比，东部地区 2022 年前三个季度人力资源市场需求变化依次是减少 6.70 万人、减少 68.00 万人和增加 78.60 万人，同比增速依次为-2.70%、-26.50% 和 45.30%，总体来看，东部地区 2022 年前三个季度人力资源市场需求比 2021 年同期增加了 3.9 万人，市场需求略有上升。中部地区 2022 年前三个季度人力资源市场需求变化依次是减少 3.40 万人、减少 19.00 万人和增加 4.90 万人，同比增速依次为-2.40%、-15.10% 和 5.10%，总体来看，中部地区 2022 年前三个季度人力资源市场需求比 2021 年同期减少了 17.50 万人，市场需求有所下降。西部地区 2022 年前三个季度人力资源市场需求均有所下降，依次减少了 4.20 万人、5.40 万人和 7.00 万人，同比增速依次为-3.20%、-4.00% 和-6.60%（见图 9），总体来看，

西部地区 2022 年前三个季度人力资源市场需求比 2021 年同期减少了 16.6 万人，市场需求有所下降。

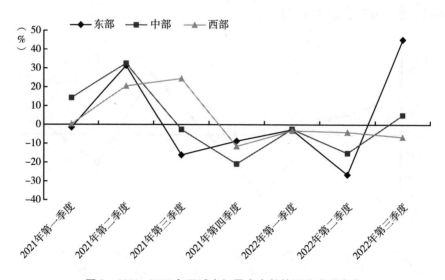

图 9 2021~2022 年区域市场需求人数的同比增速变化

在当年的季度环比上，2022 年，东部地区第一季度和第三季度均出现较高的正增长，第二季度出现较低增长或负增长，前三个季度环比增速依次为 16.00%、−14.00% 和 27.20%；而中部地区和西部地区人力资源市场需求的环比增速与 2021 年呈现相同的变化特点，即第一季度出现较高的正增长，其他的季度均出现较低增长或负增长；具体来看，中部地区人力资源市场需求的环比增速前三个季度依次为 47.50%、−23.90% 和 −4.10%，西部地区人力资源市场需求的环比增速前三个季度依次为 36.00%、−2.20% 和 −21.20%（见图 10）。

3. 市场对求职人员的技术等级或专业技术职称有明确要求的占总需求人数的比重有所下降

总体来看，2022 年前三个季度市场对求职人员的技术等级或专业技术职称有明确要求的占总需求人数的 37.93%，低于 2021 年同期占比平均值（39.17%），与 2017~2021 年占比平均值（46.38%）相比，低 8.44 个百分

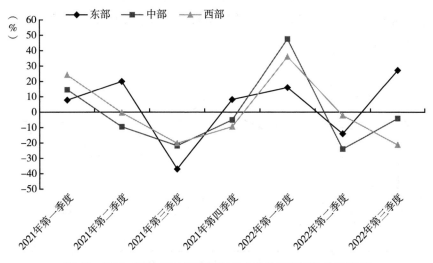

图10　2021~2022年区域市场需求人数的当年环比增速变化

点。其中，2022年前三个季度市场对技术等级有要求的占总需求人数的
22.50%，低于2021年同期的25.90%，与2017~2021年占比平均值
（29.19%）相比，低6.69个百分点；2022年前三个季度市场对专业技术职
称有要求的占总需求人数的15.43%，高于2021年同期的13.27%，但与
2017~2021年的占比平均值（17.09%）相比，低1.65个百分点；这说明与
2021年相比，2022年市场对技术等级或专业技术职称有明确要求的占总需
求人数比重有所下降，但对专业技术职称有要求的占总需求比重略有上升；
与2017~2021年相比，2022年市场对技术等级或专业技术职称有明确要求
的占总需求人数比重也有所下降。

　　分季度来看，市场对技术等级或专业技术职称有明确要求的占总需求
人数的比重2022年第一季度为35.20%，第二季度下降至32.30%，第三
季度大幅上升至46.30%（见图11）；其中，市场对技术等级有要求的占
总需求人数的比重2022年第一季度为22.30%，第二季度下降至20.40%，
第三季度上升至24.80%；市场对专业技术职称有要求的占总需求人数的
比重第一季度为12.90%，第二季度下降至11.90%，第三季度上升至

21.50%（见图12）。说明各季度市场对技术等级或专业技术职称的需求情况各有差异，其中，2022年第三季度对技术等级或专业技术职称的需求出现较大的增长。

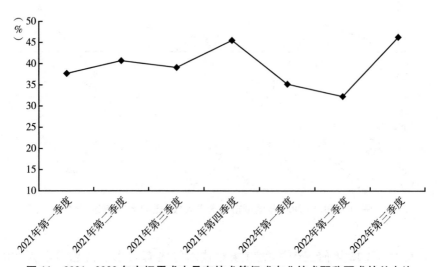

图 11　2021~2022 年市场需求中具有技术等级或专业技术职称要求的总占比

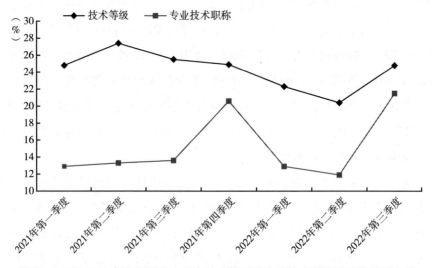

图 12　2021~2022 年市场需求中具有技术等级或专业技术职称要求的分别占比

4. 八成以上的用人需求都集中在制造业、批发和零售业、住宿和餐饮业、居民服务修理和其他服务业、租赁和商务服务业、建筑业、信息传输计算机服务和软件业、房地产

83.78%的企业用人需求集中在制造业、批发和零售业、住宿和餐饮业、居民服务修理和其他服务业、租赁和商务服务业、建筑业、信息传输计算机服务和软件业、房地产，以上各行业的用人需求比重分别为39.53%、9.67%、7.47%、8.97%、4.10%、5.37%、5.20%和3.47%（见图13）。

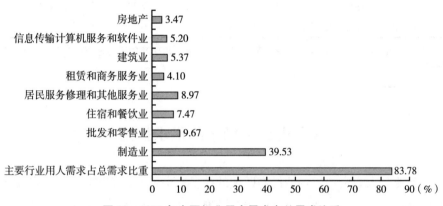

图13　2022年主要行业用人需求占总需求比重

2022年，各主要行业用人需求占比出现不同变化。其中，制造业2022年用人需求占比为39.53%，比2021年增加0.05个百分点；批发和零售业2022年用人需求占比为9.67%，比2021年增加1.77个百分点；建筑业2022年用人需求占比为5.37%，比2021年增加0.14个百分点；其中，上升幅度最大的是批发和零售业。而住宿和餐饮业、居民服务修理和其他服务业、租赁和商务服务业、信息传输计算机服务和软件业的用人需求占比在2022年均略有下降，其中，下降幅度最大的是住宿和餐饮业，与2021年相比下降1.31个百分点。总体来讲，2022年制造业用人需求继续保持增长，批发和零售业用人需求增幅最大，而住宿和餐饮业用人需求降幅最大（见表1）。

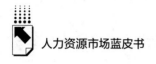

表1　2021~2022年主要行业用人需求占总需求平均比例变化

单位：%，个

主要行业	2021年	2022年	增减幅度
制造业	39.48	39.53	0.05
批发和零售业	7.90	9.67	1.77
住宿和餐饮业	8.78	7.47	-1.31
居民服务修理和其他服务业	9.23	8.97	-0.26
租赁和商务服务业	4.50	4.10	-0.40
建筑业	5.23	5.37	0.14
信息传输计算机服务和软件业	5.85	5.20	-0.65

注：有效统计数据为2021年一季度至2022年三季度，2021年因无房地产数据在此不作比较分析。

二　人力资源市场中的供求匹配情况

就业是人力资源市场的供需匹配的结果，也是人力资源市场运行状况最为关键的指标之一，这里以全国就业数据为基础，分析人力资源市场供给与需求匹配状况。

（一）全国总体就业状况

近几年全国就业总人数基本维持稳定。从年末全国就业人员总量看，2022年就业人数为73351万人，比2021年的74652万人减少1301万人，下降了1.74%。

1. 按城乡分就业状况

分城乡来看，我国城镇建设效果显著。2022年城镇就业人数为45931万人，比2021年减少了842万人，下降1.80%，增速低于2017~2021年的年均增速2.00%；2022年乡村就业人数为27420万人，比2021年减少459万人，降低1.65%，但增速高于2017~2021年的年均增速-4.02%（见表2）。这说明近年来我国就业人数处于下降趋势。

表2   2021~2022年全国城乡就业人员数量

单位：万人，%

项目	就业人员	城镇就业人员	乡村就业人员
2021年	74652	46773	27879
2022年	73351	45931	27420
2022年比2021年增长	-1.74	-1.80	-1.65
2017~2021年的年均增速	-0.47	2.00	-4.02

注：2017~2021年的年均增速为2017~2021年复合增长率，即2017年基数×（1+x%）^4＝2021年数值，其中x%为2017~2021年的年均增速，下表相同。

资料来源：《中国统计年鉴（2022）》和《中华人民共和国2022年国民经济和社会发展统计公报》。

2. 按经济类型分就业状况

从就业类型来看，2021年国有单位城镇就业人员5633万人，比2020年增长1.26%，高于2017~2021年的平均增速（-1.83%）；2021年城镇集体单位城镇就业人员262万人，比2020年减少3.32%，同时高于2017~2021年的平均增速（-10.37%），说明城镇集体单位城镇就业人员数量整体呈下降趋势；2021年有限责任公司城镇就业人员6526万人，比2020年减少0.24%，但低于2017~2021年的平均增速（0.62%）；2021年股份有限公司城镇就业人员1789万人，比2020年减少2.61%，低于2017~2021年的平均增速（-0.78%）；2021年港澳台商投资单位城镇就业人员1175万人，比2020年增长1.38%，但2017~2021年的平均增速为-2.31%，说明整体呈下降趋势；2021年外商投资单位城镇就业人员1220万人，比2020年增长0.33%，但2017~2021年的平均增速为-1.40%，整体呈下降趋势。总体而言，与2020年相比，2021年国有单位、港澳台商投资单位和外商投资单位城镇就业人员有所增加，而城镇集体单位、有限责任公司和股份有限公司有所减少（见表3）。

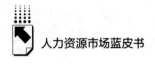

表 3　2019~2021 年主要经济类型的就业人员数量

单位：万人，%

时间	2019 年	2020 年	2021 年	2021 年比2020 年增长	2017~2021 年的年均增速
城镇就业人员	45249	46271	46773	1.08	2.00
国有单位城镇就业人员	5473	5563	5633	1.26	-1.83
城镇集体单位城镇就业人员	296	271	262	-3.32	-10.37
有限责任公司城镇就业人员	6608	6542	6526	-0.24	0.62
股份有限公司城镇就业人员	1879	1837	1789	-2.61	-0.78
私营企业城镇就业人员	14567	/	/	/	/
港澳台商投资单位城镇就业人员	1157	1159	1175	1.38	-2.31
外商投资单位城镇就业人员	1203	1216	1220	0.33	-1.40
个体城镇就业人员	11692	/	/	/	/

资料来源：2017~2022 年《中国统计年鉴》。

3. 按三次产业分就业状况

按三次产业分，与 2021 年相比，2022 年第一产业就业人员有所增加，第二产业和第三产业就业人员有所减少。但从 2017~2022 年整体来看，第一产业就业人员数量呈下降趋势，第二产业就业人员较为稳定，第三产业就业人员整体呈上升趋势。具体来看，2022 年第一产业就业人数为 17663 万人，与 2021 年相比增长 3.46%，该增速高于 2017~2021 年的年均增速（-2.74%）；2022 年第二产业就业人数为 21105 万人，与 2021 年相比减少 2.80%，且该增速低于 2017~2021 年的年均增速（-0.61%）；2022 年第三产业就业人数为 34583 万人，与 2021 年相比减少 3.58%，该增速低于 2017~2021 年的年均增速（0.34%）（见表 4）。同时，从三次产业就业人员所占比重来看，也呈现类似的变化，2022 年第一产业占比为 24.1%，比 2021 年增加 1.2 个百分点，但该比例从 2017 年至 2022 年整体上呈下降趋势；2022 年第二产业占比为 28.8%，比 2021 年减少 0.3 个百分点，该比例从 2017 年至 2022 年均维持在 28% 以上；2022 年第三产业占比为 47.1%，比 2021 年减少 0.9 个百分点，但该比例从 2017 年至 2022 年整体呈上升趋势（见表 5）。

表4　按三次产业分就业人员数量

单位：万人，%

项目	就业人员总量	第一产业	第二产业	第三产业
2021 年	74652	17095	21724	35833
2022 年	73351	17663	21105	34583
2022 年比 2021 年增长	−1.74	3.46	−2.80	−3.58
2017~2021 年的年均增速	−0.72	−2.74	−0.61	0.34

资料来源：国家统计局《中国统计年鉴（2022）》；人力资源社会保障部《2022 年度人力资源和社会保障事业发展统计公报》。

表5　按三次产业分就业人员所占比重

单位：%

年份	第一产业	第二产业	第三产业
2017	26.7	28.6	44.7
2018	25.8	28.2	46.1
2019	24.7	28.1	47.1
2020	23.6	28.7	47.7
2021	22.9	29.1	48.0
2022	24.1	28.8	47.1

资料来源：人力资源社会保障部 2017~2022 年《人力资源和社会保障事业发展统计公报》。

4. 按国民经济行业分就业状况

从国民经济行业城镇单位就业人数看，2021 年制造业、建筑业、教育业、公共管理社会保障和社会组织中就业的城镇劳动者占比较高。从具体变化情况来看（见表6），与上一年相比，2021 年有 15 个行业城镇单位就业人数年增长率为正，其中，信息传输、软件和信息技术服务业城镇单位就业人数增长最快，增速为 6.57%；之后，租赁和商务服务业城镇单位就业人数增速为 5.59%，科学研究、技术服务业城镇单位就业人数增速为 4.41%，卫生和社会工作城镇单位就业人数增速为 4.09%；住宿和餐饮业、居民服务修理和其他服务业城镇单位就业人数增速均在 3%~4%；农林牧渔业、批发和零售业、文化体育和娱乐业、水利环境和公共设施管理业城镇单位就业人数增长较慢，增速均在 1%~3%；制造业、教育业、公共管理社会保障和社会组织、房地产业等城镇单位就业人数增速均低于 1%。2021 年有 4 个行业城镇单位就业人数年增长率为负，其中，下降最快的是建筑业，城镇单位就业人员 2021 年为 1972 万人，比 2020 年降低 8.41%；之后，金融业城镇单位就业人员 2021 年为 818 万人，比 2020 年降低 4.77%；采矿业、交通运输仓储和邮政业的城镇单位就业人数分别下降 1.99%和 1.72%。

表6 2020~2021 年分行业城镇单位就业人员数量

单位：万人，%

行业	2020 年	2021 年	2021 年比 2020 年增长
农、林、牧、渔业	86	87	1.16
采矿业	352	345	-1.99
制造业	3806	3828	0.58
电力、热力、燃气及水生产和供应业	380	382	0.53
建筑业	2153	1972	-8.41
交通运输、仓储和邮政业	812	798	-1.72
信息传输、软件和信息技术服务业	487	519	6.57
批发和零售业	787	797	1.27
住宿和餐饮业	257	265	3.11
金融业	859	818	-4.77
房地产业	525	529	0.76
租赁和商务服务业	644	680	5.59
科学研究和技术服务业	431	450	4.41
水利、环境和公共设施管理业	246	253	2.85
居民服务、修理和其他服务业	83	86	3.61
教育业	1959	1972	0.66
卫生和社会工作	1052	1095	4.09
文化、体育和娱乐业	150	152	1.33
公共管理、社会保障和社会组织	1972	1986	0.71

资料来源：2021~2022 年《中国统计年鉴》。

（二）全国失业状况分析

本报告主要以城镇失业人员的情况来反映全国总体失业情况。2022 年末城镇调查失业率高达 5.50%，均超过 2020 年和 2021 年。具体来看（见表7），2020 年末城镇调查失业率为 5.20%，城镇登记失业人数为 1160 万人，城镇登记失业率为 4.24%；随着疫情得到有效控制，2021 年末全国城镇调查失业率下降至 5.10%，城镇登记失业人数降至 1040 万人，城镇登记失业率也下降至 3.96%；2022 年受国内外多重超预期因素的影响，年末城镇调查失业率上升至 5.50%，比 2021 年高出 0.4 个百分点，比 2020 年高出 0.3 个百分点，这说明 2022 年城镇失业情况有所加剧。

表 7　城镇失业情况

单位：万人，%

年份	城镇登记失业人数	城镇登记失业率	城镇调查失业率
2020	1160	4.24	5.20
2021	1040	3.96	5.10
2022	—	—	5.50

资料来源：人力资源社会保障部 2020~2022 年《人力资源和社会保障事业发展统计公报》。

（三）人力资源市场供求匹配情况

根据人力资源社会保障部对全国近百个城市公共就业服务机构登记招聘和登记求职信息的监测数据，本报告对人力资源供给与需求匹配进行了分析。2022 年求人倍率略有下降，但与 2017~2021 年整体相比，2022 年人力资源市场总体需求缺口仍较大；同时，区域间的差异仍较为明显，西部地区人力资源市场需求缺口比东部地区和中部地区较大，而中部地区存在的需求缺口则比东部地区大；市场对高技术与高技能人才的需求有所扩大，具体分析结果如下。

1.人力资源市场供求总体状况

从市场总体来看，2022 年求人倍率^①的平均值为 1.42，比 2021 年的平均值 1.57 低 0.15，但比 2017~2021 年求人倍率的平均值 1.34 高 0.08，说明 2022 年人力资源市场供求不匹配情况有所缓解，但需求缺口仍较大。具体来看（见图 14），2021 年四个季度求人倍率均保持在高位，第一季度求人倍率为 1.60，第二、三、四季度虽有所下降，但仍分别保持在 1.58、1.53 和 1.56；2022 年第一季度求人倍率为 1.57，第二、三季度继续呈下降趋势，分别为 1.37 和 1.31，远远低于 2021 年各季度的求人倍率；总体来讲，2022 年人力资源市场需求与供给的缺口比 2021 年有所缩小，但人力资源市场需求缺口仍较大。

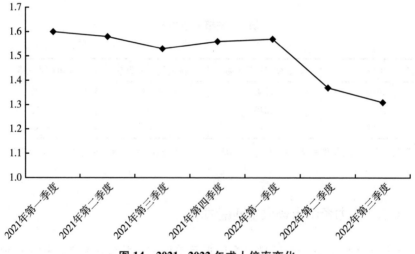

图 14   2021~2022 年求人倍率变化

2.按地区分人力资源供求匹配状况

分区域来看，2022 年东部、中部、西部地区求人倍率均大于 1，且总体上呈下降趋势（见图 15 至图 18）。东部地区 2022 年前三个季度的求人倍率平均值为 1.32，低于 2021 年同期的 1.49，但比 2017~2021 年的平均

---

① 求人倍率=岗位空缺与求职人数的比例=需求人数/求职人数，表明市场中每个求职者所对应的岗位空缺数。如 0.8 表示 10 个求职者竞争 8 个岗位。

值 1.30 高出 0.03；中部地区 2022 年前三个季度的求人倍率平均值为 1.42，低于 2021 年同期的 1.53，但比 2017~2021 年的平均值 1.33 高出 0.09；西部地区 2022 年前三个季度的求人倍率平均值为 1.65，低于 2021 年同期的 1.81，但比 2017~2021 年的平均值 1.46 高出 0.20；这说明 2022 年东部地区、中部地区和西部地区人力资源市场供求矛盾开始缓解，但总体上人力资源市场存在的需求缺口仍较大，其中，西部地区人力资源市场存在的需求缺口最大。

以区域间差异来看，随着经济结构的调整，人力资源市场也发生调整，区域间差异也更加明显，从 2021~2022 年求人倍率的平均值来看，西部地区最高，为 1.74，中部地区次之，为 1.47，东部地区最低，为 1.43，这说明西部地区用人需求缺口总体上大于东部地区和中部地区，中部地区用人需求缺口则略大于东部地区，且东部地区人力资源市场存在的需求缺口也依然较大。

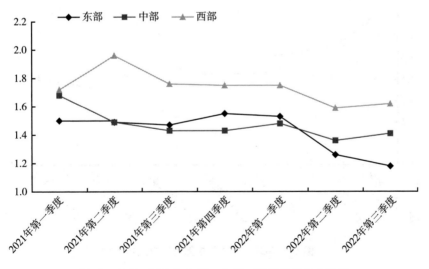

图 15　2021~2022 年东部、中部、西部地区求人倍率

3. 按技术等级分人力资源供求匹配状况

从技术等级或职称来看，2021~2022 年该比率均大于 1.9（见图 19），

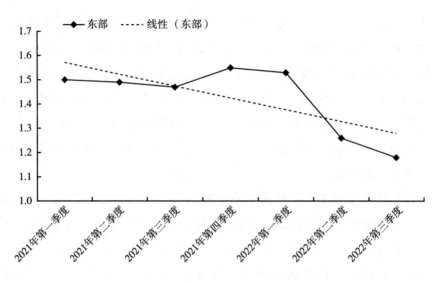

图 16 2021~2022 年东部地区求人倍率

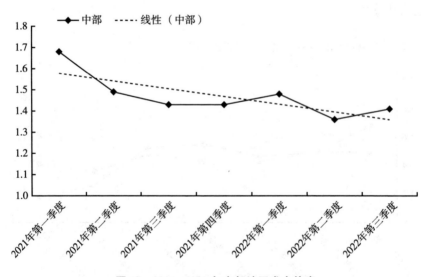

图 17 2021~2022 年中部地区求人倍率

这说明人力资源市场对具有技术等级或职称的人才需求大于供给,且供求矛盾较为突出。其中,高级技能人员、高级技师和技师的求人倍率较大,2021~2022 年的两年平均值分别为 2.50、2.91 和 2.66。

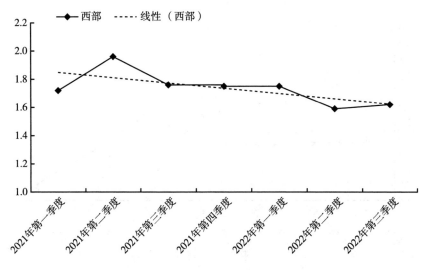

图18　2021~2022 年西部地区求人倍率

具体来看（见图19），2022 年，高级技能人员和技师的求人倍率在第一季度较高，第二季度和第三季度下降。高级技能人员的求人倍率 2022 年前三个季度依次是 2.91、2.43 和 2.01，2022 年各季度平均值为 2.45，比 2017~2021 年平均值高出 0.98；高级技师的求人倍率在 2022 年第三季度是 1.94，与 2017~2021 年相比，虽然有所下降，但仍较高；技师的求人倍率 2022 年第一季度和第二季度依次是 3.1 和 2.4，2022 年各季度平均值为 2.75，比 2017~2021 年平均值高出 0.33。这说明目前我国人力资源市场对具有一定技术等级或职称的人才需求仍存在较大的缺口，一定程度上反映了我国劳动力需求结构在不断升级，对高素质高技能人才的需求较大。

三　劳动者流动状况

（一）全国劳动者总体流动状况

根据相关研究，这里选取常住外来人口占比、城镇行业间职工变动率以及外出就业农民工数量来衡量全国劳动者的流动状况。其中，常住外来人口

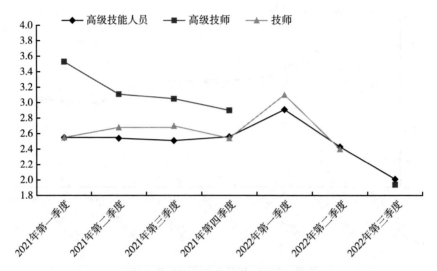

图19 2021~2022年技术等级或专业技术的岗位空缺与求职人数的比率

注：高级技师2022年第一、二季度数据缺失，技师2022年第三季度数据缺失。

占比用来反映跨地区的流动状况，城镇行业间职工变动率反映城镇劳动者的流动状况，外出就业农民工数量用来反映城乡之间劳动者的流动状况。

从全国流动人口①数量看，截至2021年底，我国人户分离人口②约5.04亿人，其中跨省、市的流动人口数量为3.85亿人，市辖区内人户分离人口1.2亿人。与2010年相比，人户分离人口数量增加1100万人，增长2.23%，流动人口数量增加900万人，增长约2.39%。

1. 常住外来人口占比

2021年全国户口登记总人口数约14.94亿，全国常住外来人口占总常住人口比重为29.81%，其中，住本乡、镇、街道，户口在本乡、镇、街道的人数约10.41亿，住本乡、镇、街道，户口在外乡、镇、街道，离开户口登记地半年以上的人数约4.45亿。从近年变化看，全国常住外来人口占总常住人口

---

① 本文所指流动人口是指人户分离人口中扣除市辖区内人户分离的人口。
② 人户分离人口是指居住地与户口登记地所在的乡镇街道不一致且离开户口登记地半年以上的人口。

比重在 2021 年有所下滑，由 2020 年的 34.95% 降至 29.81%，但仍高出 2019 年的 22.02%。① 从各省（区、市）常住外来人口占比情况来看，上海市取代北京市成为常住外来人口占比最高的城市，排名前五的省份分别为上海市（56.77%）、北京市（55.63%）、浙江省（41.44%）、广东省（40.99%）和内蒙古自治区（40.53%）（见表8）。

表8　2021 年各省（区、市）常住外来人口占比情况

单位：千人，%

地区	总人口数	住本乡、镇、街道,户口在本乡、镇、街道	住本乡、镇、街道,户口在外乡、镇、街道,离开户口登记地半年以上	常住外来人口占比
全　国	1494054	1041754	445361	29.81
上　海	26365	11206	14967	56.77
北　京	23185	10081	12898	55.63
浙　江	69273	39729	28708	41.44
广　东	134340	78330	55060	40.99
内蒙古	25418	15067	10303	40.53
宁　夏	7678	4692	2971	38.69
天　津	14541	8926	5574	38.33
吉　林	25158	15547	9481	37.69
重　庆	34019	21352	12589	37.01
福　建	44352	27675	15874	35.79
江　苏	90085	60480	29254	32.47
辽　宁	44797	30567	13960	31.16
湖　北	61748	42808	18772	30.40
山　西	36863	26064	10699	29.02
四　川	88670	62755	25684	28.97
安　徽	64744	45833	18684	28.86
黑龙江	33098	23638	9359	28.28

① 各年度《中国统计年鉴》，其中 2019 年和 2021 年为抽样调查数据。

续表

地区	总人口数	住本乡、镇、街道,户口在本乡、镇、街道	住本乡、镇、街道,户口在外乡、镇、街道,离开户口登记地半年以上	常住外来人口占比
青　海	6289	4503	1770	28.14
海　南	10800	7864	2898	26.83
新　疆	27427	20095	7256	26.46
陕　西	41876	30809	10899	26.03
贵　州	40798	30771	9907	24.28
湖　南	70141	53215	16755	23.89
江　西	47847	36364	11297	23.61
山　东	107712	81745	25399	23.58
云　南	49677	38149	11308	22.76
甘　肃	26368	20592	5719	21.69
广　西	53347	41612	11552	21.65
河　北	78885	62167	16537	20.96
西　藏	3873	3143	711	18.36
河　南	104679	85976	18517	17.69

注：2022 年相关数据暂未公布，因此跟踪数据截至 2021 年；统计年鉴中的相关数据采用抽样方式统计。

资料来源：国家统计局《中国统计年鉴》，中国统计出版社。

2. 城镇行业间职工变动率状况

城镇行业间职工变动率是指所有行业劳动者变换工作的比例，反映了城镇人力资源的流动状况。根据《中国统计年鉴》的相关数据，2021 年中国城镇行业间职工变动率为 0.03，与上一年度基本持平。从更长周期来看，2017~2021 年中国城镇行业间职工变动率呈现先升后降的趋势，从 2017 年的 0.04 上升至 2019 年最高点 0.10，随后于 2021 年降至 0.03（见图 20）。

从 2021 年变动最大的五个行业中可以看出（见表 9），建筑业和金融业 2 个行业处于人口流失状态；信息传输软件和信息技术服务业、租赁和商务服务业、科学研究和技术服务业均处于人口增长状态。比较 2017~2021 年各行业变动情况，信息传输、软件和信息技术服务业有四年人员跨行变动率

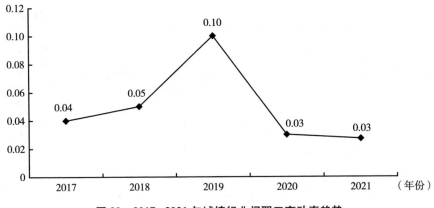

图20　2017~2021年城镇行业间职工变动率趋势

进入前5名；建筑业、租赁和商务服务业有三年职工变动率进入前5名；金融业、科学研究和技术服务业有1~2次进入。

2017年信息传输、软件和信息技术服务业职工变动率最大，当年就业人数增加了7.92%；2018~2020年，农、林、牧、渔业最大，均为行业人员流出状态；2021年建筑业职工变动率最大，行业人员流出9.20%，2021年该行业人数较2017年整体水平下降了1/4。

表9　2017~2021年城镇行业间职工变动率排名前五的行业

单位：万人，%

年份（γ）	类别	农、林、牧、渔业	采矿业	制造业	建筑业	批发和零售业	信息传输、软件和信息技术服务业	金融业	租赁和商务服务业	科学研究和技术服务业	公共管理、社会保障和社会组织
2017年（3.56%）	变动率		7.80	5.57		3.82	7.92		6.54		
	变动值		（↓）35.5	（↓）258.3		（↓）32.2	31.3		34.2		
	就业人数		455.4	4635.5		842.8	395.4		522.6		

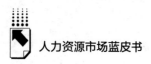

续表

年份 (γ)	类别	农、林、牧、渔业	采矿业	制造业	建筑业	批发和零售业	信息传输、软件和信息技术服务业	金融业	租赁和商务服务业	科学研究和技术服务业	公共管理、社会保障和社会组织
2018 年 (5.14%)	变动率	32.61	9.89	10.94			6.81				5.06
	变动值	(↓)62.8	(↓)41	(↓)457.2			28.9				91.9
	就业人数	192.6	414.4	4178.3			424.3				1817.5
2019 年 (10.11%)	变动率	43.62	12.70		19.40			15.35	19.82		
	变动值	(↓)58.5	(↓)46.7		(↓)440.4			126.8	130.9		
	就业人数	134.1	367.7		2270.5			826.1	660.4		
2020 年 (2.87%)	变动率	56.48	4.43		5.44	5.48	6.53				
	变动值	(↓)48.4	(↓)15.6		(↓)117.2	(↓)43.1	(↓)31.8				
	就业人数	85.7	352.1		2153.3	786.9	487.1				
2021 年 (2.71%)	变动率				9.20		6.18	4.95	5.39	4.20	
	变动值				(↓)181.4		32.1	(↓)40.5	36.7	18.9	
	就业人数				1971.9		519.2	818.5	680.3	450.1	

注：↓表示该行业人数同比减少，未标注为人数同比增长。

资料来源：国家统计局《中国统计年鉴》，中国统计出版社。

3. 农民工流动状况

农民工是推动我国快速工业化发展的不可或缺的重要力量，作为全国乡村人口中占比庞大的群体，这一群体的流动情况也间接反映了我国产业经济发展风向。2022年全国农民工总量29562万人，比上年增加311万人，增长1.1%。其中，本地农民工12372万人，比上年增加293万人，增长2.4%；外出农民工17190万人，比上年增加18万人，增长0.1%。从更长周期来看，2017~2022年，农民工总人数总体呈现"增—降—增"的趋势，最高点和最低点分别位于2022年（2.96亿）和2020年（2.86亿），增速于2021年达到最高点2.4%（见图21）。

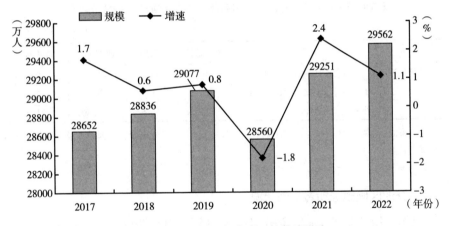

图21　2017~2022年农民工规模及增速

资料来源：2017~2022年《农民工监测调查报告》。

（二）分地区劳动者流动状况

分地区来看，2021年东部地区人口约5.99亿人，占比40.13%；中部地区人口约3.86亿人，占比25.84%；西部地区人口约4.05亿人，占比27.14%；东北地区人口约1.03亿人，占比6.90%。地区间的流动情况具体如下。

1. 分地区常住外来人口占比情况

从各地区常住外来人口平均占比可知，2021年东部地区平均占比最高，为34.55%，之后是东北地区、西部地区和中部地区，分别为31.83%、27.30%和24.54%。

在具体省份方面，常住外来人口占比最高的5个省份中，属于东部地区的有4个，属于西部地区的有1个。常住外来人口占比超过或等于全国平均值的有13个省份，其中东部地区有7个、中部地区1个、西部地区3个、东北地区2个（见表10）。东部地区的常住外来人口比例高于中部、西部和东北部，且排名靠前的主要集中在我国经济发达的三大城市群（长三角城市群、京津冀城市群和粤港澳大湾区）。

表10　2021年常住外来人口排名及平均占比情况（按地区划分）

单位：个，%

项目	东部地区	中部地区	西部地区	东北地区
常住外来人口占比排名前5的省份数量	4	0	1	0
常住外来人口占比不低于全国平均值省份数量	7	1	3	2
常住外来人口平均占比	34.55	24.54	27.30	31.83

资料来源：国家统计局《中国统计年鉴（2022）》，中国统计出版社。据表8及相关数据比较计算得出。

2. 分地区城镇劳动者流动状况

这里使用国家统计局对全国31个省（区、市）2017~2021年历年分行业城镇单位就业人员数量的统计数据进行分析，得出各省（区、市）2017~2021年城镇行业间职工变动率和2021年人员变动最多的行业排名（见表11、表12）。

由2021年人员变动最多的行业前3名可知，各省份人员流动第1位的行业中，有9个省份建筑业人员流动量最大，制造业和金融业均为7个省份；各省份人员流动第2位的行业中，有10个省份建筑业人员流动量最大，之后是制造业（7个）和金融业（5个）；各省份人员流动第3位的行业中，有5个省份的教育业或制造业人员流动量最大，之后卫生和社会工作以及公共管理、社会保障和社会组织各有4个省份。

由此看来，各省份 2021 年城镇行业间职工变动率中，第二产业（建筑业、制造业）和金融业人员流动性较强，教育业、卫生和社会工作以及公共管理、社会保障和社会组织等第三产业的人员流动也占据了很大份额。

从 2017~2021 年各省份城镇行业间职工变动率来看，全国各省份行业人员流动存在一定规律性。在整个统计周期中，多数省份的人口流动性呈现先增强后减弱的趋势。2019 年行业间人员流动性较强，约有 18 个省份在此年达到最高。2017 年行业间人员流动性较弱，约有 16 个省份在此年达到最低值。从 2021 年行业人口流动性处于最低点的 9 个省份看，河北省在整个统计周期呈现初期高、末期低的趋势，甘肃省、广东省、贵州省、湖北省、吉林省、内蒙古自治区和山东省等省份在统计周期中均呈现先增后降的趋势。

表 11　2017~2021 年各省份城镇行业间职工变动率

单位：%

省份	2017 年	2018 年	2019 年	2020 年	2021 年
安　徽	0.03	0.14	0.14	0.05	0.05
北　京	0.04	0.06	0.08	0.09	0.05
重　庆	0.04	0.06	0.13	0.09	0.06
福　建	0.06	0.06	0.17	0.08	0.06
甘　肃	0.06	0.09	0.08	0.07	0.03
广　东	0.04	0.07	0.12	0.04	0.03
广　西	0.05	0.07	0.07	0.08	0.06
贵　州	0.05	0.07	0.09	0.05	0.04
海　南	0.07	0.06	0.07	0.11	0.09
河　北	0.21	0.05	0.09	0.05	0.03
河　南	0.03	0.18	0.07	0.04	0.06
黑龙江	0.05	0.08	0.19	0.12	0.06
湖　北	0.05	0.08	0.06	0.09	0.04
湖　南	0.02	0.05	0.10	0.04	0.03
吉　林	0.07	0.13	0.10	0.11	0.04
江　苏	0.03	0.07	0.21	0.02	0.06
江　西	0.05	0.10	0.07	0.03	0.04
辽　宁	0.09	0.09	0.07	0.08	0.05

续表

省份	2017 年	2018 年	2019 年	2020 年	2021 年
内蒙古	0.07	0.09	0.15	0.06	0.05
宁　夏	0.03	0.09	0.08	0.11	0.06
青　海	0.05	0.09	0.14	0.04	0.06
山　东	0.04	0.07	0.13	0.05	0.02
山　西	0.02	0.04	0.11	0.03	0.03
陕　西	0.03	0.04	0.09	0.06	0.04
上　海	0.05	0.06	0.16	0.12	0.06
四　川	0.04	0.07	0.08	0.08	0.04
天　津	0.15	0.11	0.07	0.06	0.06
西　藏	0.07	0.15	0.23	0.16	0.08
新　疆	0.05	0.23	0.10	0.05	0.05
云　南	0.04	0.04	0.27	0.08	0.05
浙　江	0.04	0.05	0.12	0.07	0.06

注：在 2018 年分行业统计数据中，西藏自治区和宁夏回族自治区的居民服务、修理和其他服务业城镇单位就业人员数值为空。对于缺失值的算法，本文采用了计算前后各一年数据的平均值。

资料来源：国家统计局。

表12　2021 年全国各省份人员变动最多的行业前 3 名

省份	第 1 位	第 2 位	第 3 位
安　徽	建筑业	金融业	制造业
北　京	信息传输、软件和信息技术服务业	租赁和商务服务业	教育业
重　庆	金融业	建筑业	采矿业
福　建	建筑业	金融业	制造业
甘　肃	金融业	建筑业	公共管理、社会保障和社会组织
广　东	金融业	制造业	信息传输、软件和信息技术服务业
广　西	建筑业	租赁和商务服务业	制造业
贵　州	建筑业	制造业	采矿业
海　南	教育业	房地产业	制造业
河　北	制造业	建筑业	信息传输、软件和信息技术服务业
河　南	制造业	建筑业	教育业
黑龙江	金融业	信息传输、软件和信息技术服务业	建筑业

省份	第1位	第2位	第3位
湖 北	金融业	建筑业	卫生和社会工作
湖 南	制造业	建筑业	租赁和商务服务业
吉 林	采矿业	公共管理、社会保障和社会组织	卫生和社会工作
江 苏	建筑业	制造业	公共管理、社会保障和社会组织
江 西	制造业	批发和零售业	金融业
辽 宁	制造业	金融业	公共管理、社会保障和社会组织
内蒙古	金融业	制造业	公共管理、社会保障和社会组织
宁 夏	制造业	建筑业	教育业
青 海	制造业	建筑业	采矿业
山 东	教育业	制造业	卫生和社会工作
山 西	采矿业	建筑业	制造业
陕 西	建筑业	金融业	交通运输、仓储和邮政业
上 海	租赁和商务服务业	信息传输、软件和信息技术服务业	批发和零售业
四 川	建筑业	制造业	金融业
天 津	公共管理、社会保障和社会组织	金融业	教育业
西 藏	金融业	公共管理、社会保障和社会组织	电力、热力、燃气及水生产和供应业
新 疆	建筑业	公共管理、社会保障和社会组织	教育业
云 南	公共管理、社会保障和社会组织	建筑业	卫生和社会工作
浙 江	建筑业	制造业	信息传输、软件和信息技术服务业

资料来源：国家统计局。

3. 分地区农民工流动状况

农民工的流动频率和方向能在一定程度上反映劳动力市场的发育状况。长三角、粤港澳大湾区和京津冀是我国经济活力强、开放程度高、产业种类多、创新能力强、吸纳外来人口最多的地区，故该地区吸纳的农村流动人口也较为庞大。

从农民工输入地输出地来看，2022年东部地区净流入人口达5044万，中部地区净流出人口3081万，西部地区净流出人口1915万，东北地区净流出人口113万人。2022年东部地区人口流出数量最多，超过1亿人，之后是中部地区、西部地区和东北地区，分别为0.99亿、0.84亿和0.09亿人。东部地区人口流入数量最多且较上一年基本持平，超过1.5亿人，之后是中部地区、西部地区、东北地区和其他地区，分别约为0.68亿、0.64亿、0.08亿和65万人。

从更长周期来看，2020~2022年各地区农民工输入输出变化，东部地区流出和流入人口数量均处于增加的趋势，流出人口增加数量约为279万，流入人口增加315万人。中部地区流出和流入人口数量均有所增加，流出人口增加数量约为405万，流入人口增加544万人。西部地区流出和流入人口数量均有增加，流出人口增加数量约为317万，流入人口增加157万人。而东北地区流出和流入人口数量波动幅度较大，流出人口数量仅增加1万人，流入人口数量减少10万人（见表13）。

表13 2017~2022年农民工地区分布（按输入地、输出地划分）

单位：万人

年份	东部地区		中部地区		西部地区		东北地区		其他地区
	流出	流入	流出	流入	流出	流入	流出	流入	流入
2017	10430	15993	9450	5912	7814	5754	958	914	79
2018	10410	15808	9538	6051	7918	5993	970	905	79
2019	10416	15700	9619	6223	8051	6173	991	895	86
2020	10124	15132	9447	6227	8034	6279	955	853	69
2021	10282	15438	9726	6571	8248	6280	995	894	68
2022	10403	15447	9852	6771	8351	6436	956	843	65

注：其他地区指中国港、澳、台地区及其他国家和地区。

资料来源：2017~2022年《农民工监测调查报告》。

从农民工流动范围来看，2022年中部地区跨省流动人口数量最多，为3511万，之后是西部地区、东部地区和东北地区，分别为2657万、703万和 190 万。东部地区省内流动人口数量最多，为 3984 万，之后是西部地区、中部地区和东北地区，分别为 2931 万、2799 万和 415 万。由此可知，2022 年东部地区合计流动人口 4687 万，中部地区 6310 万，西部地区 5588 万，东北地区 605 万（见表 14）。经过对 2017~2022 年各区域农民工跨省及省内流动变化分析可知，东部地区、中部地区和西部地区均呈跨省流动人口数量下降，省内流动人口数量增加的趋势；东北地区趋势相反，即跨省流动增加，省内流动减少。

表 14　2017~2022 年农民工地区分布（按流动范围划分）

单位：万人

年份	东部地区		中部地区		西部地区		东北地区	
	跨省	省内	跨省	省内	跨省	省内	跨省	省内
2017	826	3888	3918	2474	2787	2683	144	465
2018	812	3906	3889	2529	2727	2775	166	462
2019	821	3971	3802	2625	2691	2864	194	457
2020	719	3905	3593	2617	2557	2933	183	452
2021	700	3936	3578	2742	2669	2913	183	451
2022	703	3984	3511	2799	2657	2931	190	415

资料来源：2017~2022 年《农民工监测调查报告》。

四　劳动者收入状况

鉴于工资收入数据可获得性，本报告以城镇单位就业人员平均工资、农村居民收入等指标对劳动者的收入加以分析，具体分析结果如下。

（一）城镇单位就业人员

1.城镇单位就业人员平均工资总体状况

总体来看，城镇单位就业人员的平均工资稳步上升。2022 年城镇单位

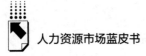

就业人员平均工资达到 114029 元，比 2021 年增加 7192 元，增长 6.7%，增速较上年有所下滑（见图 22）。

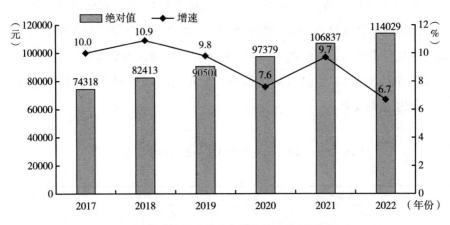

图 22　城镇单位就业人员平均工资及增速

资料来源：2018~2022 年《中国统计年鉴》；2022 年数据来源于国家统计局《2022 年城镇非私营单位就业人员年平均工资 114029 元》，http：//www. stats. gov. cn/sj/zxfb/202305/t20230509_ 1939290. html。

2. 按行业分城镇单位就业人员平均工资状况

分行业来看，行业间年平均工资差距较大，不同行业年平均工资增速也存在一定差异。具体来说，2022 年平均工资排在前三位的行业依次为信息传输、软件和信息技术服务业，金融业，以及科学研究和技术服务业，年平均工资额分别为 220418 元、174341 元和 163486 元（见表 15）。

从年平均工资增速看，2022 年平均工资增速较 2021 年有所放缓，增长率超过 10% 的行业由 2021 年的 7 个行业降至 2 个（金融业），且房地产业出现负增长。综合两年行业就业人员年平均工资来看，金融业，采矿业，信息传输、软件和信息技术服务业和农、林、牧、渔业在 2020 年至 2022 年间就业人员平均工资增长趋势较好。

表 15　按行业分城镇单位就业人员年平均工资及增速

单位：元，%

行业分类	2022 年	2021 年	2020 年	比 2021 年增长	比 2020 年增长
农、林、牧、渔业	58976	53819	48540	9.6	21.5
采矿业	121522	108467	96674	12	25.7
制造业	97528	92459	82783	5.5	17.8
电力、热力、燃气及水生产和供应业	132964	125332	116728	6.1	13.9
建筑业	78295	75762	69986	3.3	11.9
批发和零售业	115408	107735	96521	7.1	19.6
交通运输、仓储和邮政业	115345	109851	100642	5	14.6
住宿和餐饮业	53995	53631	48833	0.7	10.6
信息传输、软件和信息技术服务业	220418	201506	177544	9.4	24.1
金融业	174341	150843	133390	15.6	30.7
房地产业	90346	91143	83807	-0.9	7.8
租赁和商务服务业	106500	102537	92924	3.9	14.6
科学研究和技术服务业	163486	151776	139851	7.7	16.9
水利、环境和公共设施管理业	68256	65802	63914	3.7	6.8
居民服务、修理和其他服务业	65478	65193	60722	0.4	7.8
教育	120422	111392	106474	8.1	13.1
卫生和社会工作	135222	126828	115449	6.6	17.1
文化、体育和娱乐业	121151	117329	112081	3.3	8.1
公共管理、社会保障和社会组织	117440	111361	104487	5.5	12.4

资料来源：2021~2022 年《中国统计年鉴》；2022 年数据来源国家统计局《2022 年城镇非私营单位就业人员年平均工资 114029 元》，http：//www.stats.gov.cn/sj/zxfb/202305/t20230509_1939290.html。

3. 按单位性质分城镇单位就业人员平均工资状况

分单位性质来看，2022 年外商投资单位、股份有限公司、港澳台商投资单位和国有单位就业人员平均工资相对较高。港澳台商投资单位、外商投资单位和股份有限公司的就业人员的平均工资增长率相对较高，均超过了 8%。

从具体来看，2022 年不同性质城镇单位就业人员平均工资增速较上年同比有所放缓，外商投资单位就业人员年平均工资为 137199 元，比 2021 年增加 11180 元，增长 8.9%；股份有限公司就业人员年平均工资为 131720

元，比 2021 年增加 10126 元，增长 8.3%；港澳台商投资单位超过国有单位位列第三，年平均工资为 124841 元，比 2021 年增加 10807 元，增长 9.5%（见表 16）。综合行业就业人员年平均工资来看，港澳台商投资单位、外商投资单位和股份有限公司在 2020 年至 2022 年就业人员平均工资增长较快。

表 16　按登记注册类型分城镇单位就业人员年平均工资及增速

单位：元，%

项目	2022 年	2021 年	2020 年	比 2021 年增长	比 2020 年增长
国有	123622	115583	108132	7	14.3
集体	77868	74491	68590	4.5	13.5
有限责任公司	98206	93209	84439	5.4	16.3
股份有限公司	131720	121594	108583	8.3	21.3
港澳台商投资	124841	114034	100155	9.5	24.6
外商投资	137199	126019	112089	8.9	22.4
其他	81596	79384	74399	2.8	9.7

资料来源：2021~2022 年《中国统计年鉴》；2022 年数据来源国家统计局《2022 年城镇非私营单位就业人员年平均工资 114029 元》，http://www.stats.gov.cn/sj/zxfb/202305/t20230509_1939290.html。

（二）农村居民

2022 年，农村居民收入稳步增长，与城镇居民收入差距有所缩小。全国农村居民人均可支配收入达到了 20133 元，比 2021 年增长了 6.3%（见表 17），扣除价格因素，实际增长 4.2%。

表 17　农村居民人均可支配收入情况

单位：元，%

项目	2022 年	2021 年	2020 年
农村居民人均可支配收入	20133	18931	17131
比上年增长	6.3	10.5	3.8

资料来源：国家统计局《2020~2022 年居民收入和消费支出情况》，http://www.stats.gov.cn/sj/zxfb/202302/t20230203_1901715.html。

分收入构成看，2022 年农村居民人均可支配收入增速较上年有所放缓，农村居民人均可支配工资性收入 8449 元，比上一年增长 6.2%；农村居民人均可支配经营净收入 6972 元，比上一年增长 6.2%；农村居民人均可支配财产净收入 509 元，比上一年增长 8.4%；农村居民人均可支配转移净收入 4203 元，比上一年增长 6.8%（见表 18）。

表 18　农村居民人均可支配收入构成情况

单位：元，%

项目	2022 年	2021 年	2020 年
农村居民人均可支配工资性收入	8449	7958	6974
农村居民人均可支配工资性收入比上年增长	6.2	14.1	5.9
农村居民人均可支配经营净收入	6972	6566	6077
农村居民人均可支配经营净收入比上年增长	6.2	8	5.5
农村居民人均可支配财产净收入	509	469	419
农村居民人均可支配财产净收入比上年增长	8.4	12.1	11
农村居民人均可支配转移净收入	4203	3937	3661
农村居民人均可支配转移净收入比上年增长	6.8	7.5	11

资料来源：国家统计局《2020~2022 年居民收入和消费支出情况》，http://www.stats.gov.cn/sj/zxfb/202302/t20230203_ 1901715.html。

五　小结

根据对我国人力资源市场供需、流动和收入的统计分析，本报告发现以下几个特点。

（一）人力资源市场供需的规模和结构

百城统计的数据分析显示，2022 年，人力资源市场求职人数略有上升，市场需求有所下降，岗位空缺与求职人数比例总体呈下降趋势，具体如下。

1.市场求职规模略有上升

与上一年同期相比，2022 年求职人数有所上升；在当年的季度环比上，

2022年市场求职人数的环比增速在第一季度和第三季度呈正增长，第二季度呈负增长。与上一年同期相比，2022年东部地区和西部地区市场的供给人数均有所上升，而中部地区供给人数略有下降；在当年的季度环比增速上，2022年东部地区人力资源市场供给的环比增速在第一季度、第三季度较高，第二季度较低，而中部地区和西部地区均在第一季度增速较高，第二季度和第三季度则较低。

2.市场需求略有下降

与上一年同期相比，2022年人力资源市场总体需求有所下降，其中，在第一、二季度有所下降，在第三季度有所上升；在当年的季节环比增速上，2022年与往年一样呈季节性变化，即第一季度出现较高的正增长，其他的季度均出现较低或负增长。

从区域看，与上一年同期相比，2022年东部地区人力资源市场需求略有上升，中部地区和西部地区人力资源市场需求均有所下降；在当年的季度环比增速上，2022年中部和西部人力资源市场需求的环比增速具有相同的变化趋势，即第一季度出现较高的正增长，其他的第二季度均出现较低增长或负增长，而东部地区第一季度、第三季度均出现较高的正增长，第二季度出现较低增长或负增长。

按技术等级来分，与2021年相比，2022年市场对求职人员的技术等级或职称有明确要求的占总需求人数的比重有所下降，其中，对专业技术职称有要求的占总需求比重略有上升；与2017~2021年相比，2022年整体技能人才需求是有所下降且下降幅度有所扩大。

从行业需求来看，八成以上的用人需求都集中在制造业、批发和零售业、住宿和餐饮业、居民服务修理和其他服务业、租赁和商务服务业、建筑业、信息传输计算机服务和软件业、房地产；其中，2022年制造业、批发和零售业、建筑业的用人需求占比略有上升，而住宿和餐饮业、居民服务修理和其他服务业、租赁和商务服务业、信息传输计算机服务和软件业的用人需求占比略有下降。

（二）人力资源市场供需匹配结果

从市场总体来看，2022年市场求人倍率的平均值为1.42，比2021年的平均值 1.57 低 0.15，但比 2017~2021 年市场求人倍率的平均值 1.34 高 0.08。

分区域来看，2022 年东部、中部、西部地区市场求人倍率均大于 1，且总体上该比率呈下降趋势。东部地区 2022 年前三个季度的市场求人倍率平均值为 1.32，低于 2021 年同期的 1.49，但比 2017~2021 年的平均值 1.30 高出 0.03；中部地区 2022 年前三个季度的市场求人倍率平均值为 1.42，低于 2021 年同期的 1.53，但比 2017~2021 年的平均值 1.33 高出 0.09；西部地区 2022 年前三个季度的市场求人倍率平均值为 1.65，低于 2021 年同期的 1.81，但比 2017~2021 年的平均值 1.46 高出 0.20；这说明 2022 年东部地区、中部地区和西部地区人力资源市场供求变化趋势开始往下走，但市场供求矛盾仍较为突出，其中，西部地区人力资源市场供求矛盾仍最为突出。

从技术等级或职称来看，2021~2022 年该比率均大于 1.9，这说明人力资源市场对具有技术等级或职称的人才需求大于供给，且供求矛盾较为突出。其中，高级技能人员、高级技师和技师的市场求人倍率较大，2021~2022 年的两年平均值分别为 2.50、2.91 和 2.66。

（三）劳动者流动

本报告选取常住外来人口占比、城镇行业间职工变动率以及外出就业农民工数量来衡量全国劳动者的流动状况。其中，常住外来人口占比用来反映跨地区的流动状况，城镇行业间职工变动率反映城镇劳动者的流动状况，外出就业农民工数量用来反映城乡之间劳动者的流动状况。数据显示，2021 年全国户口登记总人口数约 14.94 亿，全国常住外来人口占总常住人口比重为 29.81%，其中，住本乡、镇、街道，户口在本乡、镇、街道的人数约 10.41 亿，住本乡、镇、街道，户口在外乡、镇、街道，离开户口登记地半年以上的人数约 4.45 亿；2021 年中国城镇行业间职工变动率为 0.03，与上一年度基本持平；2022 年全国农民工总量 29562 万人，比上年增加 311 万人，增长 1.1%。其中，本地农民工 12372 万人，比上年增加 293 万人，增长 2.4%；外出农民工 17190 万人，比上年增加 18 万人，增长 0.1%。

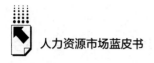

（四）劳动者收入

总体来看，城镇单位就业人员的平均工资稳步上升。2022 年城镇单位就业人员平均工资达到 114029 元，比 2021 年增加 7192 元，增长 6.7%，增速较上年有所下滑。

分行业来看，2022 年平均工资排在前三位的行业与 2021 年相同，依次为信息传输、软件和信息技术服务业，金融业，以及科学研究和技术服务业，年平均工资额分别为 220418 元、174341 元和 163486 元。

分单位性质来看，外商投资单位、股份有限公司、港澳台商投资单位和国有单位就业人员平均工资相对较高。港澳台商投资单位、外商投资单位和股份有限公司的就业人员的平均工资增长率相对较高，均超过了 8%。

农村居民收入在 2022 年稳步增长，与城镇居民收入差距有所缩小。全国农村居民人均可支配收入达到了 20133 元，比 2021 年增长了 6.3%，扣除价格因素，实际增长 4.2%。

人力资源基本状况

Basic Situation of Human Resources

高质量充分就业的价值意蕴、
评价标准与实践选择

石丹淅　赖德胜*

摘　要： 高质量充分就业作为一体化目标提出，凸显整体性、先导性和发展性。促进高质量充分就业是实现高质量发展的应有之义，是促进人口高质量发展的必然选择，是推进共同富裕重要途径，提高人民生活品质的根本举措。高质量充分就业强调就业量质协调发展，亟须构建紧密型、共融式就业质量评价指标体系，合成计算就业质量协同发展指数。新时代新征程，坚持经济发展就业导向，全面强化就业优先政策，高度重视人力资本投资等，有利于促进高质量就业，助力实现中国式现代化。

关键词： 高质量充分就业　就业量质协调　就业优先　人力资本投资

---

* 石丹淅，管理学博士，三峡大学法学与公共管理学院副院长，副教授，硕士生导师，研究方向为教育经济学；赖德胜，经济学博士，中共中央党校（国家行政学院）社会和生态文明教研部教授，博士生导师，研究方向为劳动力市场、就业与收入分配。

043

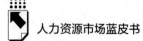

习近平总书记在党的二十大报告中明确指出"强化就业优先政策，健全就业促进机制，促进高质量充分就业。"① 这是新时代新征程就业工作的总体思路和总目标。实现这一目标对增进民生福祉、提高人民生活品质，推动高质量发展，加快构建新发展格局、着力推动高质量发展，以中国式现代化全面推进中华民族伟大复兴，具有重要意义。然而，何为高质量充分就业，怎样全面把握高质量充分就业的时代价值，如何科学研判和测评高质量充分就业，如何创新政策工具箱促进高质量充分就业，这些问题还处在进一步探究阶段，亟须在理论和实践层面强化意识、加深认识、形成共识。

一 高质量充分就业的学理内涵与价值意蕴

（一）高质量充分就业的学理内涵

就业具有政治、经济、社会、文化等多重价值，因此，世界众多国家和地区都将就业作为经济社会发展政策的优先目标。我国人口规模巨大、劳动力资源丰富，确保就业大局稳定始终为党和国家必须面对的问题。特别是进入 21 世纪以来，党更加重视社会建设，将保障和改善民生放在突出位置。如党的十六大报告指出，就业是民生之本，要千方百计扩大就业。党的十七大报告强调，要实施扩大就业的发展战略，并首次提出坚持实施积极的就业政策，扩大就业规模，改善就业结构。

党的十八大以来，中国特色社会主义进入新时代。新时代的十年，我国坚持以人民为中心的发展思想，坚持在发展中保障和改善民生，就业在民生建设中的地位更加凸显②。我国就业工作目标实现了从党的十八大报告提及

---

① 习近平：《高举中国特色社会主义伟大旗帜　为全面建设社会主义现代化国家而团结奋斗——在中国共产党第二十次全国代表大会上的报告》，人民出版社，2000，第 47 页。

② 《夯实民生之本　增进民生福祉——"中国这十年"系列主题新闻发布会聚焦新时代就业和社会保障成就》，2022 年 6 月 5 日，国务院门户网，https://www.gov.cn/xinwen/2022-08/26/content_5706863.htm。

的"实现更高质量的就业",到党的十九大报告提出的"实现更高质量和更充分就业",再到将就业置于"六稳"和"六保"之首,再到国家"十四五"规划及2035年远景目标纲要强调的"更充分更高质量就业"的演进,党的二十大报告中将其最新定位为"促进高质量充分就业"。我国就业政策要求也随之实现了从党的十八大报告要求的"实施就业优先战略、更加积极的就业政策",到党的十九大报告提出的"坚持就业优先战略和积极就业政策",再到"将就业优先政策置于宏观政策层面"的演变,党的二十大报告中将其最新表达为"实施就业优先战略、强化就业优先政策"(见图1)。

我国就业工作目标和就业政策要求的协同迭变表明了党中央对就业工作规律性认识的不断深化与发展。新时代新征程就业工作战略目标调适为高质量充分就业,是科学运用习近平新时代中国特色社会主义思想的世界观和方法论指导就业工作实践的生动体现,充分体现了习近平新时代中国特色社会主义思想的战略思维、辩证思维、系统思维和创新思维,应从以下三个方面理解高质量充分就业的丰富内涵。

1. 整体性

高质量充分就业是作为一个整体目标提出的,既强调了高质量就业与充分就业是整体统一,又明确了两者是相辅相成、相互促进、协调共生的。事实上,就业的质和就业的量从来也都不是对立的。量变是质变的基础,质变是量变累积的结果。没有一定规模就业数量,就业质量也就无从说起,但如果就业质量不高,就业数量再多也不会理想,甚至会造成更大浪费与危害。高质量充分就业体现了就业的质与量的关系由简单并列向整体性一体化转变。换言之,在实施就业优先战略中,不能武断割裂就业质量和就业数量之间关系,不能仅功利性追求就业的质而忽视就业的量,也不能简单地以"量"取胜而不考虑就业的质,更不能虚幻地臆想充足的量会自动实现理想的质。

2. 先导性

高质量充分就业意味着将"高质量"摆在就业优先战略的更加突出位

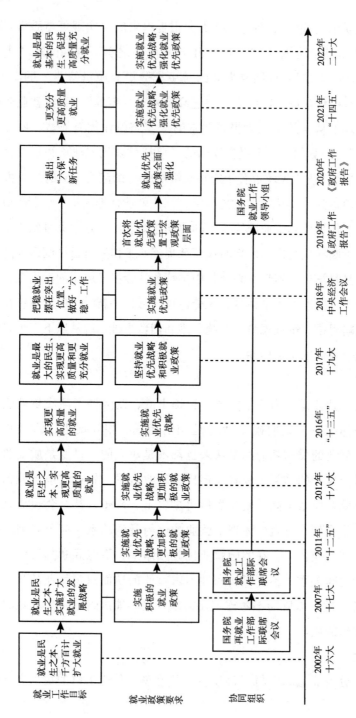

图1 我国就业工作目标与就业政策要求演进

置，凸显质量导向[①]，强调追求的是一种层次更高、标准更高、效能更高的充分就业，而不再是低水平的充分就业。新时代的十年，在党中央的坚强领导下，我国基本上实现了充分就业，但就业质量在城乡、区域、群体以及不同就业形态之间还存在较为明显的异质性。新阶段，面临持续存在的总量性就业压力和更加凸显的结构性就业矛盾，促进高质量充分就业，表明将强化从"找到工作"到"好找工作"再到"找好工作"的就业促进机制建构，更加需要统筹就业质量和就业规模，实现就业质的有效提升和量的合理增长。

3. 发展性

劳动力是一种生产要素，与其他生产要素有机结合，能持续不断创造财富和价值。劳动力的所有者——劳动者又具有主体性，需要得到不断发展[②]。促进高质量充分就业，使劳动力市场具有较强的灵活稳定性，有利于劳动力在不同地区、行业、企业甚至不同就业状态之间岗位转换或工作流动，推动物质财富快速积累，这最终有助于促进全社会物质的全面丰富。高质量充分就业意味着劳动者可以更好平衡好家庭、工作和闲暇，将有更多时间或机会去享受生活、提升自我、社会参与，这将有利于促进全体劳动者的全面发展。

（二）高质量充分就业的价值意蕴

1. 高质量充分就业是实现高质量发展的应有之义

高质量发展是全面建设社会主义现代化国家的首要任务。实现高质量发展需要把实施扩大内需战略同深化供给侧结构性改革有机结合起来。就业是沟通社会需求和供给，连接生产、交换、分配和消费的桥梁和纽带。高质量充分就业既是衡量经济高质量发展的重要基准，又是实现高质量发展的重要推力。高质量充分就业有助于促进中低收入者的边际消费倾向和实际消费能力双重提升，对及时释放我国超大规模内需潜力、增强国内大循环的内生动

---

① 董延杰：《从"更高质量和更充分就业"到"高质量充分就业"的战略目标转换》，《山东人力资源和社会保障》2022年第12期，第38~40页。
② 赖德胜：《创造高质量就业的未来》，《人口与经济》2023年第2期，第1~6页。

力和可靠性具有重要作用。

推动供给侧结构性改革是实现高质量发展的治本之策。坚持深化供给侧结构性改革这条主线，就是要发挥创新第一动力作用，强调诸如人力资本要素质量提升的重要性[①]。高质量充分就业，尤其是高校毕业生的高质量就业创业，有利于不断优化人力资源结构，提高全要素生产率，激发全社会创新活力，形成经济发展不竭动力。为此，要在促进高质量充分就业中厚植发展的潜力和动能，形成经济发展与就业的良性循环。

2. 高质量充分就业是促进人口高质量发展的必然选择

习近平总书记在二十届中央财经委员会第一次会议上讲话指出，必须全面认识、正确看待我国人口发展新形势，必须着力提高人口整体素质，以人口高质量发展支撑中国式现代化。人口总量增速放缓、人口老龄化加快、人力资本不断提升是未来人口发展的基本特点。加强人力资本投资和开发利用，是人口高质量发展最核心的问题，有助于"加快塑造素质优良、总量充裕、结构优化、分布合理的现代化人力资源"。

相比低水平充分就业而言，高质量充分就业反映了高水平的人力资源配置样态，较大程度上实现了人岗适配、人尽其才、才尽其用，因此，高质量充分就业是现代人力资源开发利用的主要途径。与此同时，从微观层面看，高质量充分就业意味着个人人力资本投资的"生产效应"和"配置效应"充分施展[②]，从宏观层面看，高质量充分就业意味着国家充分享受到人口红利和人才红利这"双重红利"的经济价值和综合收益。这反过来有利于吸引全社会和更多个人持续重视人力资本投资，最终促使人的现代化。

[①] 张占斌、毕照卿：《经济高质量发展》，《经济研究》2022年第4期，第21~32页。

[②] 人力资本理论认为，劳动者人力资本水平越高，其边际生产能力和边际生产率往往越强（高），因此，越可能被用人单位雇佣到薪酬福利待遇好的岗位上，实现高质量充分就业，这种效应被称为人力资本投资"生产效应"。与此同时，劳动者人力资本水平越高，越懂得如何更好配置自己状态，通过工作搜寻更有可能发生工作流动、转换或迁移，甚至是选择创业，这种效应被称为人力资本投资"配置效应"。美国经济学家西奥多·舒尔茨则将后者这种能力称为"处理不均衡状态的能力"。

3. 高质量充分就业是推进共同富裕重要途径

共同富裕是中国特色社会主义的本质要求，是中国式现代化的重要特征。尽管共同富裕具有丰富的政治、经济和社会内涵，但扎实推进共同富裕的前提是富裕、核心是共同，尤其要做好中等收入群体的提质扩容①。当前我国中等收入群体人数约4亿，占比将近30%。党的二十大报告提出，"到二〇三五年，我国全体人民共同富裕取得更为明显的实质性进展。"这意味着至少有3亿多现有的低收入群体成为中等收入者。

由于"提低扩中"涉及面广，基于国外经验教训和我国发展实践，不可能依靠大力度的再分配手段实现，而应该坚持多劳多得，鼓励勤劳致富，诚实劳动，各尽其能，各得其所。一方面，坚持通过积极开展各类职业技能培训赋能中低收入群体，提升其就业创业胜任力，另一方面，坚持通过优化各类就业服务政策组合，营造积极向上的就业创业环境，共同促进中低收入群体高质量充分就业，以保障其收入韧性。此外，要规范收入分配秩序，规范财富积累机制，坚持按劳分配为主体、多种分配方式并存，持续提升中低收入群体的就业质量，努力提高居民收入在国民收入分配中的比重，提高劳动报酬在初次分配中的比重。

4. 高质量充分就业是提高人民生活品质的根本举措

习近平总书记2022年6月在四川宜宾学院实地考察高校毕业生工作时指出，"党中央十分关心民生工作，民生首先是就业"。这是因为劳动者只要有了高质量就业，就会有稳定的收入和稳定的预期，就能较为顺利地改善个人及家庭境况，更有可能丰富精神生活，获得感、幸福感、安全感就会陡增。可见，实现高质量充分就业顺应了人民群众对美好生活的新期待。高质量充分就业，既解决"有没有"的问题，更解决"好不好""优不优"的问题，体现了人民群众就业需求从"劳有所得"向"劳有厚得"的新变化。这就要求我们坚持把人民对美好生活的向往变成现实作为出发点和落脚点，

---

① 刘培林等：《共同富裕的内涵、实现路径与测度方法》，《管理世界》2021年第8期，第119~129页。

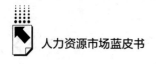

创造更多的就业机会和好工作，提升劳动者收入和权益保障水平，促进劳动者体面劳动。

二 高质量充分就业的评价标准

理念是行动的先导。不同的评价理念会诱导不同的具体就业实践。强化就业优先政策，健全就业促进机制，促进高质量充分就业，是新时代新征程就业工作的总体思路和总目标。为了更好遵循这一总思路和总目标，亟须基于我国实情调适和优化现有就业评价标准和方法，切实以高质量充分就业推进中国式现代化。

（一）现有就业评价标准的特点及不足

当前针对充分就业和高质量就业的评价多数情况是独立进行的，即分别从充分就业和就业质量的概念切入，从就业数量、就业结构、就业质量三个维度遴选相应指标，采取对应方法进行评测，具体如下。

对于就业或失业问题，学者们利用古典学派就业理论、新古典学派就业理论、凯恩斯就业理论、新古典综合学派就业理论、现代货币学派就业理论、理性预期学派就业理论、供给学派就业理论、马克思主义就业理论等进行了较为深刻的阐释。其中，凯恩斯在《就业、利息和货币通论》一书中明确了充分就业的概念，将其定义为在某一工资水平之下，所有愿意接受工作的人都获得了就业机会。充分就业并不等于全部就业。西方经济学理论还提出了所谓的自然失业率概念，认为如果一个经济体只存在自然失业状态，则其属于充分就业。简而言之，充分就业是对就业量的反映，因此，在对一个国家或地区充分就业境况评价时，大多数研究采用了失业率（如登记失业率、调查失业率、自然失业率）、劳动参与率、求人倍率等指标来衡量，常用的评价方法为描述性统计分析、时间序列分析法、生产函数法、门限估计法等。在新近的研究中，为了更好刻画国家或地区层面充分就业状况，学者们进一步加入第二产业就业比重、第三产业就业比重、城镇单位就业人员比率等就业结构性指标①以及私营和个体就业占城镇就业比重、城镇女性就业占城镇就业比重等就业机会性指标②来考察充分就业。

关于就业质量的研究仍没有形成独立完整的理论体系。在概念研究方面，从 20 世纪 70 年代美国提出"工作生活质量"（Quality of Work Life）开始，人们逐渐关注就业对员工健康和福利的影响，以及员工对工作的满意度。随后国际劳工组织提出了"体面劳动"（Decent Work），欧盟委员会提出了"工作质量"（Quality of Job），学者 Schroeder 提出了"高质量就业"（High-quality Employment）等相关概念③，就业质量的内涵逐步丰富。在内容方面，既有聚焦就业质量概念辨析的研究，又有关注就业质量与经济增长、社会政策、劳动力市场制度之间互动关系的探究，还有进行跨国对比的实证分析④。

由于就业质量是一个综合性概念，可从宏观、中观和微观三个层面释义，因此，就业质量评价指标经历了从单一指标测度（如工作满意度或工资率）向多维度指标衡量的转变。比如，在国外，国际劳工组织（2015 年）以就业机会、工作环境的自由性、工作生产性、工作平等性、工作安全性和受尊重程度 6 个维度并下设 11 个方面 40 个指标衡量体面就业。欧盟委员会（2001年）提出了 Laeken 指数，欧洲基金会（2002 年）提出了"工作和就业质量"评价指标体系。欧洲工会提出了欧洲就业质量指数（EJQI）。联合国欧洲经济委员会（2010 年）综合、优化了上述指标，进一步构建了 7 维度就业质量评价指标体系。⑤ 在国内，对就业质量评价指标选取的偏好呈现以下主要特点。

---

① 张抗私、韩佳乐：《就业质量协调发展：评价指数与实证分析》，《宏观质量研究》2022 年第 5 期，第 49~66 页。

② 谭永生：《中国更高质量和更充分就业的测度评价与实现路径研究》，《宏观经济研究》2020 年第 5 期，第 82~90 页。

③ 赖德胜、石丹淅：《我国就业质量状况研究：基于问卷数据的分析》，《中国经济问题》2013 年第 5 期，第 39~48 页。

④ 苏丽锋、陈建伟：《我国新时期个人就业质量影响因素研究——基于调查数据的实证分析》，《人口与经济》2015 年第 4 期，第 107~118 页。

⑤ 赖德胜、石丹淅：《推动实现更高质量的就业：理论探讨与政策建议》，《第一资源》2013 年第 1 期，第 18~26 页。

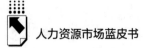

一是从主观和客观进行评价。主观方面关注薪酬收入等劳动者个体相关的因素，客观方面则关注国家、地区层面的就业质量。二是从微观和宏观把握评价的内容。在研究方法上，不仅有量化研究还有基于质性研究构建的指标体系。三是建构重点群体就业质量评价指标体系。此外，还有一些研究从经济增长、技术进步、国际贸易、劳动力市场制度或政策以及重大突发公共卫生事件角度探究对就业质量影响状况。在就业质量评价方法上，主要采用主观赋权法和客观赋权法进行指标赋权①，前者具体包括层次分析法、德尔菲法等，后者则有主成分分析法、灰色关联分析法、变异系数法、信息熵层次法。

上述测度评价研究为认识和理解充分就业和就业质量提供了较好的理论基础，但也存在一些较为明显的问题。理论和经验上都表明，充分就业与就业质量二者是辩证统一的，既相互独立又紧密联系。譬如，一方面，充分就业意味着更低的失业率。依据菲利普斯曲线（Phillips Curve），由于失业率和货币工资变动率之间存在交替关系，当失业率较低时，货币工资增长率较高，当失业率较高时，货币工资增长率较低甚至是负数。货币工资又可以表示通货膨胀率，因此，当失业率较低时则会出现较高通货膨胀率。但从奥肯定律（Okun's law）看，充分就业也反映了经济的健康发展，这有利于提升就业质量。另一方面，高质量的就业要求薪酬福利更高，社会保障更好，劳动关系更和谐，这意味着劳动成本的增加，劳动力需求就会下降，而这又可能影响充分就业的实现。新时代新征程，我国将促进高质量充分就业作为一个整体性目标提出，强调统一协调性，既注重"量"又强调"质"，追求的是一种量质协调发展的就业状态。这就要求在开展就业评价时，切实改变以往对充分就业评价与就业质量评价之间松散、碎片状态，建构紧密型、共融式就业评价指标体系，突出就业量—质协调度评价，通过合成计算就业质量协调度来研判高质量充分就业状况，进而为优化政策设计，实现就业扩容提质提供政策决策参考。

---

① 张抗私、韩佳乐：《就业质量协调发展：评价指数与实证分析》，《宏观质量研究》2022 年第 5 期，第 49～66 页。

（二）高质量充分就业评价标准的调适

结合我国经济发展、人口规模、劳动力市场运行状况等因素看，建构中国特色的就业"量质协调"评价指标体系需要重点做好以下几方面工作。一是丰富测度充分就业评价指标。尽管人社部预测"十四五"期间我国劳动年龄人口将减少3500万，但总量规模依然接近9亿。劳动年龄人口高位放缓阶段，稳就业仍然是各地各级党委政府头等大事。当考虑我国调查失业率偏低而"就业难"与"招工难"并存、"慢就业"、新就业形态等这些新情况新问题时，还需将劳动参与率、求人倍率、典型行业群体裁员率纳入充分就业评价指标体系之中，增强就业数量评价的准确性、全面性。二是健全多维度就业质量评价指标。尽管现有研究已从宏微观层面主客观维度建立了多样态的评价指标体系，但评价指标体系之间缺乏有机联系，亟待构建具有推广性一体化的就业质量综合指数。三是计算就业量—质协调度，切实改变以往对就业数量和就业质量相互作用探究不足、政策关注不高的窘境。具体可通过先分别计算就业数量指标与就业质量指标得分，再定量推演、合成就业质量协调发展指数的方式实现，即建构就业量质协同发展度模型 $C = \{f(x) \times g(x) / [(f(x) + g(x))/2]^2\} k$ [其中，$f(x)$ 和 $g(x)$ 分别为就业数量和就业质量指标评价函数，k 为调节系数]，进而计算我国就业总量与就业质量协同发展程度[1]。四是着重开展高校毕业生、农民工、灵活就业人员等重点群体就业量—质协调度测算。由于不同群体禀赋、能力、诉求不同，要基于绝对与相对、共性与个性、国外经验与国内实践相统一原则设计评价指标体系，开展好重点群体高质量充分就业的特征化事实与变动趋势的提炼与研判。

三　促进高质量充分就业的实践选择

党的二十大报告强调，就业是最基本的民生。这一阐述深刻指明了就业

---

[1] 苏丽锋：《构建"量质协调"评价体系　促进高质量充分就业》，《工人日报》2023年2月6日，第7版。

对于民生的基础性、根本性、决定性作用。就业既关乎民生福祉、人民生活品质，又深刻影响经济社会高质量发展。既属于经济、社会领域重大关切，又是重大政治问题。然而，伴随外部环境不确定性加大，全球通胀仍处于高位，世界经济和贸易增长动能减弱，外部打压遏制不断上升；国内经济增长企稳向上基础尚需巩固，需求不足仍是突出矛盾，民间投资和民营企业预期不稳，不少中小微企业和个体工商户困难较大，2023 年国务院政府工作报告指出，我国稳就业任务依然艰巨。为此，必须坚持稳中求进工作总基调，完整、准确、全面贯彻新发展理念，加快构建新发展格局，着力推动高质量发展，更好统筹国内国际两个大局，突出做好稳增长、稳就业、稳物价工作，有效防范化解重大风险，推动经济运行整体好转，实现质的有效提升和量的合理增长，持续改善民生，为完成促进高质量充分就业这一就业工作总目标营造友好氛围和筑牢坚实之基。为此，需着重做好如下工作。

（一）坚持经济发展就业导向

发展是解决一切问题和矛盾的"总钥匙"。经济发展是解决就业问题，促进高质量充分就业的首要前提。正如习近平总书记所指出的，"没有一定增长不足以支撑就业，解决就业问题，根本要靠发展，把经济发展蛋糕做大，把就业蛋糕做大"。必须坚持在发展中保障和改善民生。

首先，要努力推动经济实现质的有效提升和量的合理增长。充分就业是高质量就业的前提，而稳企拓岗又是稳定和扩大就业的前提。稳企拓岗离不开经济的高质量发展。2022 年以来，我国经济运行面临需求收缩、供给冲击、预期转弱三重压力，党中央审时度势出台了一揽子政策措施，但经济下行的压力仍然存在。为此，要把实施扩大内需战略同深化供给侧结构性改革有机结合起来，增强国内大循环内生动力和可靠性，提升国际循环质量和水平，加快建设现代化经济体系，加快实施创新驱动发展战略，着力提高全要素生产率，提升产业链供应链韧性和安全水平，稳步促进经济高质量发展。

其次，要提升经济发展创造高质量就业岗位的能力。不同经济发展方式产生不同就业岗位创造能力。应使经济健康发展过程成为就业持续扩大和就业拉动能力不断提高的过程。为此,一要壮大实体经济。习近平总书记指出,"要吸取一些西方国家经济'脱实向虚'的教训,不断壮大实体经济,创造更多高质量就业岗位"。如要实行更加积极的促进实体经济发展政策、促进传统产业转型升级,通过培育创新极区积极打造新的就业增长极。二要不断做强做优做大我国数字经济,推动数字经济与实体经济的深度融合,充分发挥新经济、新产业、新业态在就业创造中的重要作用。三要提质加力做好退税减税降费,稳固支持中小微企业发展,发挥其就业主渠道作用。四要推动服务业与制造业深度融合,打造更多制造业就业新增长高地。此外,要持续激励返乡入乡创业、城镇创业、线上创业等各级各类创业活动,充分释放就业带动创业倍增效应。

(二)全面强化就业优先政策

准确理解就业优先政策是落实落细就业优先政策的前提。新阶段全面强化就业优先政策首先要突出全面性。就业是一项长期系统性工程,需要动态平衡好阶段性任务与长期性目标,及时兼顾短期效果和长期效应,这就需要坚持党的全面领导。就业系统隶属社会系统,又有自身独特的构成要素。这就要求在平衡就业系统内部各要素时以及处理就业系统与其他社会子系统关系时也要注意全面性。全面强化就业优先政策其次要突出协同性。财政政策、货币政策、就业政策都具有逆周期调节政策功能[1]。将就业优先政策置于宏观政策层面,意味着在研判财政政策和货币政策效果时,既要看对经济增长的影响,又要考虑对就业的综合影响,甚至要优先看对就业扩容提质的影响。为此,在创新和完善宏观调控时,要增强三大政策之间的统一性,努力创造更多就业场景(详见图2)。最后,全面强化就业优先政策还要突出时代性。即要及时结合阶段性发展目标和改革任务创新政策工具箱,不能简单搞就业政策叠加、合并或替代,要立足新发展阶段、贯彻新发展理念、融入新发展格局,与时俱进地进行就业政策再设计再优化。

---

[1] 蔡昉:《在更高水平上实施就业优先战略》,《中国人口科学》2022年第6期,第2~7页。

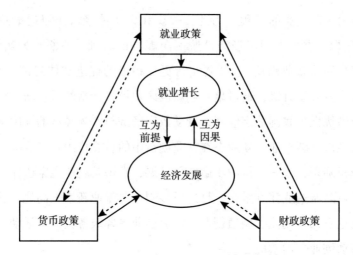

图2 三大宏观政策协同发展的火箭模型

可见，就业优先政策应是一个政策集合，要强调政策理念政策行动的集体逻辑。全面强化就业优先政策要特别重视就业岗位维持与创造政策，通过稳企拓岗实现就业扩容提质；要重视推动"有为政府"与"有效市场"更好结合，实现"无形之手"（市场）、"有形之手"（政府）以及"有爱之手"（社会）环环相扣。特别是既要健全就业公共服务体系，用好数字化信息平台，又要充分激发专业性、行业性、区域性人力资源市场活力，反对各类就业歧视，反对要素市场垄断，有序扩大市场化就业和社会化就业渠道，着力提高就业岗位匹配政策效力；要重视完善重点群体就业支持体系，加强就业困难群体、脆弱群体就业兜底帮扶；要重视完善分配制度，规范收入分配秩序，规范财富积累机制，提升就业质量；要重视健全劳动法律法规，优化劳动关系协商协调机制，完善劳动者权益保障制度，加强灵活就业和新就业形态劳动者权益保障。

（三）高度重视人力资本投资

人力资本是指相对于物力资本而存在的一种资本形态，表现为人所拥有的知识、技能、经验、健康等。人力资本主要投资形式有正规的学校教育、在职人员培训、医疗和保健、企业为成年人举办的学习项目以及工作流动（迁移）。人力资本投资显著的"生产效应"和"配置效应"，既有利于个人或家庭实现高质量充分就业，又有利于国家或地区扩大就业规模、优化就业结构、提升就业质量。由于不同就业群体人力资本存量具有异质性特点，因此，应建立不同的人力资本投资组合来及时破解技术性失业、慢就业和结构性失业问题。

首先要做好青年特别是高校毕业生的人力资本存量与增强优化。自2018年以来，全国16~24岁人口城镇调查失业率一直在高位运行，且峰值呈不断走高之势，2023年6月再创新高，为21.3%。[1] 促进青年特别是高校毕业生高质量充分就业是一项系统性工程，但提高其人力资本水平是关键。坚持面向世界科技前沿、面向经济主战场、面向国家重大需求、面向人民生命健康推动高校专业设置和学科调整，紧扣制造强国、质量强国、航天强国、交通强国、网络强国、数字中国建设需要适度扩大STEM（Science，Technology，Engineering，Mathematics，简称理工类）类人才供给，提高专业与产业契合度、专业与就业（劳动力市场）匹配度，进而实现人才达成度。此外，新人力资本理论认为，非认知能力即情商，通常表现为乐观、情感、自律力、意志力、韧性、社会适应性等[2]。非认知能力比认知能力更容易形成，且可以形成更长的生命周期。劳动力非认知能力水平越高，整体上其就业观念、职业道德与素养、工作韧性、工作创新性等也就越好越强。这将有利于在劳动力市场上获得"占优策略"。可见，传统人力资本理论和新人力资本理论都认为，优化青年特别是高校毕业生的人力资本状况将有利于促进其高质量充分就业。

其次要做实农民工、退役军人等群体职业教育和职业技能培训。职业教育和职业技能培训具有赋能增智功能，有助于解决农民工、退役军人等群体

---

① 国家统计局：《上半年国民经济恢复向好》，2023年7月17日，http://www.stats.gov.cn/sj/zxfb/202307/t20230715_1941271.html。

② 李晓曼、曾湘泉：《新人力资本理论——基于能力的人力资本理论研究动态》，《经济学动态》2012年第11期，第120~126页。

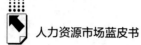

结构性失业问题，是促进这些就业群体高质量充分就业的长效之策。如何发挥职业教育和职业技能培训的协同效应，提升农民工、退役军人等群体的可雇佣能力（Imployability）是理论和实务界共同关注的议题。德国的双元制职业培训制（Duale Ausbildung）为我们提供了可行的决策参考。所谓双元，是指职业培训要求参加培训的人员必须经过两个场所的培训，一元是指职业学校，其主要职能是传授与职业有关的专业知识；另一元是企业或公共事业单位等校外实训场所，其主要职能是让学员在企业里接受职业技能方面的专业培训。双元制职业培训制的根本特征由职业学校与企业共同完成学生的培养工作，由第三方机构牵头双方完成各阶段考核[1]。世界劳工组织、国际经合组织、联合国教科文组织和世界银行都十分认同德国双元制职业培训制并将其视为当前和未来职业教育最重要的模式。完善职业教育师资继续教育内容，丰富继续教育课程体系，支持和规范企业积极参与职教师资培训，健全职业教育绩效评估等是做实我国农民工、退役军人等群体职业教育和职业技能培训的关键，有助于促使他们实现高质量充分就业。

最后，促进高质量充分就业，还要充分发挥中央和地方积极性，这对国家和基层就业治理体系和治理能力现代化提出了新的要求。要强化国家和区域层面就业领域监测预警、防范化解风险、政策处理等能力。要强化就业工作责任落实，建立健全高质量充分就业工作考核体系，构建党委和政府统筹领导、部门横向协同、系统纵向贯通、社会广泛参与、科学技术支撑的就业一体化工作推进机制。当前就业创业样态不断出新，还要重点挖掘、提炼、总结、推广促进高质量充分就业的先进做法和典型经验，积极营造就业友好型社会，助力更好更多就业。

---

[1] 牛金成：《德国学校职业教育体系及其特点》，《职业技术教育》2018 年第 31 期，第 66~72 页。

B.3
2020~2022年人力资源市场状况分析

——基于全国公共招聘网站大数据[*]

张一名[**]

摘　要： 2020~2022年全国公共招聘网站招聘大数据分析显示，2022年全年招聘需求岗位不断波动，总体来看，除一季度之外，三年的招聘岗位需求逐年下降，招聘需求人数一季度呈现三年连续下降，二季度开始呈现不规则变化；与整体招聘需求降低趋势不同的是，2022年公共管理、社会保障和社会组织，电力、热力、燃气及水生产和供应业，科学研究和技术服务业，居民服务、修理和其他服务业等四个行业招聘需求人数同比大幅增长，同比增长率超过300%；虽然2020~2022年招聘岗位数呈下降趋势，但招聘岗位三年的平均市场承诺薪酬逐年提高。建议进一步促进产业结构调整过程中就业结构优化，进一步动态监测劳动力市场月度变化情况，准确掌握劳动力市场变化情况；在正规就业岗位减少的同时，进一步关注灵活就业等就业形态，多措并举促进高质量充分就业。

关键词： 公共招聘网络　大数据　劳动力需求　人力资源市场

---

* 数据整理：马立山等，中科软软件工程师；俞恺，中国劳动和社会保障科学研究院大数据和政策仿真研究室副主任。

** 张一名，中国劳动和社会保障科学研究院大数据和政策仿真研究室主任、研究员。

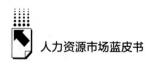

一 数据来源及数据采集

中国劳动和社会保障科学研究院大数据和政策仿真实验室对全国 31 个省区市及新疆建设兵团所属公共招聘网站，对发布招聘信息的公共招聘网站进行全网采集，涉及 20 个行业，涵盖 17 个指标，并对采集数据进行去重、无效数据去除及标准化等清洗处理工作。本报告共涉及三个年度，其中 2020 年岗位总数为 954.43 万，2021 年岗位总数为 743.3 万，2022 年岗位总数为 450.78 万，2021 年比 2020 年下降 22.12%，2022 年比 2021 年下降了 39.35%。

二 全国及分行业公共招聘信息大数据分析

（一）招聘需求岗位分析

如图 1 所示，从整体来看，2022 年公共招聘网站全年发布的招聘岗位数不太平稳，一直在波动，一季度需求岗位数量在低位徘徊，1~2 月上升、3 月下降后呈逐月上升趋势，至 6 月达到最高点，7 月又有较大降幅，随后上升，8 月、9 月基本持平，然后又呈现下降趋势，第四季度也维持在略高于一季度的低位水平，11 月略高，12 月又降下来。2022 年招聘需求岗位最多的 6 月，岗位数量为 54.16 万，需求岗位最少的 1 月，岗位数量为 25.65 万。

图 2 数据显示，从 2020 年到 2022 年三年的招聘需求数据来看，4 月之前 2020 年招聘需求岗位较少，2021 年招聘岗位偏多，2022 年居中，4 月以后三年的招聘需求呈现逐年下降的态势，2022 年的招聘需求最少，低于 2020 年和 2021 年的招聘岗位数量，2021 年少于 2020 年招聘岗位数量。2022 年需求岗位数排名前五的为制造业，租赁和商务服务业，信息传输、软件和信息技术服务业，居民服务、修理和其他服务

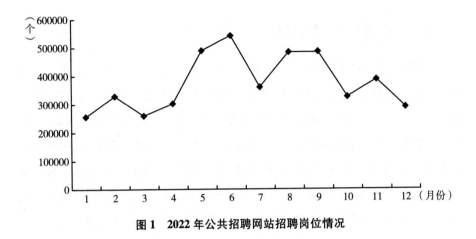

图1 2022年公共招聘网站招聘岗位情况

业，批发和零售业，前两年招聘需求在前五反复的建筑业和房地产业均跌出前五。

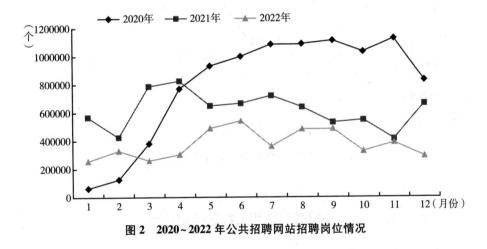

图2 2020~2022年公共招聘网站招聘岗位情况

2020~2022年受疫情影响，企业经营受挫，是劳动力需求降低的主要原因。国家统计局统计数据显示，在疫情发生的三年时间里，共倒闭近400万户中小企业，注销了1300多万个体工商户。作为吸纳就业主阵地的中小企业的大量倒闭必然对劳动力需求市场造成很大的冲击。2020~2022年三年的公共招聘需求数据显示，除一季度有所波动外，三年的招聘需求一直在下降。

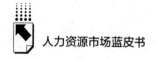
（二）招聘需求人数分析

与需求岗位的变化不同，比较一季度需求人数，2020 年需求人数最多，2021 年有所减少，2022 年需求人数最少。从二季度开始，三个年份招聘需求人数呈现不规则变化，2020 年的 8 月、12 月需求人数大幅下降，12 月的岗位需求数量不仅是当年最低，也是三年来的最低点。虽然 2022 年总体上需求岗位低于 2021 年和 2020 年，但招聘需求人数在四季度呈现较大上升，特别是在 2022 年 11 月达到三年来招聘需求人数的最高点（见图 3），这应该与 2022 年 12 月疫情防控措施调整有一定的关系。

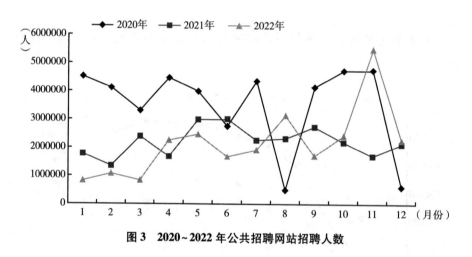

图 3　2020~2022 年公共招聘网站招聘人数

（三）2022年公共招聘岗位和人数的行业分析

公共招聘网站数据显示，2022 年需求岗位数排名前五的行业为制造业，租赁和商务服务业，信息传输、软件和信息技术服务业，居民服务、修理和其他服务业，批发和零售业，分别是 17.63 万、6.41 万、4.49 万、4.46 万、3.38 万（见图 4），排在前五的行业 2021 年和 2022 年同比增长率分别是 19.64%、-7.93%，59.64%、-12.95%，-11.95%、-10.67%，-74.51%、867.59%，-71.27%、133.33%，排名前五的行业三年变化较大，其他行业的需求岗位数起伏也较大。

2022 年需求岗位数增长前五的行业分别是：公共管理、社会保障和社会组织，2022 年需求岗位数为 3.72 万，同比增长 2361.57%；居民服务、修理和其他服务业需求岗位数为 44.64 万，同比增长 867.59%；电力、热力、燃气及水生产和供应业需求岗位数为 8.79 万，同比增长 652.40%；科学研究和技术服务业需求岗位数为 15.7 万，同比增长 514.33%；采矿业需求岗位数为 7.65 万，同比增长 195.23%。

2022 年招聘人数排名前五的行业为制造业，租赁和商务服务业，居民服务、修理和其他服务业，信息传输、软件和信息技术服务业，批发和零售业，分别是 555.47 万人、206.04 万人、180.83 万人、133.92 万人、92.83 万人（见图 4），排在前五的行业 2021 年、2022 年同比增长率分别是 -15.48%、-15.80%，7.56%、-28.51%，-70.11%、383.76%，-37.80%、-7.99%，-66.34%、46.75%，其他行业的招聘人数起伏也较大。

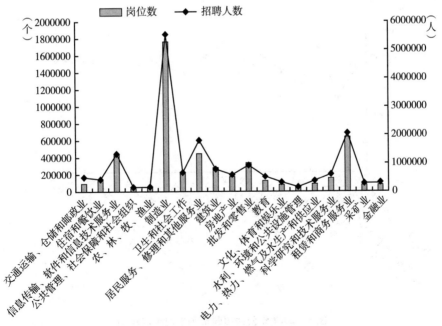

图 4　2022 年公共招聘分行业招聘岗位数、招聘人数

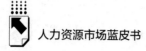

2022 年招聘人数增长前五的行业分别是：公共管理、社会保障和社会组织，招聘人数为 15.66 万人，同比增长 1908.99%；电力、热力、燃气及水生产和供应业招聘人数为 38.04 万人，同比增长 607.53%；科学研究和技术服务业招聘人数为 61.41 万人，同比增长 402.87%；居民服务、修理和其他服务业招聘人数为 18.08 万人，同比增长 383.76%；采矿业招聘人数为 29.11 万人，同比增长 96.44%。

（四）市场平均承诺薪酬分析

公共招聘网站数据显示：2022 年市场平均承诺薪酬排名前五的行业为金融业，信息传输、软件和信息技术服务业，采矿业，制造业，建筑业，分别是 11031 元、8884 元、8448 元、8217 元、8187 元（见图 5），排在前五的行业 2021 年、2022 年同比增长率分别是 9.49%、24.73%，10.26%、3.39%，

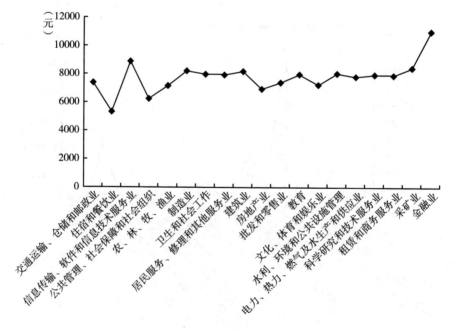

图 5　2022 年公共招聘市场平均承诺薪酬

24.15%、12.47%，13.59%、14.55%，6.46%、5.32%，其他行业的市场平均承诺薪酬差距不大。

2022年市场平均承诺薪酬增长前五的行业分别是：科学研究和技术服务业，平均薪酬为7964元，同比增长30.34%；金融业，平均薪酬为11031元，同比增长24.73%；居民服务、修理和其他服务业平均薪酬为7949元，同比增长31.26%；水利、环境和公共设施管理，平均薪酬为8045元，同比增长17.46%；采矿业，平均薪酬为8488元，同比增长18.47%。

2020年市场平均承诺薪酬最高的五大行业为金融业，信息传输、软件和信息技术服务业，建筑业，房地产业，卫生和社会工作。2021年市场平均承诺薪酬最高的五大行业为金融业，信息传输、软件和信息技术服务业，建筑业，租赁和商务服务业，电力、热力、燃气及水生产和供应业等行业。2022年市场平均承诺薪酬排名前五的为金融业，信息传输、软件和信息技术服务业，交通运输业，采矿业，制造业。

三年的招聘数据显示：虽然2020~2022年招聘岗位数是呈下降趋势，但从市场平均承诺薪酬来看，招聘岗位三年的市场平均承诺薪酬是逐年提高的，2020年的招聘市场平均承诺薪酬最低，为5009元，2021年基本处于中位，为5737元，2022年招聘市场平均承诺薪酬较高，为6376元，2021年、2022年的平均工资增长率为14.54%、11.14%。

分行业的市场平均承诺薪酬变化情况显示，农、林、牧、渔业，居民服务、修理和其他服务业，批发和零售业，科学研究和技术服务业2021年和2022年同比变化呈现相反的方向，其他行业的市场平均承诺薪酬两年的同比变化趋势一致。具体来看：2021年农、林、牧、渔业市场平均承诺薪酬同比增加，但2022年同比降低；居民服务、修理和其他服务业2021年同比降低，而2022年出现同比较大增长；批发和零售业2021年同比降低，而2022年同比上升；科学研究和技术服务业2021年同比降低，而2022年同比上升（见图6）。

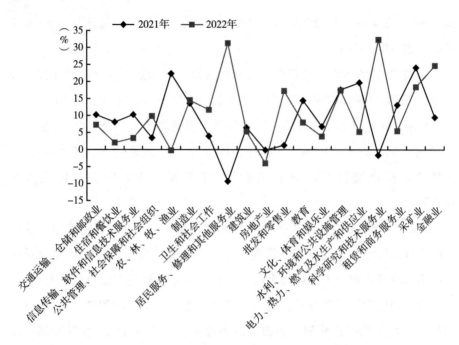

图6 2021年、2022年公共招聘市场平均承诺薪酬同比变化情况

三 2020~2022年分省份招聘大数据比较分析

（一）2022年分省份招聘需求岗位数及增长情况

公共招聘网站数据显示：2022年招聘需求岗位数排名前五的省份为浙江省、江苏省、江西省、四川省、河南省，分别是63.07万、21.34万、17.52万、13.23万、10.25万，排在前五的省份2021年、2022年同比增长率分别是0.92%、−31.77%，−29.55%、−43.83%，−73.52%、−23.08%，−36.47%、−21.12%，−18.58%、−35.32%，其他省份2020~2022年需求岗位数起伏也较大。

2022年招聘需求岗位数增长前五的省份分别是：上海市，需求岗位数为3.7万，同比增长207.68%；云南省，需求岗位数为1.4万，同比增长

177.74%；北京市，需求岗位数为 1.34 万，同比增长 96.53%；青海省，需求岗位数为 0.23 万，同比增长 43.74%；陕西省，需求岗位数为 3.95 万，同比增长 34.08%。

2022 年招聘需求岗位数下降前五的省份分别是：天津市，需求岗位数为 0.06 万，同比下降 96.13%；湖北省，需求岗位数为 1.72 万，同比下降 81.08%；山东省，需求岗位数为 4.62 万，同比下降 70.45%；辽宁省，需求岗位数为 1.91 万，同比下降 67.66%；广西壮族自治区，需求岗位数为 6.41 万，同比下降 52.88%。

（二）2022年分省份招聘需求人数及增长情况

2022 年岗位需求人数排名前五的省份为浙江省、四川省、江苏省、江西省、河南省，分别是 191.56 万人、79.68 万人、75.92 万人、70.91 万人、42.26 万人，排在前五的省份 2021 年和 2022 年同比增长率分别是 1.23%、−41.63%、−41.28%、−41.54%，34.54%、−49.28%，−70.23%、−44.65%，−22.11%、−56.18%，其他省份的岗位需求人数起伏也较大。

2022 年招聘岗位需求人数增长前五的省份分别是：上海市，岗位需求人数为 16.46 万人，同比增长 167.88%；北京市，需求人数为 10.76 万人，同比增长 26.87%；青海省，需求人数为 1.76 万人，同比增长 23.27%；云南省，需求人数为 5.29 万人，同比增长 8.24%；内蒙古自治区，需求人数为 19.12 万人，同比增长 4.30%。

2022 年招聘需求人数下降前五的分别是：天津市，岗位需求人数为 0.34 万人，同比下降 97.16%；湖北省，需求人数为 12.28 万人，同比下降 86.25%；广东省，需求人数为 16.34 万人，同比下降 73.64%；黑龙江省，需求人数为 1.24 万人，同比下降 65.78%；辽宁省，需求人数为 9.11 万人，同比下降 63.29%。

（三）2022年分省份市场平均承诺薪酬变化情况

2022 年市场平均承诺薪酬排名前五的省份为上海市、贵州省、宁夏回族自治区、云南省、西藏自治区，分别是 7631.62 元、7217.99 元、6954.16 元、6869.81 元、6646.9 元，排在前五的省份 2021 年和 2022 年同比增长率分别是90.73%、－25.49%，0.47%、－23.37%，36.10%、7.52%，19.12%、－7.93%，－15.28%、32.48%，其他省份的市场平均承诺薪酬起伏也较大。

2022 年公共招聘网站市场平均承诺薪酬增长前五的省份分别是：山东省，平均承诺薪酬为 3491.48 元，同比增长 150.47%；吉林省，平均承诺薪酬为 5670.62 元，同比增长 62.65%；天津市，平均承诺薪酬为 5101.62 元，同比增长 40.73%；西藏自治区，平均承诺薪酬为 6646.90 元，同比增长32.48%；内蒙古自治区，平均承诺薪酬为 5964.22 元，同比增长 29.81%。

2022 年市场平均承诺薪酬下降前五的省份分别是：上海市，平均承诺薪酬为 7631.62 元，同比下降 25.49%；贵州省，平均承诺薪酬为 7217.99元，同比下降 23.37%；重庆市，平均承诺薪酬为 5550.95 元，同比下降18.85%；北京市，平均承诺薪酬为 6600.82 元，同比下降 8.59%；云南省，平均承诺薪酬为 6869.81 元，同比下降 7.93%。

四 相关发现和政策建议

结合对以上数据的分析，有以下主要发现。

一是 2022 年公共招聘网站全年发布的招聘岗位数不太平稳，一直在波动，一季度需求岗位数量在低位徘徊，二、三季度在波动中上升，四季度又大幅下降。2020~2022 年三年的招聘岗位数除一季度外，三年的招聘岗位需求是逐年下降的。

二是与需求岗位数的变化不同，比较一季度需求人数，2020 年需求人数最多，2021 年有所下降，2022 年需求人数最低。从二季度开始，三个年份招聘需求人数呈现不规则变化，2020 年的 8 月、12 月需求人数不仅是当前最低，也是三年来的最低点。

三是从薪资水平来看，虽然 2020~2022 年招聘岗位数呈下降趋势，但从市场平均承诺薪酬来看，招聘岗位三年的市场平均承诺薪酬是逐年提高的，2020年招聘市场平均承诺薪酬最低。

四是从行业来看，2022年公共招聘提供岗位数量最多和需求人数最多的是制造业，远远超过其他行业，排在第二的是租赁和商务服务业，信息传输、软件和信息技术服务业排在第三，居民服务、修理和其他服务业跃升到第四位，批发和零售业居第五，之前曾经排在前面的建筑业、房地产业均跌出前五。

五是分行业的招聘需求人数变化显示，制造业是全部行业中招聘需求人数最多的行业，但2020~2022年三年每年需求人数呈逐年下降趋势；租赁和商务服务业总体需求人数较多，但2021年需求最多，2022年的需求人数有较大幅度降低，低于2020年的水平；建筑业、房地产业、批发和零售业、教育2022年招聘需求人数普遍低于2020年需求人数。

六是与整体招聘需求降低趋势不同的是，2022年公共管理、社会保障和社会组织，电力、热力、燃气及水生产和供应业，科学研究和技术服务业，居民服务、修理和其他服务业等四个行业同比招聘需求人数大幅增长，同比增长分别为1908.99%、607.53%、402.87%、383.76%。

七是在2022年招聘需求岗位数整体下降的情况下，上海、云南、内蒙古、北京、陕西、青海等需求岗位上涨，虽然新疆、宁夏两省份招聘需求岗位数增加，但需求人数下降，天津、辽宁、山东、湖北四个省份招聘信息发布降幅较大。

三年来招聘需求岗位整体下降的同时，年度内不同月份及不同行业间的复杂变化，既与疫情的严重影响有关，也体现了产业结构调整在招聘市场的反复变化，不同省份招聘需求岗位有升有降、情况复杂。

为此，提出以下政策建议。

一是进一步重视疫情对劳动力市场产生的深远的影响，疫情对劳动力市场的影响是长期的、深远的，要对后疫情时代就业面临的复杂和困难形势有更充分的估计，做好促进就业的各项应对之策。

二是进一步在产业结构调整过程中优化就业结构，房地产业、建筑业招聘需求变化在徘徊中下降，要做好两个行业的就业稳定工作及人员转岗培训、就业等工作；快速增长的公共管理、社会保障和社会组织，电力、热力、燃气及水生产和供应业，科学研究和技术服务业，居民服务、修理和其他服务业等行业需求大大增加，要做好相关行业或专业人才的培养、精准敬业服务工作。

三是进一步动态监测劳动力市场月度变化情况，准确掌握劳动力市场变化情况；劳动力需求市场变化快、不规则、动态反复，要采用大数据手段对招聘需求月度甚至每周的变化情况进行监测，动态掌握需求变化情况，避免造成规模性失业等风险。

四是在正规就业岗位减少的同时，进一步关注灵活就业等就业形态，进一步关注灵活就业质量和权益保障，多措并举促进高质量充分就业。

B.4
数实融合下的人才需求分析

——基于万宝盛华人才短缺调查

杨慧玲*

摘　要： 数实融合改变了人才需求，使人才供给与需求不匹配问题更为突出，放大了人才缺口。调查显示，中国人才短缺创 2022 年调查以来的新高。加上疫情的影响，民生行业人才短缺严重。数字技能需求加速渗透，IT/数据类技能需求跃居首位。数字化硬技能在不同规模企业、不同行业的需求量不断增加，数字化程度越高的行业，IT 数据技能需求越大，越难以填补。针对数实融合，企业应盘点需求，根据业务需求的轻重缓急，整合人才获取渠道；在企业文化、雇主品牌建设等方面加速推进，增进人才跨界流动；内外兼修，从长远发展探索复合型数融人才培养模式；给年轻人更多机会，加强软性技能的储备。

关键词： 数实融合　人才缺口　IT/数据技能　创新力　独创能力

本文以万宝盛华全球人才短缺调查结果为依据，总结数字化与实体深度融合下中国企业间、行业间的人才短缺、热需岗位、技能需求变化情况。

万宝盛华全球 2021 年度人才短缺调查，即 2021 年 1 月对 42000 名雇主开展的调查，其中 1000 家左右企业样本来自中国①，此次调查是通过电话

＊　杨慧玲，万宝盛华大中华集团高级市场总监，主要研究方向为数字化领域的市场品牌沟通。
①　不含港、澳、台数据，下同。

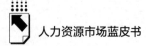

调查完成的。万宝盛华全球 2022 年度人才短缺调查，即 2022 年 4 月对 40353 名雇主开展的调查，其中 3040 家企业样本来自中国，此次是通过邮件列表（double opt-in）内的成员完成问卷，主要目的在于了解当前的人才市场中，填补职位空缺的困难程度、难以填补的职位及技能。

一 数实融合加大人才缺口

（一）人才短缺程度创历史新高

中国的数字化进程按下快进键，数字化加速与各行各业融合。中国信息通信研究院发布的《中国数字经济发展报告（2022 年）》显示：2021 年中国数字经济规模达到 45.5 万亿元，同比名义增长 16.2%，占 GDP 比重达到 39.8%。每个新技术与实体的融合、普及和落地，背后都需要专业的技术人才作支撑，这一发展趋势创造了很多新型的岗位与人才需求，如数据分析师、云计算工程技术人员等数字化、智能化、信息化新岗位。

然而，在数实快速融合的大背景下，企业对劳动力的知识或技能需求也在发生改变。根据麦肯锡全球研究院的未来工作模型，在中等自动化情景下，中国到 2030 年，约有 5160 亿工时（平均到每名劳动者约为 87 天）或将因技能需求变化而需要重新部署。然而，企业却很难在短期完成内部人才团队的转变，人才供给与需求不匹配的问题也日益凸显。中国信息通信研究院发布的《数字经济就业影响研究报告》显示，2020 年中国数字化人才缺口接近 1100 万，伴随全行业的数字化推进，需要更广泛的数字化人才引入，人才需求缺口在持续放大。万宝盛华全球 2022 年度人才短缺调查发现，中国人才短缺创调查以来的新高，83% 的受访企业在 2022 年面临人才短缺困扰，较 2021 年同期上升了 55 个百分点，为 2019 年（16%）新冠疫情前的 5 倍多（见图 1）。

（二）不同规模企业数实融合人才缺口均增大

在新冠疫情期间，数字化办公、数字化供应链、数字化营销等数字化新

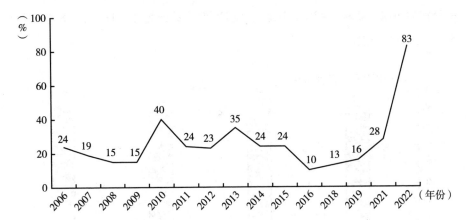

图1　中国2006~2022年填补职位空缺方面存在困难的企业比例

资料来源：万宝盛华全球2022年度人才短缺调查。

注：2021年及之前的受访者都是通过电话调查，2022年通过邮件列表（double opt-in）内的成员完成问卷；2017年和2020年数据缺失。

形态新模式提升了不同规模企业寻求、使用数字化服务的意愿。疫情后的复苏期，越来越多的中小企业青睐数实融合。这一趋势加剧了不同规模企业对数实融合新型人才的需求，随着不同规模企业数字化深度的提升，在价值链部分或全部环节应用数字技术，在内部实现数据驱动决策和设计、人机协同作业或执行流程，相应人才缺口较2019年均有大幅度的提升。

与此同时，面对职场环境的易变性、不确定性、复杂性，职场人士的求稳意识增强，虽然小型企业在灵活性和创新上具有优势，但可持续性经营能力脆弱，因此人们更青睐具有良好财务状况与雇主品牌形象的大型企业，导致小型企业人才填补阻力增大。调查发现，85%的受访小型企业表示在填补职位空缺方面存在困难，略高于在数字化转型走在前列，且人才需求量较稳健的大型企业（84%）（见图2）。

（三）民生行业最难以填补空缺

相对数字化程度较深的第三产业，当前第一、二产业数字化程度稍显滞后。中国信息通信研究院数据显示，2021年我国一、二、三产业数字化渗透率分别为 10%、22%、43%，比新冠疫情前的 2019 年分别提高 1.8 个、2.5 个、5.2 个百分点。

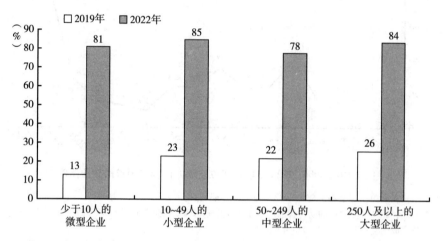

图 2　企业间在填补职位空缺方面存在困难的企业比例（2019 年、2022 年）

资料来源：万宝盛华全球 2022 年度人才短缺调查。

新冠疫情加速了农产品生活类民生行业的数字化转型，农业信息化、智慧农业系统正在不断向农业渗透，市场急需优秀的农业、机械、智能制造、项目管理、市场运营等人才，然而人才短缺也在掣肘行业的发展。万宝盛华全球 2022 年度人才短缺调查发现，初级生产业、批发及零售业和其他服务业的雇主表示最难以填补空缺职位。其中 89% 的初级生产业的受访企业表示在填补职位空缺方面存在困难（见图 3）。

二　数字技能需求加速扩大

（一）IT/数据类技能需求跃居首位

5G、大数据、云计算、人工智能等信息与通信技术向各行业渗透，市场对人才的技能组合及需求已经发生变化，数字化硬技能在不同规模企业、不同行业的需求量不断增加。

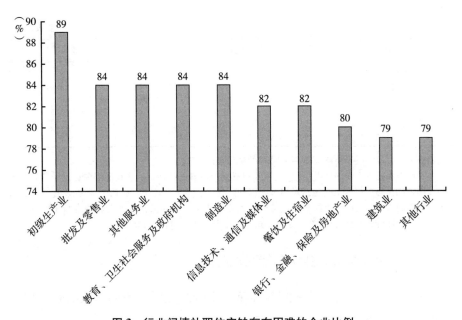

图3　行业间填补职位空缺存在困难的企业比例

资料来源：万宝盛华全球 2022 年度人才短缺调查。

注：初级生产业包括农业、林业和渔业，采矿和采石，电力、燃气和空调系统供气，供水，污水、废物管理和修复；其他服务业包括专业、科学和技术活动，行政和支持服务，其他服务活动；其他行业主要指上述 10 大行业外的行业，受访者在行业选项中选择了"其他"或"不愿意告知"；非营利性行业则因为样本量较小，未做分析。

　　万宝盛华全球 2022 年度人才短缺调查结果显示，全球近 30% 的受访企业最难填补需求的职位类型为 IT/数据硬技能。中国这一现象更为严重，中国 60% 的受访企业表示最难填补需求的硬技能为 IT/数据类，该职位从疫情前的第九位，上升至 2021 年第三位、2022 年的第一位（见表1）。

表1　中国 2019~2022 年度雇主最难填补需求的硬技能排名

2019 年	2021 年	2022 年
销售与市场	销售与市场	IT/数据类
技术工匠	生产制造	销售与市场
技术人员	IT/数据类	生产制造
生产制造	运营与物流	运营与物流
专职人员	一线员工与客服	人力资源

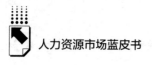
2019 年	2021 年	2022 年
管理层/高管		
会计/财务		
工程师		
IT 人员		
工人		

资料来源：万宝盛华全球 2022 年度人才短缺调查。

注：调查中技术工匠的种类很广，这些工匠必须有特殊的技能，这些技能需要通过一段时间的实际操作才能获得；技术工匠包括烘焙师、厨师、电工、木工、焊工、泥瓦工/砖匠、管道工、水暖工、橱柜制造工、石匠、皮匠等，这类职位大多与建筑行业相关；技术人员通常与工程/技术、生产/运营或维修保养类职位相关；专职人员包括项目经理、律师、研究员。

（二）企业越大，数字技能需求越大

万宝盛华集团《2021 重启技能革命报告》显示，不同规模的企业相比较而言，大型企业数字化程度更深，雇佣员工更多。

数实融合调整环环相扣，大企业经营结构复杂，面临较大的人员与组织优化，容易产生利益分配纠纷，还要涉及企业内部管理、外部链接，落地困难，同时对于头部企业而言，缺少可参照的目标，执行难度更大，数融人才的填补难度更大。万宝盛华全球 2022 年度人才短缺调查发现，66%的受访大型企业表示难以填补 IT/数据技能需求，其次为中型企业（53%）（见图 4）。

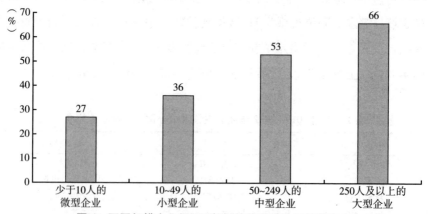

图 4　不同规模企业间 IT/数据技能需求难以填补程度

资料来源：万宝盛华全球 2022 年度人才短缺调查。

（三）数字技能需求向全行业加速渗透

在数实融合的大背景下，众多改变已在各行各业悄然发生。制造业企业采用云服务、工业互联网、数智化制造等方式进行数实融合；一些农业品牌企业通过将传感器、大数据、云计算、物联网等技术与农产品的生产相结合，建立数据采集、传输、存储、处理系统，实时感知和掌控生产的各个环节。

在此趋势下，各行各业对数字化高素质技能人才的需求日渐迫切。调查发现，中国所有受访行业的雇主均表示难以填补 IT/数据技能需求，数字化程度越高的行业，IT 数据技能需求越大，越难以填补。如信息技术、通信及媒体业，信息化和标准化程度较高的银行、金融保险及房地产业，分别有74%和65%的行业受访企业表示难以填补 IT/数据硬技能需求（见图5）。

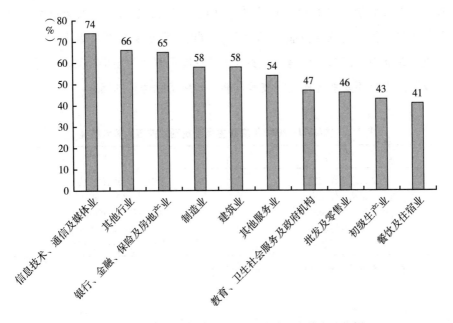

图5　行业间难以填补 IT/数据硬技能需求的企业比例

资料来源：万宝盛华全球 2022 年度人才短缺调查。

注：初级生产业包括农业、林业和渔业，采矿和采石，电力、燃气和空调系统供气，供水，污水、废物管理和修复；其他服务业包括专业、科学和技术活动，行政和支持服务；其他服务活动；其他行业主要指上述 10 大行业外的行业；受访者在行业选项中选择了"其他"或"不愿意告知"；非营利性行业则因为样本量较小，未做分析。

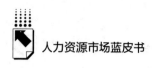
三　创新力与独创能力需求飙升

（一）创新力与独创能力需求连续两年居首位

数实加速融合使商业竞争加剧，产品和技术的研发周期缩短，迭代速度较快，新产品新业态层出不穷，后来者有可能采取新技术、新设备、新工艺，创造新产品等颠覆性的创新，实现"换道超车"。

在此背景下，企业要生存下来，需要持续不断的创新，以适应市场和消费者需求的变化。配合企业战略需求，人作为创新驱动的关键要素，企业对劳动者的软技能，尤其是创新力、解决问题、更新能力的需求与要求也随之提高。万宝盛华全球 2022 年度人才短缺调查发现，创新力与独创能力连续两年为最难找到的软性技能（见表 2）。同时，随着数实深度融合，探究与解决问题能力的需求也在提升，要求人才既能理解业务场景，又具备深入的行业洞察力，还要掌握扎实的技术技能，解决实际遇到的问题。

表 2　中国 2021~2022 年度雇主最难找到的前五大软性技能

2021 年	2022 年
创新力与独创能力	创新力与独创能力
团队协作能力	探究与解决问题能力
主动学习能力及好奇心	可信赖感与自律能力
韧性与适应力	韧性与适应力
主动承担能力	批判性思维与分析能力

资料来源：万宝盛华全球 2022 年度人才短缺调查。

（二）企业规模越大，越急需创新力与独创能力

越来越多的企业将科研投入作为一项重要的指标，加速推进技术攻关和自主创新能力提升，尤其是一些大型知名企业。在欧盟发布的《2022 欧盟工业研发投资记分牌》（*The 2022 EU Industrial Research and Development Investment*

Scoreboard）中，共有 762 家中国企业进入全球企业研发投入 2500 强榜单。

研发经费投入保持稳步增长，为数实融合创新发展注入了强大活力，同时加大了市场对创新力与独创能力技能的需求。调查发现，49%的受访大型企业表示难以找到创新力与独创能力强的人才，之后为中型企业（43%）、小型企业（40%）（见图 6）。

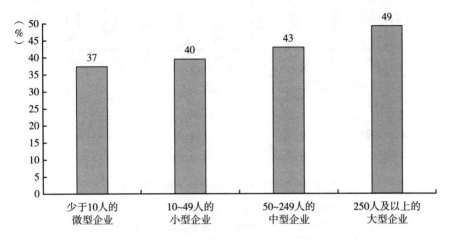

图 6 企业间创新力与独创能力的稀缺程度

资料来源：万宝盛华全球 2022 年度人才短缺调查。

（三）制造业急需创新力与独创能力

创新作为驱动力，成为各个行业在数字化时代角逐的核心竞争力。在"互联网+"和大数据的驱动下，越来越多的工厂投入大量资金更新智能设备/生产线。

智能设备/生产线对人才的能力提出更高的要求，不仅要求人才符合制造业管理数据化、大数据驱动流程质量、数字化资源洞察等能力模型，还要有很强的创新意识与能力解决遇到的复杂的实际问题。调查发现，超过半数（53%）的制造业受访企业在 2022 年难以找到所需的具有创新力与独创能力软性技能的人才（见图 7）。

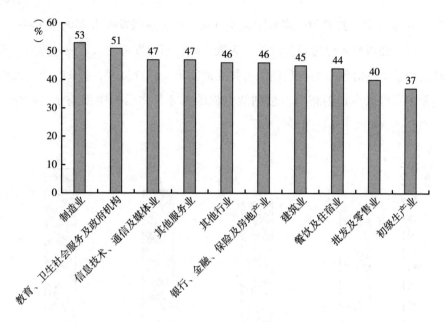

图7 行业间创新力与独创能力的稀缺程度

资料来源：万宝盛华全球2022年度人才短缺调查。

注：初级生产业包括农业、林业和渔业，采矿和采石，电力、燃气和空调系统供气，供水，污水、废物管理和修复；其他服务业包括专业、科学和技术活动，行政和支持服务，其他服务活动；其他行业主要指上述10大行业外的行业，受访者在行业选项中选择了"其他"或"不愿意告知"；非营利性行业则因为样本量较小，未做分析。

四 思考与建议：数实融合人才策略建议

（一）盘点需求：整合人才获取渠道

针对当前数字化人才技能与企业需求不匹配的问题，企业可以通过岗位分析确定数字化人才标准及获取渠道。

在人才需求分析上，企业可以通过市场现有技能的供给状况分析企业对技能需求的轻重缓急，进一步明确所需的人才画像及获取渠道，对岗位的硬性技能与软性技能的规划、拆分。

对于紧急、重要的数融人才，企业可以通过多元化引才机制，如运用猎头等专业的资源优势，吸引企业内部无法培养的人才；对于紧急、非重要的数融人才，企业可以结合自身对组织灵活度、敏捷性及成本的要求，或者对人才需求的波动性或不确定性，选择外包、兼职等灵活多样的用工形式；对于非紧急的人力需求，企业可以通过构建学习型文化，投资员工的学习与发展，开发高潜力人才，协助内部员工进行技能转型以胜任新岗位或填补新工作。

（二）加速融合：增进人才跨界流动

数实融合对数字技术的高度依赖性，决定了数字技术人才是数字化融合的关键资源。近年来，IT技术服务、咨询、电商行业数字人才跨界流动的案例已经屡见不鲜，跨界吸引数字技术人才到实体经济发展，从一定程度上有助于快速填补岗位空缺。

在跨界人才的引进上，企业需要做好雇主品牌建设与形象塑造，如建立富有融合性、更加活泼且具有人文关怀调性的文化，将数字化人才引进、安置、调配等内容形成制度，不但引得来，还要留得住，发挥人才的创造性，实现人尽其才。如一些传统型制造企业在智能升级的过程中，为了防止薪酬倒挂，主动在缩短薪资差距方面采取相关举措，既兼顾职场公平，防止企业内部的优秀人才流失，又增强了薪酬本身的激励性，全方位调动员工的主动性和积极性、活力和创造力。

企业还可以与政府及相关教育机构联起手来，为数字化人才跨地区、跨行业、跨体制流动提供便利条件，创造更具吸引力的引进人才环境。如解决引进人才的家庭安置、住宿或者子女教育问题。

（三）弥合鸿沟：普及数字化技能

"人机协作"模式将是未来新的工作形态。在数实融合初期，工作对数字技术能力要求相对较低；到了数实融合中期，人工智能技术不断进步，产业数字化转型加快，机器替代的范围或将不断扩大，逐渐向认知类、专业类岗位发展。企业应积极寻求解决方案，在内部发展和培养具备高融合性、强专业性的数字化人才。如企业可以开发"数字通识课程"公共学习平台，还可以借助人工智能和虚拟现实等工具提高授课效率，或者通过第三方提供的"数字技能提升训练营"等方式，提升现有员工的数字素养与技能。

（四）注重迭代：加强软技能甄选与培训

数融趋势下，技术替代对劳动力的能力结构提出更高要求。企业要成功驾驭未来的工作需求，需要着眼未来，匹配创新及独创能力、主动学习能力、探究及解决问题等软技能较强的人才，增强数字化适应力、胜任力、创造力。

从招聘一开始，企业在岗位需求描述上，可以融入更多的软技能要求；在人才甄选上，可以借助于专业的能力评估工具，提高对引进人才软技能的评估。同时，针对现有的人才，企业的员工培训与发展部门可以开发更多的软技能提升课程，或者借助于专业的培训机构，提升现有员工的软技能。除教育和培训，还可以让员工参与多样的组合型工作，丰富他们的经验、知识和技能，包含拓展机会、轮岗、在职学习和学徒制、跨团队和职能部门的推进项目、敏捷工作等。

（五）赋能未来：给年轻人更多机会

在软性技能提升与塑造上，新生代接受新事物的能力比较强，学习速度快，具有很强的创新意识与能力，能给企业注入活力，企业应大胆任用年轻人，给他们更广阔的发展平台。

在年轻人的任用上，企业可以通过拆解职位的任职要求，理清哪些岗位是需要与专业对口的、哪些是可以跨专业任用一些无经验的年轻人的，扩大企业的可用人才库，挖掘与培养未来所需的人才。

在组织的发展上，完善选人用人机制，大胆启用有创新意识的年轻专业人才，鼓励创新，鼓励人才主动提高软技能，使用人制度进入良性循环，提升企业的软技能储备。

B.5
2023年人力资源需求趋势分析

——基于经济技术开发区企业服务数据

夏鸣 陈君 侯蓉*

摘　要： 本文使用博尔捷全国人力资源服务产业园联盟的数据，以华
东、华南、华中等区域内人力资源服务覆盖率较高的经济技术
开发区或高新技术产业开发区中10个代表性行业领域、制造
业领域及主要投资类别企业为对象，对当前企业人力资源服务
需求变化情况进行分析，预测2023年我国人力资源需求的总
体变化和趋势。研究发现，尽管经济技术开发区或高新技术产
业开发区企业人力资源需求总量仍然会增长，但其需求增加主
要来自服务业，开发区制造业企业人力资源需求会下降；港台
投资、民营投资企业是开发区新增人力资源需求的主要投资类
别企业，与此相对应，欧美投资、日韩投资企业人力资源需求
增长较弱；开发区企业潮汐式用工导致出现的人力资源需求规
律性反复，值得社会关注。

关键词： 人力资源服务　供需分析　企业服务　经济技术开发区　高新技
术产业开发区

根据2023年两会期间商务部、科技部发布的数据，2022年国家级开发

---

* 夏鸣，上海博尔捷企业集团有限公司副总裁、中国技术创业协会高新技术产业人力资源开发
工作委员会副秘书长，研究方向为人力资源开发与人力资源服务产业发展；陈君，上海博尔
捷数字科技集团数字产业园运营总监；侯蓉，上海博尔捷数字科技集团欧孚科技总经理。

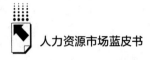
区经济总量约占全国经济总量的 24.6%，是我国主要的人力资源需求集中区域，其需求变化对我国整体人力资源需求的变化具有显著影响。

本研究以国内经济技术开发区或高新技术产业开发区制造业企业人力资源需求为主要内容，数据来源覆盖全国 18 个省区市、21 个行业或组织，选取华东、华南、华中、西南 11 个省区市（即江浙沪皖、粤桂琼鲁、湘鄂川），10 个重点关注行业（制造业，建筑业，交通运输、仓储和邮政业，信息传输、软件和信息技术服务业，批发和零售业，住宿和餐饮业，金融业，房地产业，租赁和商务服务业，文化、体育和娱乐业等），5 类投资类别企业（欧美投资、日韩投资、港台投资、国有投资、民营投资等）及 150 家制造业企业，调研对象为博尔捷全国人力资源服务产业园联盟（HRSIP）成员单位，包括政府管理部门和进驻产业园区的人力资源服务企业负责人。

本次调研采取线上与线下结合、线下为主的方式，共收回有效问卷 781 份，历时 40 余天。

一 总体需求

（一）总体需求情况

样本统计显示，2021 年，各区域人力资源总的需求为：1 月为 382912 人，12 月为 381850 人；最少为 10 月的 372039 人，最多为 9 月的 391657 人。2022 年，各区域人力资源总的需求为：1 月为 380082 人，12 月为 396653 人；最少为 2 月的 376829 人，最多为 11 月的 397978 人。2023 年 1~4 月，各区域人力资源总的需求为：1 月为 393279 人，2 月为 390136 人，3 月为 392576 人，4 月为 394055 人（见表 1）。

从 2021 年至 2023 年春各月份同期对比数据看，从 3 月起，人力资源需求数开始增加，7 月到下年 1 月是人力资源需求相对旺盛阶段。按年份看，各区域人力资源总体需求每年均有增长，2023 年仍处于明显增长中。按照年份统计数据，经济技术或高新技术产业开发区1~4月人力资源需求具有明显的同波形特征（见图1）。

表1 2021~2023年企业人力资源需求月度统计

年份	1月	2月	3月	4月	5月	6月	7月	8月	9月	10月	11月	12月
2021	382912	379604	379986	383222	384103	383284	388493	391657	375901	372039	377713	381850
2022	380082	376829	380028	383896	385063	385697	390999	391888	395207	395685	397978	396553
2023	393279	390136	392576	394055								

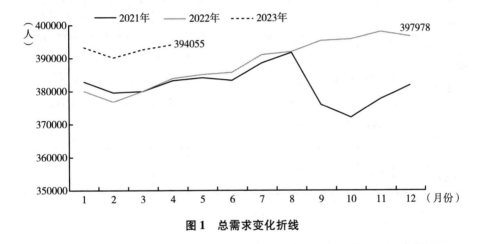

图1 总需求变化折线

（二）总体需求变化

样本统计显示，2022年比2021年，各区域人力资源需求按月同比增长：1月增加2830人，同比增长0.74%；12月增加14704人，同比增长3.85%。增加最多的为10月的23646人，同比增长6.36%；增加最少的为3月的42人，同比增长0.01%。2023年比2022年，1~4月，各区域人力资源需求按月同比增长：1月增加13197人，同比增长3.47%；2月增加13307人，同比增长3.53%；3月增加12548人，同比增长3.30%；4月增加10159人，同比增长2.65%（见表2）。

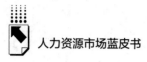

总体数据显示，按月度看，各月度呈现增长，从 2022 年 9 月起，人力资源需求加快增长，最高达到比上年同月增长 6.36%（见图 2）。其企业人力资源需求不稳定的情况明显受到疫情冲击及开发区产业供应链变化的影响。从年份看，延续 2022 年下半年的走势，2023 年人力资源需求增长处于较高的幅度，且相对稳定在 3% 上下。

表 2　2022～2023 年企业人力资源需求增长月度统计

单位：人，%

项目	1 月	2 月	3 月	4 月	5 月	6 月	7 月	8 月	9 月	10 月	11 月	12 月
2022 年同比增加	2830	2775	42	674	960	2413	1506	231	19306	23646	20265	14704
同比增长率	0.74	0.73	0.01	0.18	0.25	0.63	0.35	0.06	5.31	6.36	5.37	3.85
2023 年同比增加	13197	13307	12548	10159								
同比增长率	3.47	3.53	3.30	2.65								

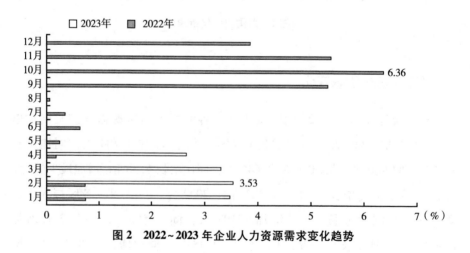

图 2　2022～2023 年企业人力资源需求变化趋势

（三）总体需求变化趋势

总结 2021~2022 年的总体需求数据及其变化特征，预期 2023 年企业人力资源需求可呈现以下趋势：各区域企业人力资源需求按月同比将保持增长，增长幅度相对稳定并维持在一定的幅度。从年份看，各月度的总量需求将会呈现潮汐式上下波动，即春节前后企业的低用工需求，及下半年企业的高用工高峰需求（见图3）。

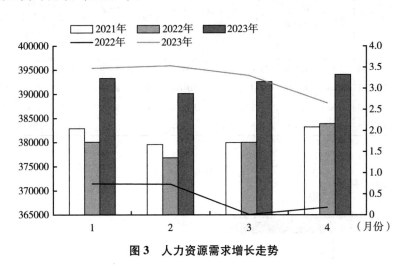

图3　人力资源需求增长走势

二　重点关注行业需求

（一）总体情况

本次调研从 21 个行业中，选择了制造业、建筑业、交通运输仓储和邮政业、信息传输软件和信息技术服务业、批发和零售业、住宿和餐饮业、金融业、房地产业、租赁和商务服务业、文化体育和娱乐业等 10 个重点关注行业的企业人力资源需求。

总体数据显示，在 10 个重点关注行业，企业人力资源需求总数基本保

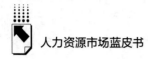

持稳定。企业人力资源需求以制造业人力资源需求最大，租赁和商务服务业次之，金融业需求最小；租赁和商务服务业企业需求总量增幅最大，文化、体育和娱乐业企业需求出现断崖般下降（见表3、图4），备受瞩目。

表3　2023年1~4月10个重点关注行业人力资源总需求情况

单位：人

行业	制造业	建筑业	交通运输、仓储和邮政业	信息传输、软件和信息技术服务业	批发和零售业	住宿和餐饮业	金融业	房地产业	租赁和商务服务业	文化、体育和娱乐业	总用工
1月	151539	17559	32236	7916	5830	10397	1481	8319	56525	12309	304111
2月	150091	17508	31801	7962	5828	10163	1471	8246	55981	12440	301491
3月	150723	17345	32167	8078	5877	10136	1490	8241	56388	12498	302493
4月	150708	17573	32306	8025	6029	10204	1534	8198	66660	2216	302068

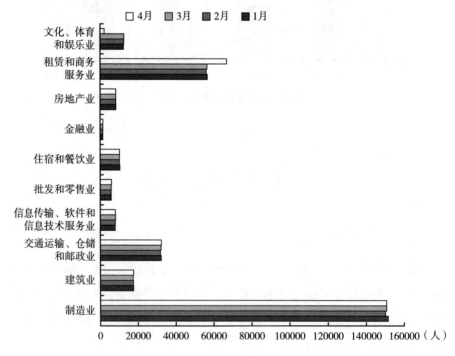

图4　2023年1~4月10个重点行业总用工数量

（二）需求对比及变化

样本数据显示，开发区重点关注的 10 个行业中，制造业企业人力资源需求约占企业人力资源总需求的 50%，租赁和商务服务业企业人力资源需求约占企业人力资源总需求的 20%，交通运输仓储和邮政业人力资源需求约占企业人力资源总需求的 10%。三者占了 10 个重点关注行业企业人力资源总需求的 80%以上（见图 5、图 6），反映了开发区产业结构以制造业为基础的人力资源需求的基本特征。

综合人力资源总体需求变化发现，尽管企业人力资源总需求在增长，但制造业和房地产等行业企业人力资源需求出现下降。以租赁和商务服务业等为代表的各类服务业企业人力资源服务需求出现增长，反映了社会未来发展的趋势。文化、体育和娱乐业企业人力资源需求出现断崖下降的趋势，与行业多方面的发展环境变化有关联，值得社会关注。

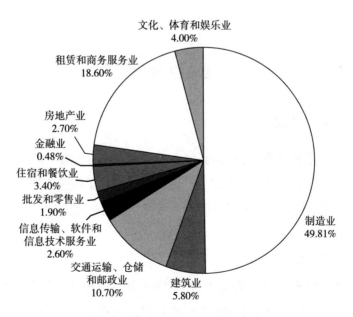

图 5　十个重点行业 4 月用工占比

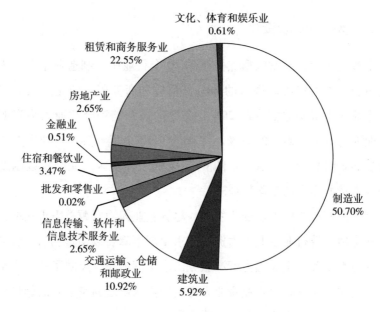

图6 十个重点行业4月用工占比

三 制造业企业需求

（一）需求情况

制造业是各类经济技术或高新技术产业开发区的基础产业，也是企业人力资源需求来源最大最重要的部分。本次调研选择了欧美投资、日韩投资、港台投资、国有投资、民间投资等五个投资类别企业的150家代表性制造业企业。

1. 样本统计数据

欧美投资企业16家，企业平均人力资源需求950人；日韩投资企业32家，企业平均人力资源需求703人；港台投资企业26家，企业平均人力资源需求1721人；国有投资企业10家，企业平均人力资源需求1069人；民营投资企业66家，企业平均人力资源需求601人。

2023年，欧美投资企业16家，人力资源需求总数为15658人，占比12.5%；日韩投资企业32家，人力资源需求总数为22844人，占比18.3%；港台投资企业26家，人力资源需求总数为47466人，占比37.9%；国有投资企业10家，人力资源需求总数为10847人，占比8.7%；民营投资企业66家，人力资源需求总数为40791人，占比32.6%。

2023年，欧美投资企业新增人力资源需求总数为163人，占比3.6%；日韩投资企业新增人力资源需求总数为351人，占比7.8%；港台投资企业新增人力资源需求总数为2709人，占比60.3%；国有投资企业人力资源需求总数为162人，占比3.6%；民营投资企业新增人力资源需求总数为1107人，占比32.6%（见表4）。

2. 样本统计数据显示

总体数据显示，从企业人力资源需求总量来看，港台投资企业是人力资源需求最大来源，民营投资企业次之，日韩投资企业、欧美投资企业再次之，国有投资企业最小；从企业平均用人规模来看，单个港台投资企业人力资源需求最大，国有投资企业次之，欧美投资企业、日韩投资再次之，民营投资企业最小；从新增人力资源需求来看，港台投资企业需求仍为最大，民营投资企业次之，日韩投资企业、欧美投资企业再次之，国有投资企业需求最小（见图7）。

表4　150家制造业企业按投资类别分用工数量

项目	企业数量（家）	企业平均人数	年初企业人数	调研时企业人数	企业人数占比（%）	新增需求（人）
欧美投资企业	16	950	15495	15658	12.5	163
日韩投资企业	32	703	22493	22844	18.3	351
港台投资企业	26	1721	44757	47466	37.9	2709
国有投资企业	10	1069	10685	10847	8.7	162
民营投资企业	66	601	39684	40791	32.6	1107
总调查企业	150	887	133114	137607	100	4492

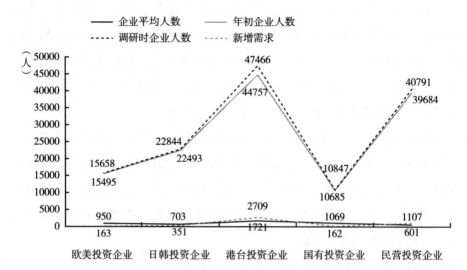

图7　各投资类别企业用工数量分析

（二）需求变化

1. 样本统计数据

2023年1~4月，150家代表性制造业企业人力资源总新增需求为4492人，企业平均人力资源需求约30人。其中：欧美投资企业新增人力资源需求163人，占总需求的3.6%，企业平均新增需求约10人；日韩投资企业新增人力资源需求351人，占总需求的7.8%，企业平均新增需求约11人；港台投资企业新增人力资源需求2709人，占总需求的60.3%，企业平均新增需求约104人；国有投资企业新增人力资源需求162人，占总需求的3.6%，企业平均新增人力资源需求约16人；民营投资企业新增人力资源需求1107人，占总需求的24.6%，企业平均新增需求约16人（见表5）。

2. 样本统计数据显示

从新增用人规模看，港台投资企业人力资源需求最多，民营投资企业需求次之；日韩投资企业、欧美投资企业需求再次之，国有投资企业需求最少从企业平均新增用人看，港台投资企业平均每个企业新增人力资源需求最多，国有投资企业需求次之，民营投资企业需求再次之，日韩投资企业、欧美投资企业需求最少。

从企业新增用人占比来看趋势，港台投资企业人力资源新增占比超过六成，民营投资企业新增需求占比超过二成；日韩投资企业、欧美投资企业新增需求不到一成；国有投资企业新增需求占比最低（见图8）。

表5　各类投资企业新增需求分析

项目	企业数量（家）	企业总需求人数占比（%）	企业新增需求总数（人）	企业平均新增需求（人）	新增需求占比（%）
欧美投资企业	16	12.5	163	10	3.6
日韩投资企业	32	18.3	351	11	7.8
港台投资企业	26	37.9	2709	104	60.3
国有投资企业	10	8.7	162	16	3.6
民营投资企业	66	32.6	1107	17	24.6
总数	150	100	4492	30	100

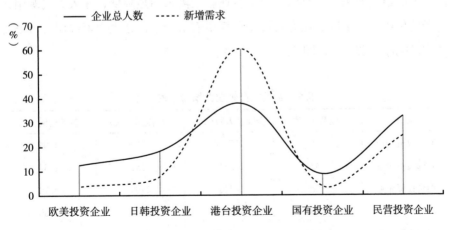

图8　各类投资企业人力资源总需求及新增占比

（三）变化趋势

样本统计数据，2023 年 1～4 月，150 家代表性制造业企业人力资源总数 137606 人，新增人力资源需求为 4492 人中，新增比例为 3.26%。其中：欧美投资企业人力资源总数 15658 人，企业新增人力资源需求 163 人，新增比例为 1.04%；日韩投资企业新增人力资源需求 351 人，新增比例为 1.54%；港台投资企业新增人力资源需求 2709 人，占比 5.70%；国有投资企业新增人力资源需求 162 人，占比 1.50%；民营投资企业新增人力资源需求 1107 人，新增占比 2.71%。

统计数据显示，港台投资企业新增人力资源需求，占总员工的比例的 5.7%，为最多；民营投资企业新增人力资源需求，占总员工的比例的 2.17%，为次之；日韩投资企业新增人力资源需求，占总员工的比例的 1.54%，为再次之；国有投资企业新增人力资源需求，占总员工的比例的 1.50%，需求靠后；欧美投资企业新增人力资源需求，占总员工的比例的 1.04%，为最低。

统计数据表明，港台投资企业和民营投资企业，将是制造业人力资源新增需求的最重要来源，日韩、欧美企业新增需求明显降低，在人力资源用人市场地位进一步下降，国有投资企业新增需求较小，在人力资源用人市场对总体影响小（见表 6、图 9）。

表6　各类投资企业新增需求的占比

项目	企业数量（家）	企业总人数（人）	新增需求（人）	新增比例（%）
欧美投资企业	16	15658	163	1.04
日韩投资企业	32	22844	351	1.54
港台投资企业	26	47466	2709	5.70
国有投资企业	10	10847	162	1.50
民营投资企业	66	40791	1107	2.71
总数	150	137606	4492	3.26

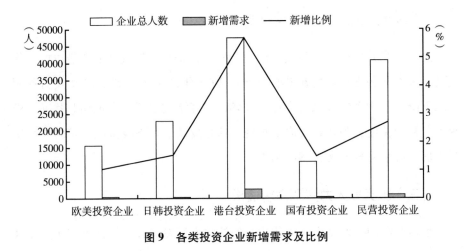

图9 各类投资企业新增需求及比例

四 2023年供需变化分析结论

根据商务部、科技部在2023年两会期间所发布的数据，我国国家级经济技术开发区、高新技术产业开发区经济总量占全国的1/4（前者为11%、后者为13.6%）。其人力资源需求对我国总体人力资源需求变化具有风向标作用，可通过其洞悉我国总体人力资源需求的波动。综合博尔捷人力资源服务产业园联盟企业服务数据分析，我们可对2023年我国人力资源需求趋势做如下预测。

（一）人力资源需求总体将增加

2023年，企业人力资源需求总体增加趋势将延续。尽管2023年初总需求比2022年四季度有所减少，但与前两年同期相比，人力资源总的需求增长仍然明显，春节前后人力资源需求规律性的消长，显现潮汐式变化，这与开发区用工特征有关。从全年来看，我们预期社会人力资源需求将继续保持增长。

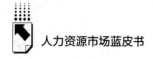

（二）制造业人力资源需求下降

经济技术开发区、高新技术产业开发区，是我国先进制造业最重要的集聚地，人力资源需求高度聚集的区域，2023年却出人意料的出现人力资源需求下降，实为多年以来所罕见。在各地拼经济的当下，出现如此状况，极易引起社会关注，为各级政府所重视。这也反映了当下我国经济正转向高质量发展，应是实现发展转型的结果。

（三）服务业人力资源需求增长

虽然与我国一般城市环境相比，经济技术开发区或高新技术产业开发区其区域服务业占比相对较低，而且房地产、文体娱乐业等服务业人力资源需求出现了显著下降，但2023年开发区人力资源需求仍然保持总量增长，服务业人力资源需求所呈现的增长趋势，反映了我国人力资源需求的未来所在。

（四）不同所有制企业各有不同

2023年，欧美投资、日韩投资企业人力资源新增需求明显低于港台投资、民间投资企业，反映出港台投资、民间投资企业在各地人力资源需求市场上的重要地位。欧美投资企业、日韩投资企业人力资源需求占比下降，这应与当前复杂的国际国内营商环境密切相关，需要引起社会重视。国有投资企业依然难在人力资源需求市场发挥举足轻重作用。

B.6
第三代农民工的群体特征
与职业发展报告

王加文　侯立文　王乐天*

摘　要： 本文使用相关数据对第三代农民工的群体特征进行了分析。结
果显示，与第一代和第二代农民工相比，第三代农民工的群体
特征、就业结构与职业发展具有明显的时代特征、群体特点和
区域特色，其正规就业比例有所提高，就业选择也逐渐由传统
体力型向服务型、知识型过渡，但仍然面临着就业竞争力不
强、职业层次不高、失业呈现长期化、保障程度相对不高、受
疫情影响较大等问题。建议通过加强技能培训，提升职业素
质；拓宽成长渠道，促进职业发展；加强思想引导，树立积极
就业观；健全体制机制，提升社会保障水平等提升第三代农民
工就业质量。

关键词： 第三代农民工　就业质量　职业发展

　　习近平总书记指出，农民工是改革开放以来涌现出的一支新型劳动大军，
是建设国家的重要力量，全社会一定要关心农民工、关爱农民工。① 根据

---

* 王加文，上海市就业促进中心副处长，东方讲坛特聘讲师，主要研究领域为劳动力市场、
失业预警与劳动就业理论；侯立文，上海市人力资源和社会保障科学研究所（上海市社会
保险科学研究所）助理研究员，主要研究方向为就业创业与人力资源管理；王乐天，华东
政法大学，主要研究领域为大数据分析、农民工就业。
① 《总书记七年间春节前夕慰问基层群众回顾》，中国共产党新闻网，http://cpc. people.
com. cn/xuexi/n1/2019/0204/c385474-30613942-7. html。

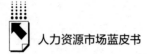

《2022 年农民工监测调查报告》①，2022 年全国农民工总量 29562 万人，比上年增加 311 万人，增长 1.1%。

当前我国正处在实现中华民族伟大复兴的关键历史时期，在全面建设社会主义现代化国家新征程顺利开启、经济社会发展的外部环境和内部条件发生深刻复杂变化的新形势下，系统深入研究第三代农民工的群体特征、就业状况、收入水平、流动规律和变化趋势，是准确认识就业形势、科学制定就业政策、改进提升就业服务的客观要求，也是保障流动劳动者权益、促进更加充分和更高质量就业的工作基础和客观要求，对于进一步做好农民工工作、完善政策体系、提升服务水平和增强城市吸引力均具有重要的现实意义。

上海是我国经济最发达、最具活力的地区之一，也是全国农民工较为集中的地区之一。截至 2022 年底，在上海就业的农民工数量高达 554 万人，②覆盖了全国 31 个省、市、自治区。课题组综合运用文献研究、大数据分析以及问卷调查等方法，依托上海就业登记、社保缴费业务经办系统，提取了上述 554 万农民工的明细数据，包括农民工的年龄、性别、学历、技能、户籍等个人特征，农民工就业单位的性质、行业、规模等单位属性，以及农民工工资收入情况等丰富的信息，以第一代、第二代农民工为参照对象，通过比较分析重点研究第三代农民工的群体特征和职业发展的代际差异、突出问题，系统研究农民工的群体特征、职业发展的变化规律和发展趋势，以及促进第三代农民工实现更加充分和更高质量就业的对策建议。

一　概念界定

农民工群体，是我国社会经济发展到一定阶段而产生的一个特殊的劳动力群体，是在我国二元户籍管理制度以及相应的社会管理制度之下产生的特殊群体，具有鲜明的中国特色。从传统意义上讲，"农民"是社会身份，指

---

① 国家统计局，http：//www.stats.gov.cn/xxgk/sjfb/zxfb2020/202304/t20230428_ 1939125.html。
② 根据上海市人力资源和社会保障局就业参保登记信息系统统计数据。

的是拥有农业户口的农村人口，不是城市市民；"工"指的是所从事的行业不再是农业而是非农产业。因此，"农民工"一般是指户口在农村，但主要从事非农产业的人员。

"三农"问题专家、原农业部长韩长赋首先关注到第三代农民工问题，提出"第一代农民工是20世纪80年代农村政策放活以后出来打工的农民；第二代农民工大多是20世纪80年代成长起来的农民；第三代农民工是指20世纪80年代后期到90年代出生的，在改革开放时代成长起来的年轻农民工群体"。[①]

综合考虑农民工代际划分的科学性、代表性、实践性和可操作性，本文按照出生年份对农民工即户口性质为农业或之前为农业且处于劳动年龄段（16~60岁）的劳动者进行了代际划分，其中出生于1970年以前的为第一代农民工，出生于1970~1984年的为第二代农民工，出生于1985年及之后的为第三代农民工，并以上海市农民工大数据资源、2018年全国流动人口动态监测数据以及2022年6月课题组抽样调查数据为基础，结合问卷调研内容，对第三代农民工的群体特征进行了比较分析。

二 群体特征

（一）第三代农民工已成为外出务工劳动者的主体

从农民工的代际数量分布情况（见图1）来看，当前劳动力市场中的第三代农民工人数最多，占比为55.1%；第二代农民工占比为25.7%，第一代农民工占比为19.2%。随着第三代农民工的快速增长，外出务工人员规模不断扩大，人数明显多于第一、第二代农民工，已经成为外出务工劳动者的主力军。

（二）年轻化趋势明显，女性占比明显提升

从年龄结构来看，农民工的总体平均年龄为35.9岁，第一代农民工平

---

① 刘林平、王苗：《新生代农民工的特征及其形成机制——80后农民工与80前农民工之比较》，《中山大学学报》（社会科学版）2013年第5期，第136~150页。

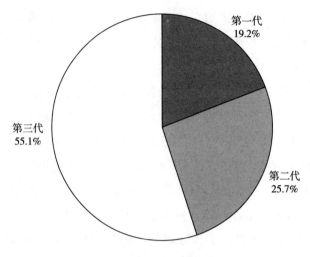

图1 农民工的数量结构

均年龄为52.2岁，第二代农民工平均年龄为40.8岁，第三代农民工平均年龄为27.3岁。从性别结构（见图2）来看，第一代农民工中的男性占比为66.5%，女性占比为33.5%，性别比为1.99；第二代农民工中的男性占比为59.8%，女性占比为40.2%，性别比为1.49；第三代农民工中的男性占比为53.6%，女性占比为46.4%，性别比为1.15。从代际差异看，农民工中的女性占比总体呈现逐代上升趋势，性别比例渐趋平衡。

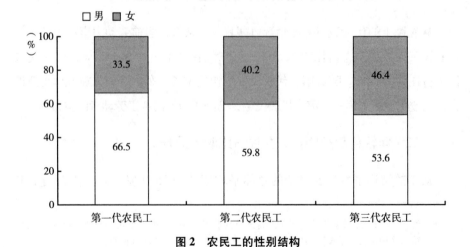

图2 农民工的性别结构

（三）学历层次、技能水平相对较高

从农民工的学历结构（见图3）来看，第一代农民工文化程度相对偏低，以初中及以下学历为主，占比接近90%，大专以上学历占比仅为2.0%。与第一代、第二代农民工相比，第三代农民工的文化程度有所提高，其中高中/中专学历人员占比为29.6%，大专及以上学历人员占比为31.5%。相较于前两代农民工，第三代农民工的文化水平显著提升。

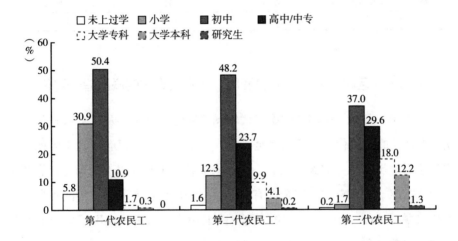

图3　农民工的学历结构

从农民工的职业技能水平结构（见表1）来看，第三代农民工中，37.3%具有职业技能等级证书，虽然没有职业技能等级证书但有一定技能的占比为33.1%，两者合计实际具有一定职业技能的占比为70.4%。第一代和第二代农民工中具有职业技能等级证书的分别占比33.8%、35.7%，没有职业技能等级证书但有一定技能的占比分别为28.6%、31.8%，合计具有一定职业技能的分别占比62.4%、67.5%。总体来看，第三代农民工的知识、技能水平均相对较高。

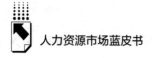

表 1　农民工的职业技能水平结构

单位：%

技能水平	第一代农民工	第二代农民工	第三代农民工
初级工	18.9	21.0	17.6
中级工	8.4	10.1	12.6
高级工	1.4	0.8	2.8
技师	3.7	2.8	3.2
高级技师	1.4	1.0	1.1
没有证书，但有一定技能	28.6	31.8	33.1
没有证书也没有技能	37.6	32.5	29.6
合计	100	100	100

（四）缺乏农村生活、务农经历，与农业农村的联系趋于弱化

调查结果显示，65.1%的第三代农民工曾经有过 1 年及以上农村生活经历，34.9%的第三代农民工则完全没有农村生活经历或仅有不足 1 年的短期农村生活经历。从务农经历来看，参与农业种植 1 年及以上的第三代农民工仅占 34.9%，65.1%的则完全没有农业种植经历或仅有不足 1 年的短期务农经历（见图 4）。与第一代、第二代农民工相比，第三代农民工与农业农村的联系更趋淡化。

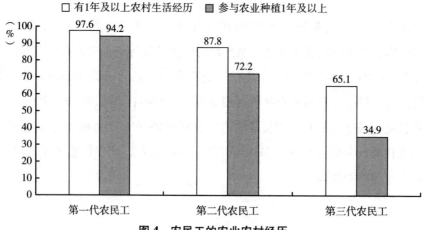

图 4　农民工的农业农村经历

（五）长期在城市发展的意愿强烈，平均在外务工年限超过8年

调查结果显示，第三代农民工中，表示未来打算继续留在就业地长期发展的比例为89.0%，高于第一代（82.0%）和第二代农民工（87.1%）；表示未来打算离开就业地的比例为1.9%，略高于第二代农民工（1.3%），但低于第一代农民工（2.8%）；表示没想好，再观察一段时间的比例为9.1%，低于第一代（15.3%）和第二代农民工（11.6%）。

从农民工在外务工年限（见图5）来看，第三代农民工在当前就业地务工的平均年限为8.1年，与上一年度相比增长0.4年；近年来呈现逐年上升的特点，第三代农民工留在就业单位所在地长期生活、工作的意愿不断提高。从发展的趋势来看，第三代农民工在沪生活年限还将持续提高。

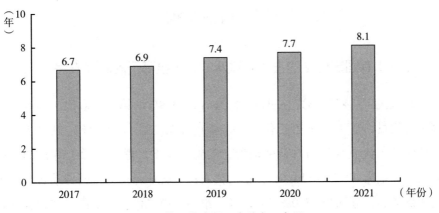

图5　第三代农民工在外务工年限

（六）家庭式迁徙所占比重逐年上升

第三代农民工的家人全部在当前就业地的，占比为20.3%，家人部分在当前就业地的占比52.6%，两者合计占比72.9%；仅本人独自在当前就业地、其他家人都不在一起的第三代农民工所占比重为27.1%。第三代农民工举家在外聚居务工的"家庭式迁徙"所占比重在逐年上升（见图6）。

103

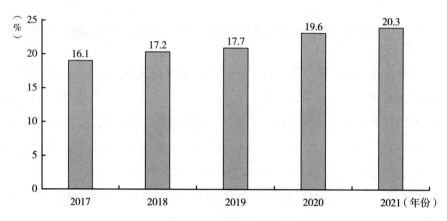

图6　第三代农民工家庭式迁徙的比重

三　就业结构

（一）有固定雇主的占比超过八成，明显高于前两代农民

从农民工的雇佣形式（见图7）来看，83.9%的第三代农民工为有固定雇主的雇员，显著高于第一代（56.3%）和第二代（65.1%）农民工。第一代农民工就业身份为自营劳动者、无固定雇主（零工、散工等）的比例较高，分别为20.5%、13.6%；第二代农民工就业身份为自营劳动者、雇主的比例较高，分别为17.0%、12.6%。第一、第二代农民工由于文化程度相对较低，进入正规就业市场难度较大，从事非正规就业比例较高，同时前两代农民工往往吃苦耐劳，白手起家、自主经营、自主创业的人员比例也高于第三代农民工。

（二）六成从事第三产业，加速从制造业流向服务业

从第三代农民工就业单位的产业分布情况（见图8）来看，从事第一产业的仅占1.1%，第二产业的占比为37.0%，与上年相比较下降5.2个百分点，与五年前相比较下降11.3个百分点；从事第三产业的占比为61.9%，与上年

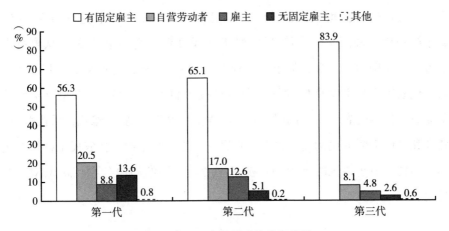

图7 农民工雇佣形式的代际差异

相比较增长 9.1 个百分点，与五年前相比较增长 15.2 个百分点。从发展趋势来看，随着我国产业结构调整的不断深化和农民工就业观念的变化，从事第二、第三产业的农民工占比总体持续下降，从事第三产业的增长较快。

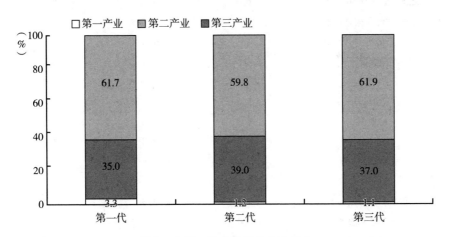

图8 农民工就业单位的产业分布

（三）行业分布由传统体力型、技术型向新兴服务型、知识型转变

从三代农民工就业单位的行业分布情况（见表2）来看，从事制造业、

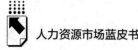

批发零售业的比例均较高，其中第三代农民工从事制造业比例为31.4%，
高于第一代（23.5%）、第二代农民工（30.1%）；第三代农民工从事批发
零售业的比例为12.5%，低于第一代（17.3%）、第二代农民工（17.9%）。
第三代农民工从事信息传输软件和信息技术服务（7.9%）、金融（4.5%）
明显高于前两代农民工；同时，第一、第二代农民工从事建筑，居民服务、
修理和其他服务的比例高于第三代农民工。这反映了第三代农民工在行业选
择上不再局限于传统的体力型、技术型劳动，逐渐向服务型、知识型行业
过渡。

表2　三代农民工就业单位的行业分布

单位：%

行业	第一代	第二代	第三代
制造	23.5	30.1	31.4
批发零售	17.3	17.9	12.5
交通运输、仓储和邮政	6.0	9.0	8.9
信息传输、软件和信息技术服务	0.7	2.7	7.9
居民服务、修理和其他服务	15.1	10.1	7.7
住宿餐饮	8.5	7.7	6.6
建筑	11.2	8.6	5.2
金融	0.5	1.2	4.5
房地产	6.1	3.3	3.2
卫生	2.5	1.4	2.0
文体和娱乐	1.0	0.9	1.9
教育	0.8	1.3	1.9
租赁和商务服务	1.0	1.5	1.7
科研和技术服务	0.4	1.0	1.6
农林牧渔	3.3	1.2	1.1
社会工作	0.8	0.4	0.7
公共管理、社会保障和社会组织	0.7	0.3	0.5
水利、环境和公共设施管理	0.5	0.9	0.5
电煤水热生产供应	0.3	0.1	0.4
采矿	0.0	0.1	0.0

（四）在当前岗位平均就业时间31.3个月，就业稳定性有所提高

从就业的稳定程度来看（见图9），第三代农民工在当前的工作岗位就业的时间平均为31.3个月，比上一年度提高1.9个月，比2017年提高2.2个月。在同一工作岗位的持续就业时间，是研判第三代农民工就业稳定性的重要指标，平均就业时间的增长表明第三代农民工的就业更加稳定。

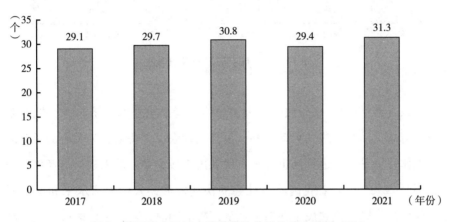

图9　第三代农民工在当前岗位的平均就业时间（月）

（五）最主要的求职渠道是熟人介绍，通过网络平台求职的比重有所上升

从第三代农民工当前工作的来源（见图10）来看，通过熟人介绍的比例为36.2%，高于其他各类求职渠道，社会关系网络是第三代农民工求职择业的主渠道。之后是网络求职，占比为28.6%，从变化趋势看，通过网络求职的第三代农民工所占比重上升较快，五年增长近10个百分点。通过人力资源市场求职的占比为14.2%，居第三代农民工求职渠道的第三位。

（六）求职择业最关心薪资待遇、工作环境和社会保险

调查结果表明（见图11），第三代农民工在选择就业岗位时最关心的是

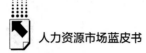

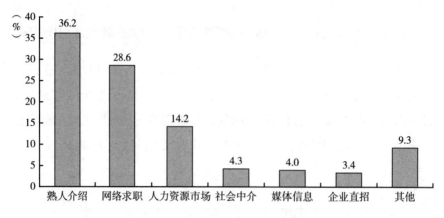

图10　第三代农民工的求职渠道

工资收入（37.4%）。工资收入是大多数劳动者最重要的经济来源，能否获取与其劳动付出相适应的劳动报酬，是第三代农民工普遍较为关心的重要因素。工作环境是否舒适整洁也是第三代农民工较为关心的因素，选择该选项的比例为22.8%。随着我国经济社会的快速发展，人们生活水平和生活质量不断提高，第三代农民工在追求经济回报的同时，对于工作顺心、生活舒适的要求也不断提升。关心单位是否缴纳社会保险的第三代农民工占20.6%。与第一、第二代农民工相比，第三代农民工不再是只看眼前、不考虑长远的"短视群体"，关注社保缴费的比例持续上升。

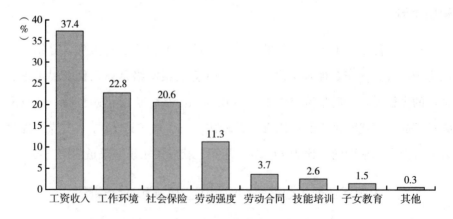

图11　第三代农民工选择就业岗位时最关心的因素

四　就业质量

（一）平均月薪6751元，总体保持稳定增长趋势

统计数据显示，第三代农民工 2021 年的平均月薪为 6751 元，2017～2021 年年均增长 6.4%（见图 12）。

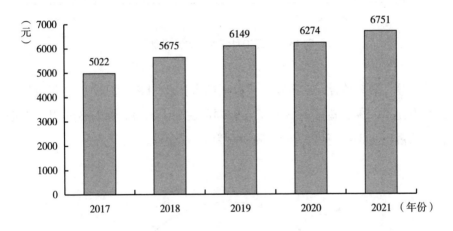

图 12　第三代农民工的平均月薪

从农民工月薪水平的代际差异（见图 13）来看，第三代农民工平均月薪水平，明显高于第一代农民工（5052 元），但略低于第二代农民工（6886元）。从调查结果来看，第三代农民工在为经济社会发展作出重要贡献的同时，也实现了收入水平的稳步增长。

（二）近九成签订劳动合同，平均合同期限18.6个月

从第三代农民工与就业单位签订劳动合同的情况看，签订固定期限劳动合同的占比 87.3%，签订无固定期限劳动合同的占比 1.4%，没有签订劳动合同的占比 11.3%。从劳动合同期限（见图 14）来看，第三代农民工与用

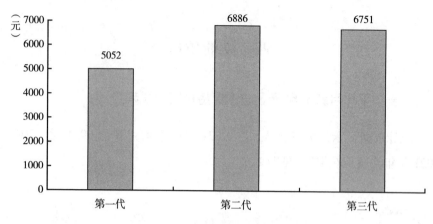

图13 农民工月薪水平的代际差异

人单位签订的劳动合同期限在1年以下的占比32.1%，签订1~2年劳动合同的占比40.5%，签订2~3年劳动合同的占比17.6%，签订3年以上劳动合同的占比9.8%，平均劳动合同期限为18.6个月。

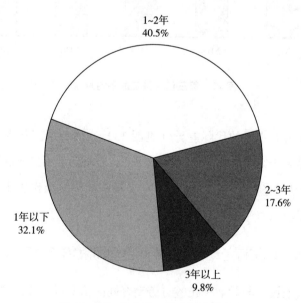

图14 第三代农民工的劳动合同期限

（三）六成有加班经历，九成加班有合理报酬

调查结果显示，第三代农民工中，过去一个月当中曾经加过班的占比62.7%，没有加过班的占比37.3%。其中每次加班都有报酬的占比39.6%，大多数加班有报酬的占比52.3%，两者合计占比91.9%，即大多数情况下第三代农民工加班能够取得合理报酬；少数加班有报酬的第三代农民工占比5.7%，从来没有加班费的占比2.4%（见图15）。

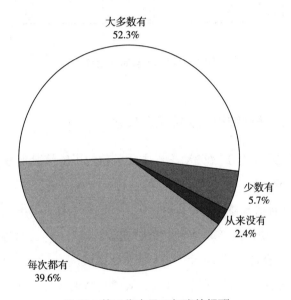

图15　第三代农民工加班的报酬

（四）超时劳动现象有所改善

根据《劳动法》第三十六条规定"国家实行劳动者每日工作时间不超过八小时、平均每周工作时间不超过四十四小时的工时制度"。调查数据显示，第三代农民工中每周工作时间超过44小时的人员占比为53.5%（见图16），第一代和第二代农民工每周工作时间超过44小时的人员占比分别为66.1%、61.1%。相较于第一、第二代农民工，第三代农民工超时工作现象明显改善。

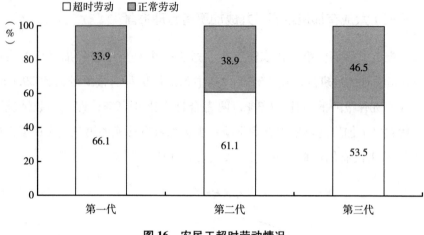

图16 农民工超时劳动情况

（五）合法理性维权，法律意识较强

从第三代农民工对于《劳动法》主要条款的了解情况来看，表示"非常熟悉"的占比32.8%，"大致了解"的占比51.5%，表示"不了解"的占比15.7%。当自身合法权益受到侵害时，第三代农民工首选的维权渠道是劳动监察（44.9%）、劳动仲裁（27.4%）和法院起诉（12.1%），通过合法理性渠道维护自身权益的合计占比84.4%。选择求助亲戚朋友讨说法的占比11.7%，选择其他方式的占比3.9%（见图17）。从调查结果来看，第三代农民工具有较强的法律意识，学法、用法的意识较为强烈，在其合法权益受到侵害时，大部分会选择合法、理性的方式处理解决。

（六）就业满意度与就业稳定程度高度相关

为研究比较第三代农民工对于就业岗位的满意度，课题组参照满意度测量的技术体系，以调查结果为基础编制了第三代就业满意度指数。指数的取值范围为0~200，100为临界值，数值越高表明就业满意度越高。从调查结果来看，第三代农民工的就业满意度为134.3，其中没有换过工作、一直在同一家单位就业的第三代农民工就业满意度为139.6；有过1次跳槽经历的

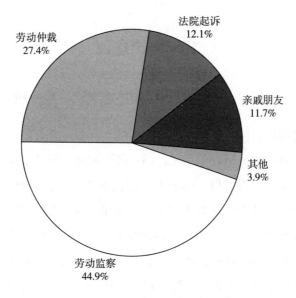

图 17 第三代农民工的维权渠道

就业满意度为 133.5；有过两次跳槽经历的就业满意度为 130.9，跳槽 5 次及以上的就业满意度为 127.4（见图 18）。第三代农民工的就业满意度与其跳槽次数之间高度负相关，即跳槽越频繁就业满意度越低，跳槽频繁度是影响第三代农民工就业满意度的重要因素。

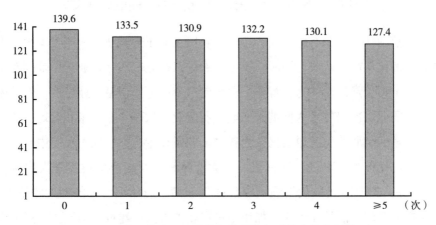

图 18 第三代农民工的就业满意度与跳槽次数负相关

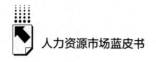

五　结论建议

（一）就业竞争力偏弱，建议加强技能培训，提升职业素质

相较于前两代农民工，第三代农民工的文化程度和技能水平有较为显著的提升，但与同龄的城镇青年相比，仍有较大差距。从文化程度来看，"85后"城镇青年中，大专及以上学历人员占比为78.4%，但第三代农民工中，大专及以上学历人员占比仅为31.5%；从技能水平来看，第三代农民工中，高技能人才（高级工及以上人员）占比仅为7.1%，且仍有接近三成第三代农民工表示没有证书也没有技能。由此可以看出，第三代农民工整体就业竞争力不强，建议持续加大农民工职业培训工作力度，完善农民工职业培训体系，全面提升农民工职业技能水平。强化政府引导，提升企业及农民工对职业培训的重视程度，通过在线学、轮岗学、干中学等多种培训形式着力解决好农民工工学矛盾问题。发挥市场主导，从需求侧和供给侧出发，以产业经济发展对于技能人才的需求为导向，面向不同类型、行业、特点的农民工组织实施更加精准的职业技能培训，进一步提升职业技能培训的成效。

（二）职业层次不高，建议拓宽成长渠道，促进职业发展

与前两代农民工有所不同，第三代农民工非正规就业比例明显减少，正规就业的比例超过八成。同时，第三代农民工行业分布、职业选择范围有所扩大，不再仅局限于体力型行业，逐步向服务型、知识型行业过渡，但总体而言，职业层次仍较多为低端服务业、制造业，从事专业技术和管理工作的比例仍较低，职业发展通道仍较为狭窄。调研显示，第三代农民工中专业技术人员占比仅为17.4%；国家机关、党群组织、企事业单位负责人比例仅为0.4%。"十四五"规划强调要加强创新型、应用型、技能型人才培养，加快提升劳动者的技能素质，加快推进产业工人队伍建设。第三代农民工已成为我国产业工人队伍的主体，建议深化体制机制改革，持续推进城乡劳动

力市场一体化建设，加快建立农民工职业发展上升通道。进一步强化第三代农民工的职业认同感，提升其科学规划职业生涯的意识，明确职业发展定位，瞄准职业发展目标，制定实现职业生涯目标的行动方案。发挥企业主体作用，充分重视农民工人力资源规划，通过全面盘点研判，实现人力资源供求间数量、质量与结构的匹配；完善相关制度，搭建农民工成长锻炼平台，建立农民工职业发展通道，全面提升农民工的职业认同感、归属感和自豪感。

（三）就业意愿略低，建议加强思想引导，树立积极就业观

与前两代农民工成长环境有所不同，第三代农民工生活物质资源相对丰富，生活条件相对优越，通过劳动收入改善生活的紧迫感不强，对于工作更"挑剔"；相较于前两代农民工，就业意愿有所降低，呈现失业的长期化趋势。调研显示，第三代农民工中，处于未就业状态的人员占比为 13.7%，其中，失业时间在一年以上的比例超过六成，且 85.1% 的第三代失业农民工没有就业意愿。广泛宣传就业政策，因势利导树立良好的择业观，通过参观走访、职场体验等提升就业意愿。组织农民工参观用人单位，联合一些规模大、运作完善的企业，邀请农民工实地参观，了解企业运作模式，通过企业部门负责人的现场讲解，分析岗位职责要求和发展空间等，激发农民工对岗位的兴趣。深入挖掘农民工就业创业典型案例，通过多种形式宣传推广，积极营造有利于促进第三代农民工就业的良好舆论环境，帮助树立更加积极进取的就业观，鼓励全社会群策群力，共同助推农民工就业工作。

（四）保障程度不高，建议健全体制机制，提升社会保障水平

与前两代农民工相比，第三代农民工在劳动强度、失业保障、收入保障方面均有所改善，但保障程度仍不高，合法权益仍需进一步保护。调研显示，第三代农民工超时劳动现象明显少于前两代，但仍有 53.5% 存在超时劳动情况；第三代农民工中，三成左右表示工资支付发放不及时或不足额；超过六成的第三代失业农民工未享受失业保险金、补助金等失业保障。大力

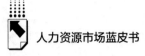

宣传政策法规,切实保障农民工合法权益。强化用人单位主体责任:保障对劳动者应有的尊重,维护劳动者休息休假权益,自觉履行工资支付的法律责任。全面落实援企稳岗政策措施,以帮助市场主体纾困解难,稳就业促就业。提升农民工法律观念和维权意识,畅通农民工维权渠道,帮助农民工学会利用法律武器,用合理的方法维护自身权益。深入实施全民参保计划,持续推进农民工市民化进程,保障农民工平等参加城镇职工养老、医疗、工伤等社会保险并享受相应待遇。不断加强人文关怀,做好失业困难农民工的干预帮扶与救助保护工作,全力营造关心关爱农民工的良好社会氛围。

参考文献

陈辉、熊春文:《关于农民工代际划分问题的讨论:基于曼海姆的代的社会学理论》,《中国农业大学学报》2011年第4期。

全国总工会新生代农民工问题课题组:《关于新生代农民工问题的研究报告》,《工人日报》2010年10月10日。

田永坡、刘娜、朱丹雨、郭旭林:《中国人力资源市场的发展状况》,载余兴安、田永坡主编《人力资源市场蓝皮书:中国人力资源市场分析报告(2022)》,社会科学文献出版社,2022。

郑慧玲、王加文:《上海市流动劳动力求职与就业状况报告》,载余兴安、田永坡主编《人力资源市场蓝皮书:中国人力资源市场分析报告(2020)》,社会科学文献出版社,2020。

田永坡:《浅析当前劳动力市场变化的七个新趋势》,《工人日报》2021年3月29日。

杨菊华:《对新生代流动人口的认识误区》,《人口研究》2010年第2期。

谢娅婷、张勃:《农民工的就业质量与城镇落户意愿研究——基于代际差异的视角》,《河南社会科学》2020年第9期。

马继迁、张宏如:《就业质量的代际差异:基于江苏、浙江、广东的农民工调查数据》,《福建论坛》(人文社会科学版)2014年第6期。

B.7
制造业人工成本效率分析及提升路径

中国国际技术智力合作集团有限公司课题组*

摘　要： 在外部环境不确定性增加、经营挑战不断加大的背景下，企业对于控本提效、提质增效的管理要求明显提升。制造业作为劳动密集型、资金密集型和技术密集型产业，面临的成本压力和效率提升挑战尤为突出。本文通过分析制造业上市公司的人工成本投入产出效率，并选取机械设备、电力设备、国防军工三类先进制造领域进行重点观察，旨在为广大制造业企业提供最新的市场人工成本效率数据和人效提升管理实践参考。

关键词： 先进制造业　人工成本效率　人效提升

党的二十大报告指出，要坚持把发展经济的着力点放在实体经济上，加快建设制造强国，推动制造业高端化、智能化、绿色化发展。党中央的最新部署进一步凸显了制造业在实体经济中的作用，并就制造业高质量发展提出了新的更高要求。近年来，我国制造业取得了一系列重要进展，特别是高端装备、生物医药、光电子信息、新能源汽车、光伏、风电等新兴产业规模和能级不断提升。与此同时，面对复杂多变的外部环境，中国制造业企业仍然面临人工成本高企、劳动力短缺、创新能力薄弱等诸多挑战。在此背景下，制造业企业对人工成本控制和效率提升的需要显得更加迫切。

本文所使用的数据主要来自制造业 3356 家 A 股上市公司（其中先进制

---

* 课题组成员：何嘉伟、张欣、韩军旗、薛俊武、赵超凡、杜海燕、孔维彬。

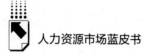

造领域企业 963 家）2022 年度的企业年报，其他数据来源均已在文中注明。本文旨在为社会提供最新的市场数据参考，帮助制造业企业更好地认识人工成本投入与产出的关联，并有针对性地给出改进建议，以期为优化提升制造业企业人工成本效率提供有价值的借鉴、参考。

一　制造业发展现状和趋势

（一）制造业发展现状

工信部、国家统计局数据显示，2022 年，中国制造业投资同比增长 9.1%，实现增加值 33.5 万亿元，同比增长 3%，与 GDP 增长速度持平；制造业增加值占我国 GDP 的 27.7%，较 2021 年提升 0.3 个百分点，占全球 GDP 比重近 30%，制造业规模已经连续 13 年居世界首位，我国持续保持世界第一制造大国的地位。

在由"制造大国"向"制造强国"转变的过程中，"专精特新"企业将发挥重要作用。"专精特新"企业具有专业化、精细化、特色化、新颖化特征。我国明确提出到 2025 年将培育 1 万家"专精特新""小巨人"企业、10万家"专精特新"中小企业的目标。截至 2022 年，全国已培育 7 万多家"专精特新"中小企业，其中累计有 1300 多家"专精特新"中小企业在 A 股上市，占 A 股上市企业总数的 27%。"专精特新""小巨人"企业有 8997 家，产业导向主要为"中国制造 2025"所聚焦的十大重点产业领域，其中新材料、新一代信息技术和高端机械装备企业数量最多。"专精特新"企业拔节成长，是中国制造业由大到强、从量变到质变，走向深层次结构性调整的重要体现。随着优质企业梯度培育体系的构建和完善，以及产业链上中下游的融通创新，我国必将涌现更多创新能力强、成长性好的"专精特新"企业，助力由"中国制造"加快向"中国创造"转变。在这一环节中，如何克服部分"专精特新"企业面临的融资渠道受限、抗风险能力较低、核心技术存在瓶颈、经营管理水平有待提升等诸多挑战，是制造业转型升级亟待解决的问题。

（二）制造业经营业绩分析

2022 年，中国制造业整体经营业绩增速放缓甚至出现下降，电力设备行业在业绩总量、增速两方面均处于领先地位。

制造业企业的经营业绩，是衡量制造业发展情况的重要指标，本文选取上市制造业企业的总市值和营业总收入两项经营规模指标进行分析。

1. 总市值

从总市值①来看，2022 年制造业 A 股上市公司总市值平均值为 140.1 亿元，较上年下滑 26.1%，先进制造业上市公司总市值平均为 131.0 亿元，变化趋势与制造业基本一致，较上年下降 26.7%。

在先进制造业的三类细分行业中，电力设备行业总市值最高（213.2 亿元），之后为国防军工和机械设备行业，二者总市值平均分别为 168.1 亿元和 69.4 亿元。电力设备行业中，市值头部（P90 及以上）企业超半数为光伏设备行业，该行业目前在智能制造、工业互联网、数据化等方面均取得了优异成绩，全行业呈现快速发展的态势，并且随着技术的提升和市场的扩展，该行业未来仍有很大发展空间，一定程度上导致此类企业的市场估值较高。

无论是制造业整体还是先进制造业，2022 年的总市值均有不同程度的下滑，可能的原因包括但不限于以下几方面：一是全球经济增速放缓，使得投资者更加谨慎，对于企业未来盈利状况的预期降低会导致股价下跌并影响企业市值；二是受外部风险因素影响，国际环境不稳定等风险导致国外产品需求下降，进而对国内企业的经营产生不利影响，导致企业市值下降；三是政策调控变化，如行业规制加强等对企业盈利能力和投资者预期产生影响；四是竞争更加激烈，新兴行业的竞争加剧、新技术和新业务的冲击等因素可能对部分行业的市值带来不利影响。

---

① 总市值指上市公司的股票总价值，总市值＝总股本×当前每股市价。

2.营业总收入

从营业总收入[①]来看，2022年先进制造业A股上市公司营业总收入平均值为57.3亿元，其中，电力设备行业的营业总收入平均值达到97.4亿元，同比大幅增长45%，明显高于机械设备行业（35.4亿元）和国防军工行业（41.9亿元）。电力设备行业的营业总收入在总量、增速两个方面均处于领先地位，这与近年来新能源领域的迅猛发展有关，其中的头部企业营业总收入均在千亿元以上，如宁德时代、通威股份、隆基绿能等。中国新能源行业目前在新能源汽车、太阳能光伏、风能、水能等领域均取得了瞩目的成绩，因此处于这些领域的企业在发展潜力和持续性方面都较有优势。

从中智咨询的市场调研结果来看，只有四成制造业企业表示达成了2022年的全年业绩目标，1/3的制造业企业表示达成率在80%～100%，约两成企业的达成率低于80%。而随着防疫政策的调整和稳经济组合政策的持续显效，经济发展踏上了复苏之路，也进一步坚定了企业发展的信心。从2023年制造业企业的业绩增长目标来看，67%的制造业企业预计业绩有增长，其中两成以上的企业预计业绩增幅在20%以上。

（三）制造业数字化发展趋势

中国制造业正面临数字化转型的机遇和挑战，凭借不断迭代革新的新技术，制造业正朝着自动化、智能化、绿色化方向迅猛发展。

1.在数字技术的加持下，引入自动化生产线的制造业企业迅速增加

与传统的生产方式不同，基于数字技术的生产方式可以在提高生产效率和产品质量的同时降低企业成本。另外，自动化的生产流程更加适应多样化的市场需求，可通过个性化定制等方式提高产品附加值和市场竞争力。

2.智能制造是制造业数字化发展的主流方向之一

智能制造的核心是实现设备、工艺、物流和信息的互联互通，最终实现

---

① 营业总收入指企业在从事销售商品，提供劳务和让渡资产使用权等日常经营业务过程中所形成的经济利益的总流入，分为主营业务收入和其他业务收入。

智能生产和管理。在智能制造方面的应用主要包括自动化制造、大数据分析、人工智能及机器人等技术。智能制造的实现将产生大幅优化生产流程和完善管理的效果。

3.绿色制造是实现可持续发展的重要途径之一

绿色制造旨在减少对环境的影响并增加社会贡献，运用循环经济生产方式进行排放治理，通过提高能源利用效率、减少污染排放等方式来为社会做贡献。随着全社会环保意识的提高以及政府对制造业污染的限制，绿色制造在未来必将得到可持续发展。

总而言之，数字化转型为中国制造业迈向高质量发展注入了新的动力，在转型过程中，企业既要注重技术上的数字化改造和业务上的数字化升级，也要利用数字能力来提升自身的运营效率和管理水平。

二 制造业人工成本效率分析

近年来，中国制造业在技术、品质、效率和创新等方面都有了非常显著的提升，逐渐由大规模、低成本的生产方式向智能、高质量、高附加值转型升级，尤其是先进制造领域，是传统产业转型升级的主要方向，也是制造业企业参与国际竞争的先导力量。在此背景下，促进产业人才等资源实现高效配置，可以为行业高质量发展提供重要支撑。因此，研究制造业尤其是先进制造领域的人工成本效率情况，具有重要意义。

本部分以制造业 A 股上市公司的人工投产效率为主线，并选取机械设备、电力设备、国防军工三类先进制造业数据进行对比，从人力资源配置情况、人工成本变动趋势、人工成本投入产出效率三个角度进行分析，同时结合行业的发展趋势及典型企业的特征，意在为制造业企业优化调整人力成本配置、提质增效和高质量发展提供数据参考及决策建议。

（一）制造业企业人力资源配置：整体人员总量不断上升，人员结构不断优化，本专科学历人员占比明显提升

人力资源配置情况包含人员总量和人员结构配置两方面，是影响企业人

力资源投入的重要参考指标。

从人员总量配置来看，制造业整体的人员总量呈上升趋势。2022 年，制造业员工总数平均值为 4365 人，对比五年前上涨 21.6%。2022 年先进制造业的员工总数平均值（3255 人）略低于制造业整体，但 2018~2022 年的人员增幅（36.1%）高于整体，其中，三类细分行业人员总量均有不同程度的提升。机械设备行业 A 股上市企业 2022 年员工总数平均值为 2494 人，五年间上涨 17.4%；电力设备行业平均为 4532 人，人员增幅与其他行业相比最为突出，上涨 73.6%，与行业人数大幅增加相匹配的是电力设备行业经营业绩的快速增加；国防军工行业平均为 3027 人，与五年前的数据差异不大，小幅上涨 2.6%。

从人员结构配置来看，2018~2022 年制造业的人员结构较为稳定，以生产人员为主体，占比均在 50% 以上，而技术人员占比小幅上升，五年间上升了 2 个百分点。先进制造业的人员结构变化趋势与制造业类似，三类细分行业的技术人员占比均有一定的扩张。例如，五年来国防军工行业的技术人员占比提升 2 个百分点，销售人员和其他专业人员占比分别下降 1 个百分点，同时，其技术人员占比（2022 年占比 33%）高于机械设备行业（2022 年占比 24%）和电力设备行业（2022 年占比 22%）占比。这是因为国防军工行业本质上是一个多领域的综合产业，涉及电子、机械、材料、化学、物理、数学等多个领域的学科知识，因此需要多学科的专业技术人员来保证产品质量和性能。

与此同时，国内制造业正处于转型升级的关键时期，产业自动化的比例不断提升，将催生越来越多更高端、更专业的岗位，进而提升企业对关键核心人才的需求，也将提高对人才技能的要求。中智咨询市场调研结果显示，2023 年制造业企业的人员编制呈小幅扩张态势，三成企业将增加人员编制，其中约四成企业的扩编比例在 10% 以上。同时，超三成制造业企业表示产品研发/开发人员和工艺/工程技术人员需求较大。其中，既懂研发和工艺技术，又具备数字化能力的复合型人才最紧缺，如智能制造工程师等岗位。企业亟待通过引进外部优质人才、人员能力培养提升等方式来优化人员配置，满足企业转型升级过程中的人才发展需求。

从人员学历配置来看，近五年制造业整体的本科、专科学历人员占比分别上升 4 个和 5 个百分点，而高中及以下学历人员占比明显下降 9 个百分点。先进制造业的人员学历结构变化趋势与制造业保持一致，本、专科学历人员占比提升，高中及以下人员占比下降。例如，2022 年机械设备、电力设备、国防军工三个行业的专科生占比分别上升 7 个、6 个和 1 个百分点，而高中及以下人员占比分别下降 10 个、9 个和 5 个百分点，同时，国防军工行业本科以上人员占比近半（48%），高于机械设备（30%）和电力设备行业（27%）（见图 1）。随着中国制造业向高端、智能化方向发展，人员的学历结构优化趋势将会持续下去。制造业的可持续发展需要高素质人才的不断涌现，一方面企业需要优质的本科生和研究生资源，以满足企业的高端研发、管理和技术生产需求；另一方面专科教育注重实践和应用，因此制造业企业中专科学历人员的占比也会继续提升，与高学历人才一同推动企业的长远发展。

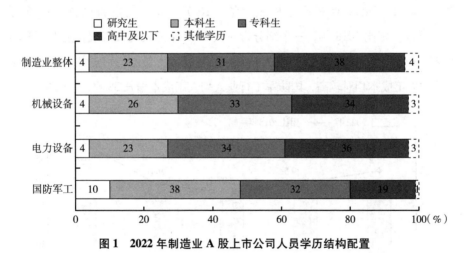

图 1　2022 年制造业 A 股上市公司人员学历结构配置

（二）制造业人工成本变动趋势：人均职工薪酬与人均人工成本大幅上升

人均人工成本和人均职工薪酬两项指标，可以有效衡量制造业企业的人工成本变动趋势。

在技术进步和产业升级的背景下，制造业尤其是先进制造业普遍增加了对高技能人才、高技术人才的需求，除了掌握专业技术知识外，此类人才还需要具备创新意识和团队协作能力，如机器学习工程师、技术支持工程师、云计算工程师等职位。同时这也导致企业在招聘、培训和管理中的开支同步提高，如2022年制造业智能制造工程师的年薪高出工艺工程师50%~70%。2022年先进制造业A股上市公司人均职工薪酬平均值为13.4万元，高于制造业整体水平（13.0万元）。从先进制造业三个细分行业来看，2022年三个细分行业的人均职工薪酬均在12万元以上，相比2018年增幅在30%~40%。

人均职工薪酬[①]的上升也驱动了人工成本的增长，五年来制造业人均人工成本[②]不断上升，2022年制造业A股上市公司人均人工成本平均值为16.3万元，相比2018年增长32.2%。2022年先进制造业人均人工成本（16.9万元）高于制造业整体水平，三个细分行业对比来看，国防军工行业人均人工成本最高（21.1万元），明显高于机械设备（16.7万元）与电力设备（15.6万元）行业。相比2018年，三个细分行业在2022年的人均人工成本上涨幅度均在25%以上。其中国防军工行业的特殊产品性质和人员结构特点共同导致了该行业的人工成本相对较高，国防军工行业人均人工成本增长38.6%（见图2）。

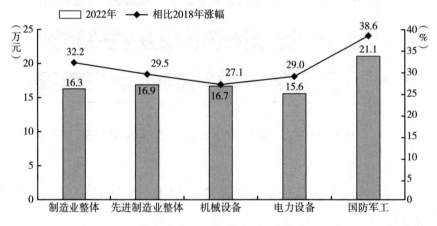

图2　2022年制造业A股上市公司人均人工成本

---

① 人均职工薪酬=职工薪酬/员工总数。
② 人均人工成本=人工成本总额/员工总数。

（三）制造业人工成本投入产出效率：整体的人工投产效率较上年有所下滑，产业转型升级背景下人工效率仍有较大提升空间

这里选用人事费用率、人工成本利润率、劳动生产率三项指标来综合衡量制造业企业在人工成本上的投入产出效率。其中，人事费用率为人工成本总额占营业收入的比重，反映了企业投入的人工成本带来的营收规模，是衡量企业人工成本投产效率最直接的指标，指标值越低，表明企业投入产出水平越高；人工成本利润率指在企业新创造价值当中，为从业人员支付的人工成本与企业利润之间的关系，是反映企业人工成本回报水平的主要指标。在同行业企业中，人工成本利润率越高，表明单位人工成本取得的经济效益越好，人工成本的相对水平越低；劳动生产率指根据产品的价值量指标计算的平均每一个从业人员在单位时间内的产品生产量，是考核企业经济活动的重要指标，是企业生产技术水平、经营管理水平、职工技术熟练程度和劳动积极性的综合表现，指标水平越高，反映了制造业企业人员效率越高。

人事费用率[①]方面，2022年制造业A股上市公司的人事费用率平均值为15.6%，低于先进制造行业的平均水平（16.7%），其中机械设备、电力设备和国防军工行业人事费用率分别为18.6%、11.7%和22.2%。三个行业对比来看，电力设备行业人事费用率最低，这是由于该行业2022年营业总收入大幅增加，但人工成本水平增幅稳定在较低水平，而机械设备和国防军工行业的营收增幅均在10%以下，人工成本水平却仍在增长，进而使人事费用率较高。

人工成本利润率[②]方面，2022年制造业A股上市公司的人工成本利润率平均值为89.5%，较上年下降22.9个百分点。而先进制造三个细分行业的差异较大，电力设备行业的人工成本利润率达到122.5%，明显高于机械设备（66.5%）和国防军工行业（93.3%）。从增幅来看，无论是制造业还是

---

① 人事费用率＝人工成本总额/营业收入×100%。
② 人工成本利润率＝利润总额/人工成本总额×100%。

先进制造业，2022 年人工成本利润率均有不同程度的下降，其中国防军工行业下降幅度最大（下降 31.2 个百分点），而电力设备行业仅下滑 7.4 个百分点（见图 3），这也是由于电力设备行业在营收提高的同时对成本进行合理控制的结果。结合人事费用率来看，相比机械设备和国防军工行业，电力设备行业的人工成本投产效率最高，总体上表现出高质量发展的特点。

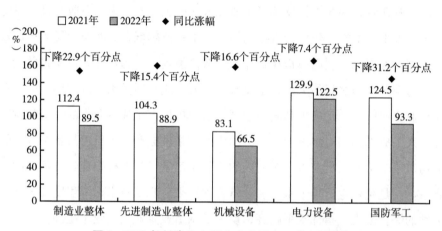

图 3 2022 年制造业 A 股上市公司人工成本利润率

劳动生产率①方面，2022 年制造业的平均劳动生产率为 36.0 万元，较上年小幅下降 0.4 万元，也是五年来首次出现下降。先进制造业中，国防军工行业的平均劳动生产率最高（46.3 万元），但也是三个细分行业中下降最明显的（较上年下降 1.6 万元），而电力设备行业则是先进制造业中唯一保持劳动生产率正增长的行业（2022 年平均劳动生产率为 39.3 万元，较上年上升 1.6 万元）。

从具体企业来看，电力设备行业劳动生产率的提升与其中的头部企业存在较强关联性，如大全能源的劳动生产率为 539 万元，昱能科技、当升科技也在 200 万元左右。尽管电力设备行业的劳动生产率领先于同类企业水平，但相比于许多劳动生产率超过 100 万元的国有重点企业，仍有较大的提升空间。

---

① 劳动生产率＝（净利润－投资收益＋应付职工薪酬＋应交税费＋计提折旧）／从业人员平均人数。

（四）制造业人工成本效率趋势总结

2022年制造业整体的经营业绩保持增长态势，其中属于先进制造业范畴的机械设备、电力设备、国防军工三个细分行业表现出一定程度的分化，电力设备行业无论在业绩表现方面还是人力投产效率方面都处于领先地位。

在人员配置上，2018~2022年制造业人员总量呈上升趋势，但结构上较为稳定。从人员类别结构来看，以生产人员为主体，研发技术人员占比有小幅提升，从学历结构来看，本科以上的高学历人才和专科人才占比提升，反映了制造行业对高素质人才和应用型人才并重、理论和实践兼顾的发展理念，人员结构上的不断优化有利于提高企业的效率和生产力，更好地支撑公司战略目标的实现。

人工成本投入方面，制造业人工成本依然保持上升趋势，而先进制造业整体的人工成本高于整体水平。先进制造业三个细分行业的人工成本投入在变化趋势上保持一致，人均人工成本和人均职工薪酬表现出高度同步性，这说明在技术革新和产业升级背景下，企业对关键技术岗位的人才需求在上升，人力成本的水涨船高也存在一定程度的不可逆性。

从人工投产效率来看，制造业整体在人效指标上均出现一定程度的下滑，这是由于人工成本具备刚性支付的特点，而2022年的业绩表现有所下降。而对于先进制造业，电力设备行业在人事费用率、人工成本利润率和劳动生产率三个指标上均表现出"高质量发展"的特点，其共同原因是在人工成本控制较好的条件下提升了企业的营收和利润。

总体来看，我国制造业企业在控本提效方面仍有较大提升空间，企业需更加关注成本投产效率，在不影响企业后续发展投入的前提下，有针对性地开展成本精益化分析诊断和管控，以提升经营效率。

三　制造业人工成本效率提升的思考建议

（一）优化人员配置

组织编制优化方面，一是通过确定对标范围、人员结构对标（年龄/学

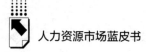

历等）、组织结构对标、岗位结构对标等进行企业内外部人才结构对标；二是从经营业绩预测（收入/成本/利润）、人效水平预测（增量/目标）、人员总量预测（类别/人数）、人员结构预测（配比）等方面开展科学的人才配置预测；三是在区分管理人员和专业人员的前提下，针对不同层级人员结构、管理幅度和岗位发展通道进行专业的人才结构规划；四是在已有规划方案的基础上进一步确定人才数量和人才储备与培养方案，调整人才结构以适配企业发展。

组织人才盘点和分析方面，一是使用工作行为问卷、胜任力测评、360评价等工具从不同角度收集人才队伍、制度建设、人才管理方面的信息；二是基于数据模型对已有的数据进行盘点分析，将人才分析、人效分析与人效监控工作可视化、常态化，持续跟踪与改善整体效能；三是基于人才分析结果识别潜在人才数量、结构与质量优化空间，并出具组织和个人的盘点报告；四是制定并执行优化方案，提升人岗匹配度、提高工作效能，为人员数量与结构优化提供基础。

（二）控制人工成本

优化人工成本分配方面，人工成本项目繁杂，包括薪酬、福利、招聘、培训等各项费用支出，必须关注人工成本各项目占比，以及各成分水平、细分项目构成比例、项目投入的效果与收益，有效优化人工成本分配的合理性。我们认为，人工成本投入与公司经营紧密相联，人工成本应与企业年度财务经营指标、核心效能指标弹性挂钩。在选择指标时，企业可根据行业类型和发展阶段优先选择不同的指标。比如：规模导向的企业应该侧重于选择人事费用率；利润导向的企业应该侧重于选择人工成本利润率；成本导向的企业优先选择人工成本占成本费用的比重等。选定人工成本指标后，可通过建立人工成本管控指标库并设置警戒线来实现人工成本指标的定期监测与精细化管理。同时还可以通过对比内部与行业标杆企业人工成本指标历史变动情况，分析人工成本管控短板，制定赶超计划。

提升业务效能方面，可以通过数字化赋能全面支持企业流程效能的改善，更好控制人工成本。一是基于数字化规划对流程中的堵点进行总结梳理；二是用好数据资产，对业务流程进行诊断；三是从流程成熟度、流程的投入产出、实施难度等维度进行流程分析，确定流程指标，绘制业务流程图、作业流程图等；四是通过确定改进目标、标识改进关键点、设计改善方案并应用推广等，完成流程优化。

（三）提高产出效率

开展人效诊断方面，人效指标可以分为企业级维度、部门级维度和车间产线级维度三类。企业级包括企业经营发展、人工成本构成、人均产出、人工投产效率等维度；部门级则按照采购、研发、生产、销售等部门进行划分；车间产线级维度包括工时、生产率、制造周期、净作业时间等指标。在人效指标的选择上，企业应当根据不同的管理幅度与管理目标，设计与选择相应的人效指标。

人效体系建设方面，一是强化人工成本支出与回报收益相匹配的管理理念；二是设计匹配企业人效提升的优化机制；三是基于人效优化项目推进优化方案的执行与效果评估，确保人效推进可落地、可监控、可改善。

区域与行业人力资源市场

Regional and Industrial Human Resources Market

B.8
上海市金融业人才的教育培训问题研究

刘娜 刘琳*

摘 要： 上海金融业的高速发展促进了金融人才教育培训的发展，同样金融人才教育培训也为金融业持续输入优秀人才，为金融业的发展提供源源不断的新鲜血液。但目前金融人才教育培训已经不能满足上海金融业对金融复合型人才的需求，这就需要加强对金融产业人才的教育培训。本报告通过对上海金融产业发展现状、上海金融产业人才教育培训现状进行研究分析，提出了相应的建议和对策：一是加强高端金融人才教育培训；二是强化师资力量，培养"双师型"教师；三是促进校企合作，增强实践能力；四是建立健全金融人才教育培训机制。以上四条对策有利于推动上海市金融产业人才教育培训机制优化升级，有利于加快适应经济社会发展需要。

---

* 刘娜，北京师范大学管理学博士，劳动经济学博士后，上海电机学院商学院副教授，主要研究方向为劳动经济、人力资源管理、教育经济与管理；刘琳，上海电机学院商学院，主要研究方向为劳动经济。

关键词： 金融人才　教育培训　上海

前　言

21 世纪是一个信息化的时代，更是一个急需优秀人才的时代。在数字经济时代背景下，随着科技革命的推动，许多高新技术被逐渐运用到金融领域，未来金融业的发展与新技术、新产业密切相关。也将预示着，上海对金融人才需求会日益庞大，尤其是金融领域的高端金融人才。我国的金融科技人才紧缺人数已超 150 万人①。2022 年全国教育工作会议在北京召开，该会议深刻阐明了要大力发展适应新技术、新产业、新业态、新模式的现代职业教育，以培养更多高素质技术人才。由此可见，职业教育必将成为未来教育发展的新趋势。

上海于 2021 年印发了《上海国际金融中心建设"十四五"规划》，该规划明确了"一个总目标、六条具体目标"②。总体目标是：在 2025 年前，大幅提高上海国际金融中心的能级，充分发挥其对国家经济高质量发展的服务作用，进一步巩固其作为中国金融资产配置和风险管理中心的地位，大幅提高其对全球资源的配置能力，为在 2035 年前建成一个在国际上具有重大影响力的金融中心打下坚实的基础③。因此，该规划的印发必将会刺激上海未来对高端金融人才的需求，推动上海市金融产业人才的教育培训计划开展。

随着上海市产业转型升级和经济结构调整，金融产业劳动力供需结构性矛盾突出，使金融产业的人才需求持续扩大。在这样的局势下，上海市金融产业急需复合型金融人才，这就需要各大金融培训机构和各大高等院校发挥作用，在新产业、新业态的引领下，努力开展金融业的新职业人才培养计

---

① http://www.sohu.com/a/452775269_120865609。
② 《上海国际金融中心建设"十四五"规划》。
③ 《上海国际金融中心建设"十四五"规划》。

划，为上海金融业的未来创建"人才培养皿"，为上海金融业的发展注入新鲜血液。

一 上海市金融业发展现状

在中共上海市委、市政府的决策部署下，上海市的社会和经济得到了较快的发展，为"十四五"顺利开局创造了良好的条件。由图 1 所示，2022 年上海市地区生产总值（GDP）达到 44652.80 亿元，在疫情影响最严重的情况下 GDP 在 2021 年基础上增加了 1437.95 亿元。此外，2022 年第三产业增加值占该地区生产总值的比重为 74.1%，增加值达 33097.42 亿元，增长0.3%[①]。由此可知，近几年上海市 GDP 稳步上升，经济发展呈现稳中加固、稳中有进、稳中向好态势。

图 1　2017~2022 年上海市地区生产总值

资料来源：上海市统计局。

上海市经济的迅速发展以及上海市第三产业增加值和占比的不断提高，给上海市金融业的未来提供了更多的发展机会和优越的经济环境。由图 2 所

---

① 《2022 年上海市国民经济和社会发展统计公报》。

示，2022 年上海市金融业增加值为 8626.31 亿元，在疫情的影响下比 2021 年增长了 5.2%，金融业在上海市 GDP 中的占比约 19.31%，在第三产业中的占比约 26.06%。从以上数据中可知，金融业在上海经济中扮演着极其重要的角色，是上海经济增长的重要推动力量，对上海经济的可持续健康发展举足轻重。

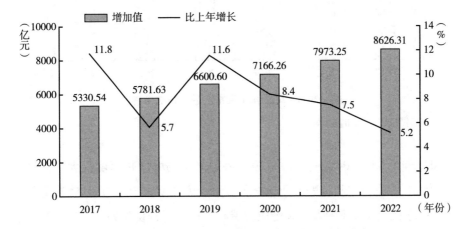

图 2　2017~2022 年上海市金融业增加值及增长速度

资料来源：上海市统计局。

上海金融业覆盖范围广，种类繁多，因此本文选择着重介绍金融业中不可或缺和最具代表性的金融市场。由图 3 可知，从 2017 年至 2022 年上海市金融市场交易总额一直持续上升。其中，2022 年上海市金融市场交易总额达到了 2932.98 万亿元，比上一年增长了 16.8%。可见，上海市的金融市场如火如荼，在今后的发展中将会逐步壮大，并呈现蓬勃发展的趋势。

上海金融市场由上海证券交易所、上海期货交易所、中国金融期货交易所、银行间市场和上海黄金交易所组成①。由图 4 可知，在上海金融市场中，2017 年至 2022 年，银行间市场和中国金融期货交易所总成交额都持续增加。其中，银行间市场的总成交额从 2017 年的 997.77 万亿元飞速上升到

————————

① 上海市统计局。

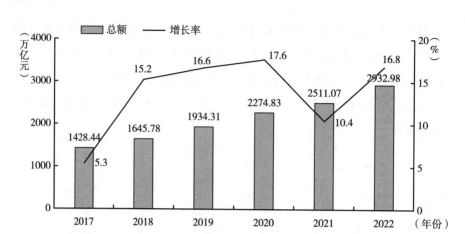

图3　2017~2022年上海市金融市场交易情况

资料来源：上海市统计局。

了2022年的2114.04万亿元，成为上海金融市场中增长幅度最大、交易金额最大的一类。可见，银行间市场在上海金融市场的运作中占据着重要地位，并与上海金融业的可持续健康发展和平稳运行密切相关。当然上海金融业的未来发展也离不开各交易所的大力支持和相关金融产业的稳步发展。

金融业增加值持续增长和金融市场交易总额逐步攀升，显示了上海市金融业发展稳中向好，推动了上海市金融中心国际化水平的稳步提升。在这样的发展态势下，上海在2021年的全球金融中心排名中继续保持在第三名。

伴随着上海金融市场发展模式的日趋完善，金融中心核心作用也在逐步加强，上海已经成为集股票、债券、货币、外汇、商品期货、金融期货、黄金、保险、票据、信托等多种类型于一身的金融市场。与此同时，上海聚集了大量的金融产品登记、托管、结算、清算等金融基础设施，并推出了一系列重要的金融产品工具。此外，上海拥有齐全的市场要素、先进的技术手段，这些都为金融资产的发行、交易、定价和风险管理等方面提供了可靠的保证。因此，在国际上，上海是金融市场类型最丰富的城市之一[①]。

---

① 上海市地方金融监督管理局。

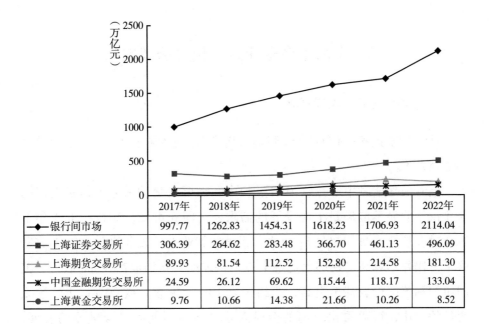

	2017年	2018年	2019年	2020年	2021年	2022年
银行间市场	997.77	1262.83	1454.31	1618.23	1706.93	2114.04
上海证券交易所	306.39	264.62	283.48	366.70	461.13	496.09
上海期货交易所	89.93	81.54	112.52	152.80	214.58	181.30
中国金融期货交易所	24.59	26.12	69.62	115.44	118.17	133.04
上海黄金交易所	9.76	10.66	14.38	21.66	10.26	8.52

图 4　上海市金融市场各交易所总成交额情况

资料来源：上海市统计局。

为推动上海市金融产业的高质量发展，提高金融业对实体经济的服务水平，上海市先后出台了《上海国际金融中心建设"十四五"规划》《加快推进上海金融科技中心建设实施方案》等文件，文件里明确表态对金融人才的重视，特别是要高度重视高端金融人才，还专门推出了针对这类人才的"金才优户"服务。其中，着重强调了要大力打造金融人才高地，实施"上海金才工程"，建立一批金融人才选拔和实习基地，并鼓励金融科技方面的人才申请上海市各类人才计划，推动金融人才培育与发展体制的不断健全，为金融人才的数量和质量提升创造优良的发展环境。这就要求上海市各政府、企业、高校遵循文件主旨，积极开展金融产业的人才教育培训工作，培养高素质、高专业的金融人才，为金融产业提供发展源泉，共同促进上海金融产业蓬勃发展。

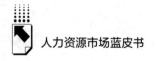

二 上海市金融业人才教育培训现状

（一）教育培训供需现状

目前上海金融人才仍旧处于供需失衡状态，还存在很大缺口，特别是高端金融人才。

上海国际金融中心建设发展过程中，需要大量的人才，但是上海的人才供给明显不能满足上海发展的需求。由图5可知，2017~2021年上海金融业从业人员均超过34万人，占全市就业人员数量的2.5%~4.3%，这个占比并不算高，在国际金融中心中，香港、新加坡都在5%以上，美国纽约和英国伦敦甚至更高，纽约大概10%，伦敦大概20%以上。这么明显的对比，可以看出上海的金融人才供给尚不能满足金融业的发展，可能存在人才供给质量不过关的情况，未来上海的金融人才需求依旧会持续上涨，并逐步呈现向"复合型""专业型""创新型"靠近的三大发展趋势（见图6）。

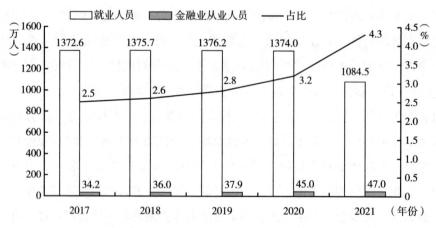

图5　上海市就业人员、金融业从业人员数量及金融业从业人员占比

资料来源：公开数据整理。

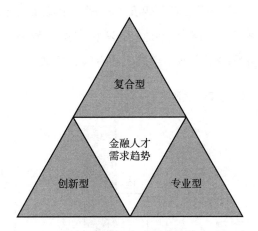

图 6　金融业人才需求趋势

资料来源：《2016 年度中国金融人才发展报告》。

　　根据猎聘大数据研究院发布的报告①，2021 年上半年中高端人才整体处于急缺状态（即 TSI 大于 1），表示中高端人才供不应求，说明了全国中高端人才面对的就业竞争压力小，比基础人才容易找到工作。其中，2021 年 6 月人才紧缺指数达到峰值。

　　如今，国家中高端人才紧缺，作为国际金融中心的上海同样也处于高端金融人才紧缺的局面。2017 年，上海市金融党委印发的《上海市金融领域"十三五"紧缺人才开发目录》罗列了 32 种金融人才紧缺子类，表达了对金融人才的急切需求。2021 年，上海市地方金融监管局也印发了关于金融领域的"十四五"紧缺人才开发目录，明确指出上海金融业的发展急需金融人才，必须要加大金融业紧缺人才的培养开发力度。同时，还详细罗列了金融人才的六大紧缺类型以及紧缺程度。其中，金融人才的六大紧缺类型包括监管类、管理类、研究类、业务类、专业服务类、金融科技类，紧缺类型分为三个等级：一星表示轻度紧缺，二星表示中度紧缺，三星表示极度紧缺。

① 《2021 上半年中高端人才就业数据研究报告》。

由图7可知，"十三五""十四五"期间，上海市对于金融类人才的需求持续上升，金融类人才需求子分类由32种增长至52种。其中，二星和三星占比较大，充分反映了上海市金融人才有很大的缺口。

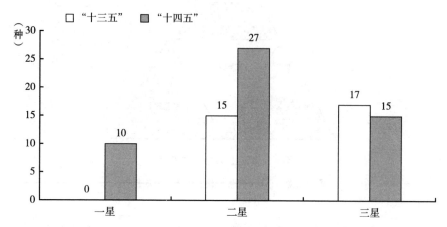

图7 上海市"十三五""十四五"金融类人才需求子分类数量及紧缺程度

资料来源：上海地方金融监管局。

为改变上海市金融人才供需失衡的局面，2021年上海市人民政府在《上海国际金融中心建设"十四五"规划》中表明，要加快建设国际金融人才高地，持续激发金融人才的活力和创造力。

上海市经济发展一直以来依靠高校源源不断的人力供给，如今上海市高端金融人才非常紧缺，高校提供的基础金融人才已不再满足金融业的发展，将会阻碍国际人才高地建设。在这样的情况下，需要上海各大高校和金融培训机构调整金融人才培养目标和体系，加强对高端金融人才的教育培训。在此基础之上，培养适应上海市经济社会发展需求的高端金融人才，并逐步发展以"复合型、专业型、创新型"为目标的培育模式。

（二）人才教育培训内容现状

1.高校金融人才教育培训内容

上海市拥有众多高等院校，涵盖了2所985工程大学、5所211工程大学。其中金融专业设计策划较好的是上海财经大学。这里以上海财经大学金融学院的金融人才教育培训课程内容为例。

上海财经大学金融学院在我国的金融教学与研究方面，享有很高的声誉与影响力。由图 8 可知，上海财经大学金融学院金融人才教育培训体系设有银行系、国际金融系、公司金融系、证券期货系、保险系。其中，细分专业包括金融学（银行与国际金融方向）、金融学（公司金融方向）、保险专业、保险精算等。

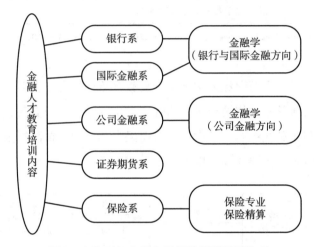

图 8　上海财经大学金融学院学科课程体系

资料来源：https://baike.so.com/doc/5864321-6077168.html#5864321-6077168-4。

表 1　上海财经大学金融相关专业课程

专业	主要课程
金融学（银行与国际金融方向）	货币银行学、国际金融、投资银行学、证券投资学、货币经济学、中央银行与货币政策、商业银行经营与管理、银行信贷管理、银行会计学、银行法、国际贸易、公司金融、金融数学等
金融学（公司金融方向）	公司金融、金融工程学、证券投资学、财务报表分析、企业价值评估、跨国公司金融、兼并收购与公司重组、风险投资学、公司治理、基金管理、行为金融学、固定收益证券等
保险专业	保险学原理、精算数学、财产保险学、人身保险、海上保险、再保险、社会保险、非寿险精算、保险经营管理、保险法等

续表

专业	主要课程
保险精算	保险学原理、精算数学、利息理论、随机模型、生存模型、金融经济学、财务与财务报告等
金融工程	证券投资学、金融工程学、商业银行经营与管理、保险学、投资银行学、基金管理、固定收益证券、金融计量学、资产组合管理、证券投资分析、货币银行学、公司金融、金融计算与编程等
信用管理	信用管理概论、企业信用管理、信用风险管理、信用评级、银行信贷管理、信用信息与客户关系管理、信用经济学、企业价值评估、金融计量学、信托与租赁、证券投资学、国际金融等

资料来源：https：//baike.so.com/doc/5864321-6077168.html#5864321-6077168-4。

如表1所示，上海财经大学金融学院教育培训内容丰富多样，课程设置对应学生以后所从事的岗位要求，增强了学生的专业知识储备，注重培养学生金融理论与实务相结合。其中，上海财经大学特别重视高端金融人才的培养，如图9所示，主要体现在以下三个专业。

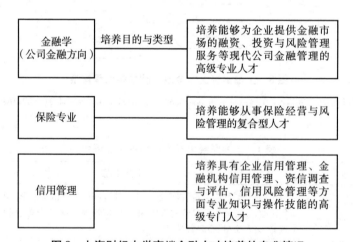

图9 上海财经大学高端金融人才培养的专业情况

资料来源：https：//baike.so.com/doc/5864321-6077168.html#5864321-6077168-4。

上海财经大学着重培养的高级金融专业人才、金融复合型人才为上海市金融业的发展注入新鲜血液，能够在一定程度上缓解上海市高端人才紧缺现状。但只靠一所大学难以支撑上海市的长久发展，大多数高校的金融类专业的课程内容尚不健全，师资力量也不匹配，依旧存在课程开设缺乏精准教材、专业教师的情况。这就需要上海市多所大学建设好自身的金融人才教育培训课程体系和教师团队。结合上海市金融业发展现状和趋势调整自身金融培训内容，培养符合上海市金融业未来发展需求的高端复合型金融人才。

2. 金融培训机构金融人才教育培训内容

金融培训机构的培训市场主要分为 2B 端和 2C 端。由图 10 可知，2C 端主要包括金融类考证培训、金融实务培训、金融招聘考试培训等[①]，报名 2C 端的被培训者目的在于提升专业能力、提高就业竞争力，以此来助力转行求职。2B 端包括金融机构培训、CFO 高端会议与高端人才培养，CFO 高端会议与高端人才培养主要针对工作 8~10 年的机构高级管理人员，高级管理人员参加 CFO 高端会议与高端人才培养的主要目的是顺应未来商业发展趋势、增加人脉关系等[②]。

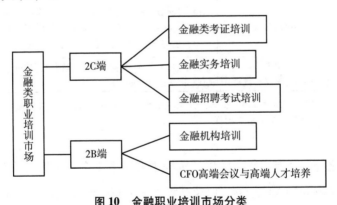

图 10　金融职业培训市场分类

资料来源：教育部、多鲸教育研究院整理。

上海市大部分金融培训机构的人才教育培训内容主要是金融类从业证书，主要类型包括就业必备初级证书和含金量高金融类证书。如表 2 所示，

---

① 《2022 中国职业教育行业报告》。

② 《2022 中国职业教育行业报告》。

就业必备初级证书报考人数最多的有银行、证券、基金从业资格证书。含金量高金融类证书报考人数最多的有CPA、CFA。报考证书的等级越高考试难度也就越大，这也意味着含金量高的金融证书持有者较少。

表2　金融专业从业证书汇总

分类	证书	考试内容
就业必备初级证书	银行从业资格证书	法律法规+公共基础/个人理财/风险管理/公司信贷/个人贷款（可五选一）
	证券从业资格证书	金融市场基础知识+证券市场基本法律法规
	基金从业资格证书	证券投资基金基础知识法律法规/股权投资基金基础知识
	期货从业资格证书	期货基础知识+期货法律法规
含金量高证书	CFA（特许金融分析师）	职业伦理道德、定量分析、经济学、财务报表分析、公司理财、投资组合管理、权益投资、固定收益投资、衍生品投资和其他投资
	CPA（注册会计师）	会计、审计、财务成本管理、经济法、税法、公司战略与风险管理；综合阶段考试科目：职业能力综合测试
	FRM（金融风险管理师）	风险管理概述、数量分析、金融市场与金融产品、定价与风险模型、金融风险测度与管理、信用风险测度与管理、操作风险测度与管理、基金投资风险、科技、法律
	CGFT（特许全球金融科技师）	金融学、财务会计、数据分析、金融大数据、机器学习、量化建模、区块链、Python等

资料来源：阿卜杜凯尤木·赛麦提等：《产教融合背景下金融学课程"1+X"模式探索》，《时代经贸》2022年第4期，第148~151页。

除此之外，还有少数金融培训机构主要服务于金融机构培训和CFO高端会议与金融高端人才培养，以及高级金融类职业证书培训。针对上海高端金融人才紧缺现状，上海高金金融研究院和上海高级金融研究中心都开展了金融领域的高端人才培养业务。

上海高金金融研究院的金融人才教育培训旨在培养和发展金融类人才，以为金融行业储备和输送前沿人才为己任。上海高金金融研究院是中国金融研究院直属培训平台，其培训课程内容丰富多样，具备整合式的教学模式和完善的专业培训课程体系。培训对象包括政府机构、业界、高校、泛金融从业者等。培训内容主要有金融科技、金融微硕、金融法治、普惠金融、财富管理、风险管理等一系列专业、前沿、实操性强的培训认证课程。其中，还有为各界人士专属开设的 CAFR Pro 培训计划和课程，满足各学员的自身需求，因材施教。

上海高级金融研究中心率先推出了"中国对冲基金领导人才课程"，为中国对冲基金产业的发展提供了一个高层管理者培养平台。培训对象包括研究高管、资深经理和投资机构从事投资的工作人员，如对冲基金的创立人和投资者，以及相关交易所的高层代表。培训内容大致涵盖大宗商品、证券、期货、保险、银行、信托、公募基金、私募基金等。

跟上海高金金融研究院相比较，上海高级金融研究中心有一个问题：上海高级金融研究中心没有在网站和宣传册上公开具体说明培训内容和课程体系。被培训者无法清晰判断其培训内容是否满足自身发展需求，这不利于培训机构在互联网平台上的宣传引流，也不利于形成一流的高端金融人才培养平台。

（三）"1+X"证书制度下的金融人才教育培训体系

2019 年，教育部、国家发展改革委、财政部、国家市场监管总局等部门共同发布了《关于在院校实施"学历证书+若干职业技能等级证书"制度试点方案》，对"1+X"证书的试点工作进行了部署，其中，"1"表示高校毕业生的学历证书，"X"表示若干职业技能等级证书。[①]

对于金融专业学生来讲，可以报考的"X"证书主要包括银行、证券、基金、期货等从业资格证书。如图 11 所示，针对每个证书都会开设相关的课程，把金融知识点与金融类证书相结合，这将会大大提高金融考证学生报考人数和通过率。这种创新的"课证融合"教学模式改变了传统金融人才培训模式，不仅能为学生创造优渥的学习环境，还能在一定程度上提高学生的学习积极性，增强学生的专业理论知识。

---

① 阿卜杜凯尤木·赛麦提等：《产教融合背景下金融学课程"1+X"模式探索》，《时代经贸》2022 年第 4 期，第 148~151 页。

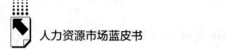

"1+X"证书制度具有多重推动力:一可以改善高校的金融专业课程体系,改变金融人才培养目标,助推课证融合;二可以提高高校金融人才培养力度,加快职业教育建设;三可以提升金融专业学生的理论知识,加强学生核心竞争能力;四可以推进金融产业职业教育改革。

"1+X"证书制度紧跟金融科技、智能时代下行业岗位变化、人才需求改变、课程体系优化、创新创业新动向,尝试解决金融人才总量不足、金融人才素质不高、金融人才结构不合理等问题①。有利于改善上海市金融人才紧缺现状,也有利于高校实施"企业为主体、市场为导向、产教深度融合"的教育治理途径,通过深化产教融合,培养高端金融人才。

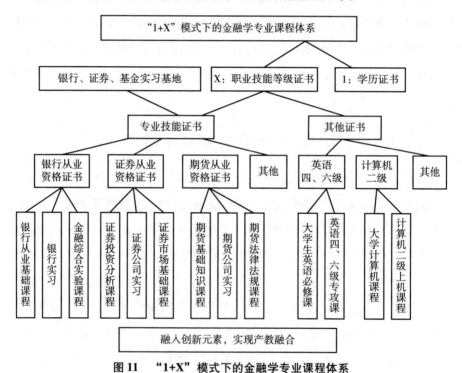

图11 "1+X"模式下的金融学专业课程体系

资料来源:阿卜杜凯尤木·赛麦提等:《产教融合背景下金融学课程"1+X"模式探索》,《时代经贸》2022年第4期,第148~151页。

---

① 潘静波、陈珍子:《"1+X"证书制度下人才培养的"课证融合"课程体系探究——以金融投资类专业为例》,《职业技术》2021年第7期,第55~61页。

现阶段，上海市各大高校办学理念各不相同，金融人才培养质量参差不齐，金融人才供给已不能满足上海市金融业发展需求。各高校不管是在人才培养目标上，还是在课程培养内容上都存在差异。"1+X"证书制度将学历教育与职业技能教育有机融合，可以改变上海市金融人才教育培训在数量上和质量上的差异化。为此，上海市应推进产教融合，大力实施金融专业课证融合模式，构造完善的金融专业课程体系。并加强校企合作，为金融专业学生提供实训基地，采取"理论+实践"的教学模式，培养与企业需求相符合的金融人才。

三 上海市金融业人才教育培训存在的问题

（一）高端金融人才教育培训欠缺

如今，上海高等院校的金融人才培养模式已不能适应上海金融业快速发展的需要。很少有高校意识到这个问题，大部分高校的金融人才培养目标单一、内容僵化，没有在教学培训方式和内容上进行改造创新，金融人才培养体系不健全。未来上海市想要建立全球最具影响力的国际金融中心，就必须加快实施高校高端金融人才培养计划，加大高校高端金融人才培养力度。

（二）师资力量欠缺，教学质量不高

目前，我国的金融教育培训工作还处于起步阶段，大部分金融培训院校普遍存在功能单一、师资力量薄弱等问题。上海也同样存在类似问题。大多数高校的授课教师上课喜欢照读课本，缺乏课堂互动，培训效率不高，教学质量也没有实质性提高。市场缺少规范性监管以及金融培训机构为了牟取暴利不择手段，致使培训机构在教师招聘和筛选上评审不严格，所录用的教师大都教学经验不足、知识能力不高、教学质量不佳。

（三）校企合作力度有待进一步加大

为推进上海教育改革进程，高校和企业的交流合作必不可少。目前，高

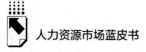

校和企业的合作力度并不够，没有最大限度地发挥各自的优势。正是校企产学研合作不够深入，使得高校培养的金融人才与企业招聘需求并不一致，加大了企业对金融人才的急切需求，不利于上海金融业的持续健康发展。

（四）金融人才教育培训机制不完善

上海市高校金融教育培训机制尚未完善，造成培训工作处于被动状态。大部分高校对于金融人才的教育培训规划、培训项目和模式以及培训课程体系等没有明确的发展方向，对于师资的选拔和培训、培训教材等尚未形成统一的标准制度。同时，大部分金融培训机构没有实施培训评估工作和建立培训反馈平台，未能及时掌握客户培训需求。

四　解决上海市金融业人才教育培训问题的对策

（一）加强高端金融人才教育培训

人才是经济发展不可或缺的重要支撑，只有重视高端金融人才教育培养，才能巩固和提升上海国际金融中心的地位。各大高校和金融培训机构应建立金融人才培养体系，提升金融教育培训水平，大力开展金融职业培训，解决好金融人才"双短缺"问题。并结合金融业现实发展需要，教会学生理论联系实际、理论运用于实际的思维方式，提高学生金融分析能力，最终培养出既有金融专业知识又有科技思维的复合型高素质人才。

（二）强化师资力量，培养"双师型"教师

拥有专业化的师资团队，是通向成功的必胜法宝。因此，金融培训机构和院校要制定教师选拔标准，聘用教学经验丰富、专业知识储备高的优秀教师，打造既有实践性又有创造性的"双师型"师资。此外，要对在职教师进行职业培训，培养教师正确的教学道德理念，并安排教师参加金融行业的专家讲座和到国家著名金融大学进修深造，切实提高教师的理论水

平。同时，还要扩大教师队伍，通过多途径招聘教师，加强"双师型"师资培训，并将教师派遣到与金融产业相关的企业实践和进修。

（三）促进校企合作，增强实践能力

大力开展校企合作、实践和理论相结合的人才培养[1]，有利于充分发挥校企各自优势。高校在人才培养上要加强同企业的交流沟通，根据企业用人需求，和企业共同确定金融人才培养方案，并签订培训订单，形成"订单式"人才培养方案。同时，高校和企业通过产学研深度合作，加强技术交流，营造良好的知识分享生态圈，联合培养高端金融人才，弥补上海当下金融人才在数量和质量上的欠缺。

（四）建立健全金融人才教育培训机制

为打造国际金融人才高地，积累新动能，上海需要创新金融人才发展的体制和机制，比如完善健全评价机制、创新培养与成长机制、完善服务与保障机制。促进高端金融人才教育培养，需要完善的组织管理机制、雄厚的师资力量、丰富的课程体系、全覆盖的教学设施、客户培训需求调查分析和教师教学评价等。还应建立标准化的质量审核制度，这包括培训教师的选拔和培养、培训教材等方面，提高金融教育培训的整体质量。如此才能建立组织化、制度化、合理化、标准化的金融人才教育培训机制，推动上海金融业的长远发展。

参考文献

贾佳、王蓉：《我国金融人才供需的结构性矛盾分析》，《现代管理科学》2017 年第12 期。

---

[1] 阿卜杜凯尤木·赛麦提等：《产教融合背景下金融学课程"1+X"模式探索》，《时代经贸》2022 年第 4 期，第 148~151 页。

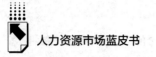

王秀娟：《"1+X"证书制度下职业院校金融专业课证融合探讨》，《科技经济市场》2021 年第 8 期。

刘琴：《"1+X"证书制度下高职金融专业课程体系优化探索》，《质量与市场》2021 年第 18 期。

B.9
重庆市县域就业现状分析

重庆市综合经济研究院 *

摘　要： 本文立足于重庆市县域，通过调研分析了当前县域经济的基本情况、县域人口和人才基本情况以及县域就业的基本情况，分析了县域就业的普遍特点，结合重庆市产业发展实际情况，坚持把发展县域经济作为拓展就业空间的支点，从稳大盘、强产业、拓渠道、保群体、聚人才、优环境等六个方面提出了提升重庆市县域就业综合承载能力的政策建议。

关键词： 县域　就业　人口　重庆

　　县域经济是新型城镇化发展的重要基础，是实施乡村振兴战略部署中的重要单元，是推动高质量发展和现代化建设的重要引擎。大力发展县域经济，有利于筑牢产业发展基础、激活产业发展潜能，通过就近就地就业吸纳农村剩余劳动力和城市回流劳动力，促进农村劳动力就业增收，从而有效弥合城乡就业鸿沟，实现有效稳定和扩大就业。本文中的县域就业容量是指在县域行政区管辖范围内形成的就业人口的数量。

---

* 课题组成员：刘杨，重庆市人力资源开发服务中心主任、高级经济师；邓兰燕，重庆市综合经济研究院科研处处长、研究员；魏建，重庆市人力资源开发服务中心副主任、高级经济师；曲燕，重庆市综合经济研究院社会研究室副主任、副研究员；罗潇，重庆市人力资源开发服务中心研究院工作部副部长。

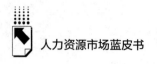

一　重庆市县域就业基本情况

目前，重庆市共有城口、丰都、垫江、忠县、云阳、奉节、巫山、巫溪8个县，以及石柱土家族自治县、秀山土家族苗族自治县、酉阳土家族苗族自治县和彭水苗族土家族自治县4个自治县，共12个县（自治县）（下方简称12县）。县域面积约39182平方公里，占全市总面积的47.5%，集聚了全市20.7%的人口和24%的就业人口，贡献了13.3%的经济总量，平均城镇化率为49.93%，整体处于工业化城镇化中期起步阶段，发展空间和潜力巨大。县域就业既是县域经济发展的基础，也是当地经济发展水平的直接反映。

（一）县域经济基本情况

2022年，重庆县域合计实现地区生产总值3876.32亿元，占全市的13.31%，同比提高0.1个百分点。其中，除酉阳外其余县级地区增速均超过全市2.6%的平均水平。2022年县域平均人均GDP为55420元，为全市平均水平的61.1%（见表1）。

表1　2022年重庆市地区生产总值情况

分类	地区生产总值（亿元）	占比（%）	人均GDP（元）	同比（%）
全市	29129.03	100	90688	1.04
26区	25252.71	86.69	115564	1.25
12县	3876.32	13.31	55420	1.01

从产业结构来看，2022年，县域三大产业结构比为14.5∶35.8∶49.7，形成了以山地特色高效农业为基础，消费品、装备制造、生物医药等现代工业为重点，商贸旅游等服务业特色突出的产业结构体系。其中，第一产业占比显著高于全市6.9%的平均水平，而第二产业和第三产业则分别比全市低4.4个和3.2个百分点。巫溪县和城口县第一产业占比均超过了20%（见图1），粮食、蔬菜、水果、中药材等农产品优势明显。

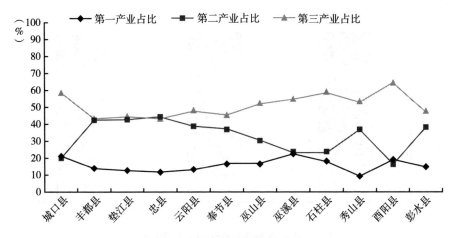

图1　重庆县域三大产业占比

从投资贸易来看，2022年，10个县（自治县）全社会固定资产投资增长率高于全市0.7%的平均水平，其中，云阳县同比增长17.1%，增速位列全市第一位，秀山、巫山增速低于全市平均水平。从社会消费品零售情况来看，县域社会消费品零售总额达2071.36亿元，同比增长达到16.1%，高于全市和市辖区负增长的平均水平。其中，社会消费品零售总额最高的云阳县是城口县的14倍多，人均社会消费品零售总额是城口县的3倍多。

（二）县域人口和人才基本情况

根据第七次全国人口普查数据，重庆县域户籍人口合计879.6万人，较2010年增长1.4%；常住人口667.47万人，较2010年下降4.7%。其中，15~64岁劳动年龄人口占比为62.15%，65岁及以上老年人口占比达到18.59%，0~14岁儿童占比达到19.26%，后两者分别超过全市平均水平1.51个和3.35个百分点（见图2）。

县域内90%的15岁及以上人口受教育程度为中学及以下水平，具有大学及以上文化程度的人口为48.59万人，占总人口比重仅为9.02%，低于全市18.33%的平均水平（见图3）。

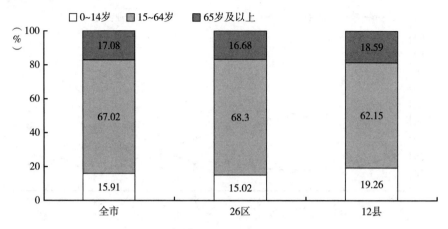

图2　2020年重庆分年龄段人口占比情况

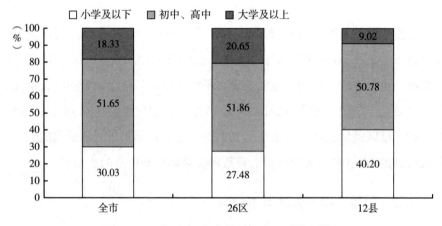

图3　2020年重庆15岁及以上人口受教育情况

（三）县域就业基本情况

为客观了解重庆市县域就业基本情况，课题组于2022年10月下旬向12县共153家企业发放了就业容量和需求调查问卷，基本情况如下。

1.县域经济产业规模较小，第一产业就业存在冗余

2022年，重庆12县平均人均GDP为55420元，仅为全市平均水平的61.1%；三大产业结构比为14.5：35.8：49.7，第一产业占比显著高于全市

6.9%的平均水平；城镇化率较全市水平低了近 20 个百分点，县域发展整体处于工业化城镇化中期起步阶段。第一、第二、第三产业就业人口占比分别为 37.40%、21.37%、41.23%。由表 2 可以看出，第一产业就业占比依然偏高，非农产业就业占比依然较低，就业结构仍有较大优化空间。部分区县，如石柱第一产业就业人员占比高达 44.7%，石柱、秀山第二产业吸纳就业占比均不足 15%。

表 2　重庆部分县域三大产业就业人口情况

单位：万人

项目	就业人口总量	三大产业就业人口		
		第一产业	第二产业	第三产业
全市	1668.27	365.35	427.1	875.8
丰都	29.85	13.20	5.53	11.12
垫江	49	19.2	16	13.8
云阳	46.86	17.23	9.43	20.20
巫山	31.99	8.79	10.66	12.55
秀山	25.58	9.94	3.79	11.85
彭水	29.56	10.78	4.67	14.11
石柱	20.87	9.33	2.86	8.68
忠县	36.68	13.27	8.13	15.28
城口	10.45	2.2	1.4	6.85
巫溪	19.58	8.42	1.73	9.43

2. 农民工外出务工比例高，县域劳动力外流现象明显

农民工群体已经成为外出务工的主力军。截至 2022 年底，12 县累计有农民工 315.88 万人，占户籍人口比重达 34.1%，占全市农民工的 39.8%，是全市农民工的集中分布地；12 县农民工市外就业 217.4 万人，占比 66.8%，主要务工地为长三角、珠三角等东部沿海发达地区。外流劳动力占全部就业人口的比重较高，其中丰都、石柱、巫溪外出务工人口占就业人口比重分别达到 88.7%、77.6%、75.7%（见图 4）。

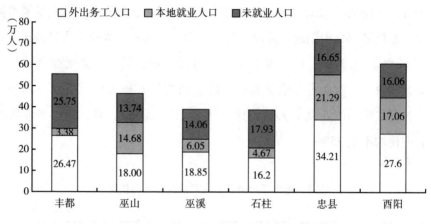

图 4　重庆部分县域就业人口分布情况

3. 重点公益性项目成为吸纳县域就业的"蓄水池"

调研显示，12县的返乡创业园均已进入运营状态，部分县域的园区招聘农民工规模超过1000人；累计设立就业帮扶车间243个，占全市约一半左右，其中奉节成功申报就业帮扶车间65个，带动农民工就业1819人，领先于其他区县。部分县域就业帮扶车间2021年、2022年用工需求增速变化对比如图5所示。

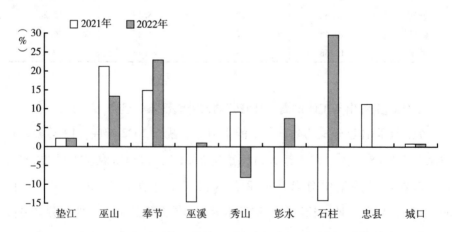

图 5　重庆部分县域就业帮扶车间 2021 年、2022 年用工需求增速变化对比

以工代赈、鲁渝合作等 300 余个重点项目全面推进，吸纳农民工就业超 2 万人。彭水县选择农田水利、乡村道路、堡坎沟渠等建设领域布局项目，优先吸纳当地易地搬迁户等其他低收入人口参与工程建设，2021 年，实施以工代赈市级以上专项资金项目 4 个，总投资 1775 万元，发放劳务报酬 362 万元。应该说这些重点项目的运营对扩大县域就业容量起到了积极的作用。但从总体规模来看，吸纳就业的容量仍不足，受疫情、国际局势的影响，部分县域的重点企业订单受到影响，66% 的企业招聘规模存在压缩情况，企业用工需求有一定程度的分化。

4. 县域就业收入水平总体不高

通过对县域 2.28 万名在企业中实际就业人员的调查发现，受疫情影响，县域就业中服务业受冲击最大，用工需求缩减较为明显，2022 年无招聘计划企业行业分布如图 6 所示。制造业企业对基础岗位招聘的需求较高，管理类、技术类、普工类岗位需求人数分别为 180 人、907 人、1952 人。从薪资收入方面看，12 县人员整体平均工资约为 4700 元/月，低于全市城镇私营单位就业人员 5032 元/月的平均水平；从岗位类型来看，被调查企业管理类、技术类、普工类平均工资分别约为 5600 元/月、5100 元/月、3400 元/月，总的来说，薪资待遇难以吸引优质外来人才到县域就业。

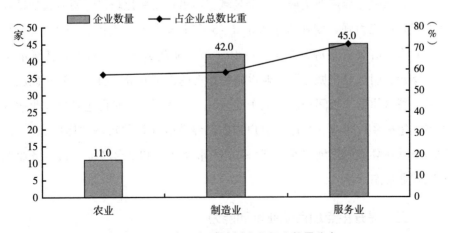

图 6　2022 年无招聘计划企业行业数量分布

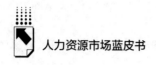

二 政策建议

针对县域就业的客观情况，坚持把发展县域经济作为拓展就业空间的支点，以提升县域综合承载能力为重点，从稳大盘、强产业、拓渠道、保群体、聚人才、优环境等多方面发力，提升重庆市县域就业综合承载能力。

（一）综合施策，稳住县域经济大盘

一是加大县域重大项目投资力度，推动优势特色产业集群、国家现代农业产业园、农业产业强镇等项目优先向县级安排；二是加大县级财政金融支持力度，增强财政保障能力，加大对县级财政的转移支付力度，扩大市级层面用于县域经济发展的各类专项资金规模，重点支持县域基础设施建设、特色优势产业发展及民生项目；三是推动受疫情影响较大的住宿餐饮、批发零售、商贸物流等行业加快恢复，确保疫情期间相关支持政策具有一定的稳定性与连续性，重点支持建筑行业的恢复发展。

（二）大力发展县域特色富民产业

一是做强主导产业集群。结合县域实际重点发展比较优势明显、带动农业农村发展能力强、就业容量大的1~3个主导产业。支持县域集中资源、资金和人才等要素资源，制定"一县一策"实施方案。二是提升县域消费服务体量，引导县级城区服务业设施和形态的提档升级，引导民族特色旅游商品、餐饮住宿、夜间经济、电子商务等集聚发展。三是促进乡村产业融合发展，挖掘乡村企业、个体工商户和农民专业合作社等市场主体用工需求。四是鼓励在县域内发展"小店经济""夜市经济"和平台经济等新经济业态和新就业形态。

（三）提升重点项目就业带动能力

一是在重点工程配套设施建设中实施一批以工代赈中央预算内投资项

目，充分挖掘主体工程建设及附属临建、服务保障、建后管护等方面用工潜力。二是推动就业帮扶车间高质量发展，支持行业龙头企业与运营规范、前景广阔、条件成熟的县级就业帮扶车间"抱团对接"。支持县域设立一批特色鲜明、带动就业作用明显的非遗扶贫就业工坊。三是围绕公共服务、社会事业和公共管理等县域公共服务短板领域，适度拓展城乡公益性岗位开发范围；四是推进"一县一品"劳务品牌建设，健全对口帮扶机制，推动农民工实现县外市内就业。

（四）促进重点群体稳定就业创业

一是鼓励高校毕业生到基层就业，出台支持大中专毕业生到主城都市区以外的区县级、乡镇就业的专项就业政策。二是支持农民工返乡就业创业，回引一批农民工返乡创业带头人，建立创业带头人老乡库，定期遴选发布一批农民工优秀创业项目。三是支持市内外一流职业学院结合县域经济发展需求，创新培训方式和内容，加大人工智能、大数据、互联网等新职业和网络创业培训项目供给。四是支持教育培训行业、旅游行业、房地产行业等重点领域失业人群向县域内转移就业。

（五）聚焦县域发展吸引紧缺人才

一是结合产业结构战略性调整的需要，制定更加开放精准的人才政策。深入开展"人才回归"活动，通过干部回调、人才回引、能人回乡等多种形式，畅通人才回归渠道。二是强化服务基层年限要求，建立完善县域事业单位岗位统筹使用机制，多措并举留住人才。加大对县域内职称评价倾斜力度。三是探索开展"一县一校（院）"结对合作，支持12县加强与市内大院名校的合作，精准组建专家服务团到县域有针对性地开展服务，为支持县域经济社会高质量发展提供智力支撑。

（六）健全基层公共就业服务体系

一是做优做实做细农民工实名制数据台账，建立劳务经纪人培育管理平台。免费为县域企业发布招聘信息，并高频次开展农民工专场招聘对接活动。二是充分发挥劳务经纪人、职业指导员队伍作用，深入推进就业服务质量提升工程，支持县域创建公共就业服务示范城市，在县域创建国家级或市级充分就业社区。三是分类精准开展职业技能培训，探索开展"一校一园"结对合作模式。统筹优化工会、院校、行业、企业及其他社会组织的培训资源，有效设定培训项目、内容、方式，推动培训链和产业链有效对接。四是推动人力资源服务下沉乡镇，推进"县域零工市场"建设，为灵活就业人员提供精准就业信息服务，促进高质量充分就业。

B.10
湖南人力资源市场基本状况分析

阳望平　陈荣鑫　曾嘉*

摘　要： 本文通过问卷调查、现场访谈等方式收集整理数据，对湖南人力资源市场的供需等状况进行了分析。结果显示，相较于三季度存在管理岗和技术岗招聘完成率低的问题，四季度各岗位招聘情况一致向好，用人单位的招聘计划有所扩张，岗位需求逐步提升，同时，企业招聘难问题在一定程度上得到缓解，招聘选择由线上向现场转变。农民工就业市场在四季度有所回暖，但就业难度仍旧存在。高校毕业生就业趋势总体稳定，在就业转换过程中倾向于从生产岗转向技术岗、管理岗，并将灵活性就业作为重要的就业选择或过渡性举措。

关键词： 人力资源市场　用工需求　高校毕业生　湖南

2022年四季度，依托中国长沙人力资源服务产业园、公共人力资源服务机构、经营性人力资源服务机构建立"一线观察"项目信息采集点，湖南人力资源和社会保障厅组织3个园区内人力资源服务机构开展调查，各信息采集点发放调查问卷，用人单位和求职者以在线方式填报，共回收有效问卷18400份，样本含用人单位2125家，人力资源服务机构616家，求职者15659人。用人单位样本中，制造业占28.3%，批发和零售业占10.2%，信息传输、软件

---

* 阳望平，湖南省人力资源和社会保障厅党组成员、副厅长；陈荣鑫，湖南省人力资源和社会保障厅人力资源流动管理处处长；曾嘉，湖南省人力资源和社会保障厅人力资源流动管理处四级调研员。

和信息技术服务业占 7.8%，私营企业占 74.5%。人力资源服务机构样本中，私营企业占 80.5%，45.3% 是年营收 100 万元以下的小规模企业。求职者样本中，大专及以上学历占 35.7%，农业户口占 49.7%，应届高校毕业生占 3.1%。

一 市场主体用工需求状况

（一）用工需求变化

四季度用人单位岗位净增长率为 5.1%，较三季度提升 0.5 个百分点，用工需求稳步增长，招聘需求较三季度提升 21.9%。调查数据显示，46.5% 的被调查企业在本季度进行了招聘。其中，招工规模在 1~10 人的企业比例为 29.4%；招工规模在 11~50 人的企业比例为 11.5%；招工规模在 50 人以上的企业比例为 5.6%（见图 1）。

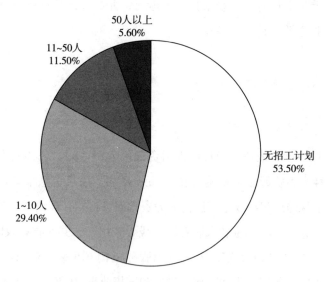

图 1 用人单位招工规模分布

私营企业就业需求强势反弹，国有及国有控股企业就业需求较为低迷，电力、热力、燃气及水生产和供应业，房地产业就业需求疲软。四季度国有

及国有控股企业的岗位净增长率为 0.2%，私营企业的岗位净增长率为
10.1%。批发和零售业岗位净增长率为 5.7%，住宿和餐饮业岗位净增长率
为 3.7%，岗位需求较平稳。电力、热力、燃气及水生产和供应业
（0.4%），房地产业（1.2%）岗位净增长率较低，农、林、牧、渔业
（9.0%）和采矿业（8.0%）就业岗位增速扩大。

（二）岗位需求结构

根据四季度企业发布的招聘需求计划，2125 家被调查企业共发布岗位
需求 73631 个。

从需求岗位分布来看，63.4% 的用人单位需求岗位集中在生产岗；
16.2% 的用人单位需求岗位为技术岗；12.3% 的用人单位需求岗位为销售
岗；8.1% 的企业需求岗位为管理岗（见表 1）。求职者意向岗位分布显示，
46.6% 的求职者想从事生产岗工作，11.5% 的求职者想从事技术岗工作，
20.5% 的求职者想从事销售岗工作，21.3% 的求职者想从事管理岗工作。对
比用人单位需求岗位和求职者意向岗位，二者差异集中在生产岗和管理岗，
用工单位对生产岗的需求远大于管理岗，而求职者意向岗位中，对管理岗的
意向相对较大。从实际招工岗位看，61.6% 的用人单位招聘岗位集中在生产
岗位，20.5% 的用人单位为销售岗位，11.5% 的用人单位为技术岗位，
21.3% 的用人单位为管理岗位（见表 1）。在四季度计划招工的企业中，被
调查企业的招聘完成率为 74.1%，相较三季度招聘完成率略微提升。从企
业所有制来看，私营企业招聘完成率为 89.8%，外商投资企业招聘完成率
为 72.1%，机关事业单位招聘完成率为 65.5%，国有及国有控股企业招聘
完成率仅为 20.8%。不同规模的企业招聘完成率数据也有所差异，大型企
业的招聘完成率最高，达到了 87.9%；中型企业的招聘完成率为 83.1%；
小微企业的招聘完成率仅为 39.9%。在企业招聘完成率的分行业数据中，
采矿业，交通运输、仓储和邮政业的招聘完成率均超过 100%，分别为
129.9% 和 111.0%；建筑业，水利、环境和公共设施管理业的招聘完成率相
对较低，分别为 62.7%、62.8%。分岗位看，生产岗的招聘完成率为

72.0%；技术岗的招聘完成率为70.2%，较上季度有所提高；销售岗的招聘完成率为85.1%；管理岗的招聘完成率为82.0%，较三季度大幅提升，反映了四季度管理岗位招聘难问题得到有效缓解。总的来看，相较于三季度存在管理岗和技术岗招聘完成率低的问题，四季度各岗位招聘情况一致向好，企业招聘难问题在一定程度上得到解决。

四季度全国疫情防控政策进行了重大调整，但一线生产岗位需求仍较为疲软，技术岗位需求疲软状态有所缓解。四季度用人单位生产岗位净增长率为4.1%，较上季度需求有所收缩；技术岗位净增长率为8.2%，较三季度上升2.4个百分点，较二季度上升2.6个百分点，全年需求逐步上升，反映了疫情政策不断调整下企业开始有序扩张业务，技术岗位需求逐步提升。销售岗位、管理岗位与技术岗位呈现相同趋势，四季度销售岗位和管理岗位净增长率分别达到7.5%和5.0%（见图2）。

表1　2022年四季度用人单位招聘需求情况

单位：%

岗位类型	岗位需求占比	实际招工占比	招聘完成率
生产岗	63.4	61.6	72.0
技术岗	16.2	11.5	70.2
销售岗	12.3	20.5	85.1
管理岗	8.1	21.3	82.0

注：招聘完成率＝实际招聘岗位数/发布招聘岗位数，岗位净增长率＝（招聘岗位数－离职岗位数）/期末在岗职工人数，下同。

（三）人力资本需求结构

四季度发布的招聘岗位需求中，高中及以下学历岗位的需求达到了总需求的49.3%，大专（含高职）的岗位需求占28.0%，本科及以上学历的岗位需求占22.7%，用人单位的人力资本需求集中在高中及以下学历。

四季度末大部分企业已完成校招工作，因此，数据显示，本科及以上学历的岗位需求增速放缓，高中及以下的岗位稳定性有所提高。四季度用人单

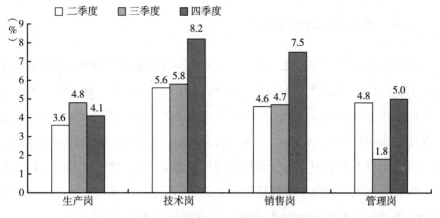

图 2　2022 年不同类型岗位的净增长率

位的本科及以上学历岗位的净增长率为 6.8%，较三季度上升 0.5 个百分点（见图 3）。从劳动力供给市场来看，44.5% 的被调查求职者学历为高中及以下，31.3% 是职业技术学院（中专、技校或职高与大专）学生。从劳动力需求市场来看，用工单位需求岗位中，49.3% 要求高中及以下学历，28.0% 要求大专（含高职）学历。总的来看，低学历就业者人数多，企业需求也较大，而本科及以上学历的岗位需求量相对较少，高学历劳动力就业市场结构性供需矛盾仍然存在。

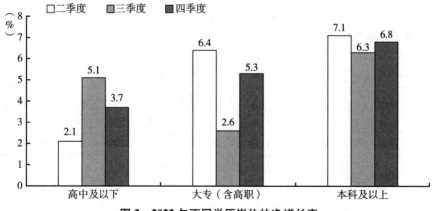

图 3　2022 年不同学历岗位的净增长率

注：离职率=离职人数/期末在岗职工人数。

（四）技术应用与用工需求

私营企业，农、林、牧、渔业企业和中小规模企业是就业需求增长的重要动力源。四季度私营企业岗位净增长率为10.1%；农、林、牧、渔业企业的岗位净增长率为9.0%；2021年营业收入在3000万元以下的中小规模企业岗位净增长率为13.1%（见表2），均高于四季度企业平均岗位净增长率。有进出口业务的用人单位岗位净增长率为2.0%，被认定为国家级高新技术企业的用人单位岗位净增长率为2.3%。而没有进出口业务或未被认定为国家级高新技术企业的用人单位岗位净增长率为9.5%和8.3%，远远大于有进出口业务或被认定为国家级高新技术企业的用人单位（见表2）。有进出口业务的用人单位可能受到疫情影响，即使12月中旬疫情政策发生重大调整。而使用工业机器人的制造业企业岗位净增长率为6.5%，而未使用工业机器人的制造业企业岗位净增长率为3.1%。

表2　2022年四季度用人单位类型与岗位变动情况

单位：%

类型	实际招聘岗位占在岗职工比重	离职率	岗位净增长率
2021年营业收入			
100万元以下	10.7	5.1	5.8
100万~2999万元	19.1	5.9	13.1
3000万~49999万元	9.2	3.2	6.0
50000万元及以上	6.0	3.6	2.4
是否有进出口业务			
是	5.3	3.3	2.0
否	14.6	5.1	9.5
是否国家级高新技术企业			
是	4.5	2.2	2.3
否	14.4	6.1	8.3

注：离职率=离职人数/期末在岗职工人数。

（五）工资

四季度新招聘人员的岗位平均工资为4143元/月，比用人单位在岗员工平均工资低4.1%。分岗位来看，四季度新招聘员工中，除中高层管理岗位外，平均工资最高的岗位是技术岗，为4322元/月，在岗员工不同岗位的平均工资呈现同样分布。相较于二季度和三季度，四季度各岗位新招聘员工的平均工资略有下降（见图4）。

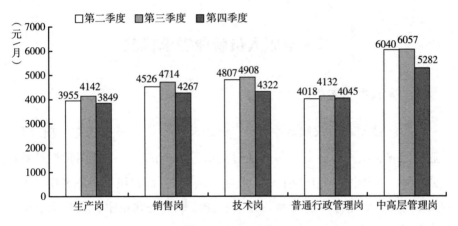

图4　2022年新招聘员工平均工资水平

（六）用工需求计划

2023年一季度计划用工需求保持增长，用人单位的预期得到显著提升。企业计划招聘岗位仍以生产岗位为主，占69.5%，技术岗位占11.6%，销售岗位占11.0%，管理岗位占7.9%。2023年一季度用人单位预计岗位净增长率为5.9%，较2022年四季度上升0.8个百分点，全国疫情防控政策发生重大调整后，用人单位的招聘计划有所扩张。

（七）人力资源服务需求

在疫情防控政策发生重大调整后，用工单位招工难问题仍然存在，但

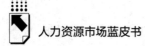

相较上季度有所缓和。29.9%的被调查企业表示在招工方面存在比较大的困难，而23.8%的被调查企业认为招工较为容易。具体而言，认为招工比较困难和非常困难的企业中，最多的是制造业企业，达到29.4%，之后则是批发和零售业企业，占比与上季度基本一致。从企业所有制来看，私营企业认为招工难的达到了76.9%，此外，56.5%的小微企业表示招工较为困难。总体来说，用工单位招工难问题有待进一步解决，人力资源服务需求扩张。

二 求职人员就业需求状况

（一）人力资本差异

四季度被调查的求职者中，95.0%的高校毕业生至少拥有一项（种）专业技能或职业资格证书（包括通过英语等级考试、熟练使用常规计算机办公软件、参加过一个月以上的专业技能培训），而农民工求职者中，仅有49.1%的人至少拥有一项（种）专业技能或职业资格证书，高校毕业生与农民工群体的知识技能差异显著。从求职者技术等级或职称来看，36.0%的高校毕业生拥有技术等级或职称，农民工中拥有技术等级或职称的求职者比例为40.0%，这意味着农民工群体可通过职业培训等方式消除与高校毕业生在技术技能知识上的差距。

（二）求职状态

1.高校毕业生就业趋势总体稳定

根据问卷数据，四季度求职的高校毕业生（包含应届毕业生）中，20.7%处于待业或离职状态，21.9%处于在职准备换工作状态，另有57.4%的求职人员处于在职不准备换工作的状态（见图5）。四季度高校毕业生（毕业两年内）已经实现就业的占参加调查高校毕业生总数的79.3%。对"上一份工作离职主要原因"题项分析可知，高校毕业生离职大多是主动辞职，占到69.8%，高校毕业生被单位直接辞退的比例较低，仅占7.1%（见图6）。

性别差异会影响求职者不同工作意向，男性求职者中，25.8%会选择技术岗，18.6%会选择管理岗；而女性求职者中，51.6%会选择管理岗，有10.3%会选择技术岗。

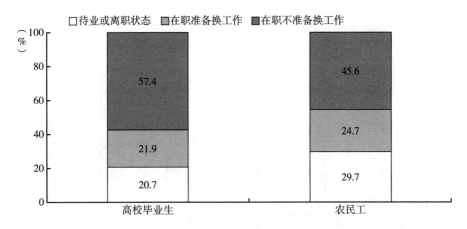

图5　2022年四季度求职人员就业状态

注：高校毕业生指近两年（2020年及以后）毕业的大专及以上学历求职人员；农民工主要指低学历农民工，即高中以下学历、农村户口求职人员，下同。

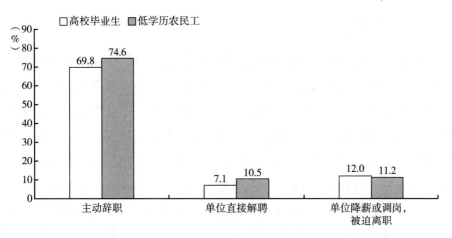

图6　上一份工作离职主要原因

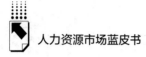

2.高校毕业生偏向于技术岗和管理岗，岗位需求与用人单位招聘需求存在匹配矛盾

当前高校毕业生有求职意向的岗位类型中，普通行政管理岗占到24.7%，技术/研发岗占到23.4%（见图7），在就业转换过程中也倾向于从生产岗转向技术岗、管理岗。用人单位的调查显示，生产性和技术性的岗位需求更强。

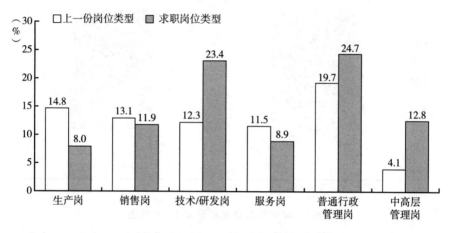

图7　高校毕业生的工作岗位类型

（三）工资水平

高校毕业生对工资收入的可接受范围更广。当前已经处于工作状态的高校毕业生平均工资为6348元/月，比农民工平均工资高33.1%，从当前工资水平来看，农民工收入与高校毕业生有一定差距，这与企业对技术型岗位的重视有关。具体分析不同学历的高校毕业生工资水平，研究生及以上学历的高校毕业生期望工资、当前工资和可接受最低工资均远高于大专（含高职）和本科学历高校毕业生。高校毕业生期望的工资水平超出当前工资水平10.5%，比农民工期望的工资水平高出24.6%。同时，农民工的可接受最低工资为5176元/月，高于当前工资水平（见图8），这可能是农民工群体对当前就业形势依旧保持乐观，而高校毕业

生的可接受最低工资低于当前工资水平，说明高校毕业生对就业市场看法谨慎。

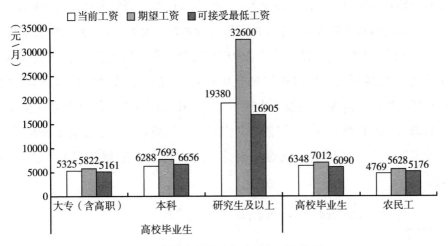

图 8　求职人员的工资水平与工资期望

注：当前工资水平指上一份工作离职时（或当前准备更换的这份工作）的工资收入，期望工资水平指期望争取的合理工资水平；工资指扣除社保、个税之后的可支配收入。

（四）工作搜寻方式

高校毕业生就业形势有所好转，当前高校毕业生已经有工作意向（至少有一个入职通知）的比例为 44.7%，较三季度（27.9%）显著上升。当前农民工已经有工作意向的比例为 31.3%，较三季度（17.6%）显著上升，但总体偏低，这意味着四季度农民工就业市场有所回暖，但农民工就业难度仍旧存在。

高校毕业生将灵活性就业作为重要的就业选择或过渡性举措。如图 9 所示，16.3%的高校毕业生从事不同类型的平台兼职活动，其中本科学历的高校毕业生从事平台兼职活动的比例达到 8.1%，大专（高职）学历的高校毕业生从事平台兼职活动的比例达到 4.7%，本科和大专（高职）学历的毕业生，以及农民工（17.9%）成为从事平台兼职活动的主要人群。在从事平台兼职活动的农民工群体中，39.5%的是没有任何技术等级或职称或技能等级较低的初级工，这说明技能或职称等级较低的农民工更愿意选择平台兼职这类灵活就业方式。在从事平台兼职活动的高校毕业生与农民工这两类人群中，工作经验在 3 年以内的比例分别为 88.2% 和 50.5%，意味着平台兼职解决了部分工作经验缺失的人群就业难的问题，特别是高校毕业生。这意味着本科、大专（高职）学生与农民工的劳动力市场之间存在竞争关系。自主创业计划上表现出类似特征，22.8% 的高校毕业生反映目前有创业意向，本科学历的高校毕业生创业意愿均较强，达到 52.3%。在有创业意愿的高校毕业生中，来自农村的占到 59.3%，这可能与"乡村振兴"战略、国家鼓励年轻人回乡创业有关。近年来国家和政府鼓励并大力支持大学生创业产生了显著的成效。

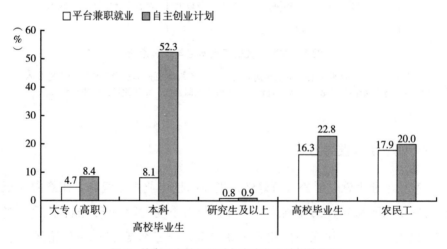

图9　从事平台兼职活动与自主创业计划的比例

注：平台兼职活动指目前从事骑手、直播、网约车、网络写手等活动；自主创业计划指目前有创业意向或在做创业准备。

（五）就业服务需求

全国疫情防控政策进行重大调整后，64.0% 的求职者认为疫情政策调整后就业信心明显增强，而根据就业形势感受的调查数据，仍有 29.1% 的求职者认为就业形势严峻，找工作很难。同时，认为不好找工作或者求职困难的高校毕业生中，47.0%的意向岗位是管理岗，28.7%的意向岗位是技术岗，而企业需求中，63.4%的企业需求岗位集中在生产岗，技术岗需求占16.2%，管理岗需求仅占8.1%，这说明企业需求与高校毕业求职者意向间的矛盾导致了就业市场高校毕业生求职者就业难问题。2023年就业形势预测数据显示，33.2%的求职者认为就业环境将明显改善，只有11.0%的求职者认为就业环境将持续恶化。此外，求职人员普遍反映存在达不到薪酬预期、岗位不匹配、职业生涯规划不明晰等问题。就业歧视以隐蔽的方式存在，尤其性别（包括生育）、年龄、高校毕业生第一学历等歧视较常见。同时，存在求职者与用工单位间信息不对称现象。

三　人力资源服务机构需求状况

（一）服务用人单位情况

根据四季度人力资源服务机构调查问卷数据，616家人力资源服务机构累计为5997家用工单位提供人力资源服务外包或劳动派遣服务，外包业务或派遣员工达到115814人次。从外包业务或派遣员工所属行业来看，其他行业和制造业通过人力资源服务机构寻求外包或派遣员工最多，分别占26.5%和21.6%，相对来说，金融业通过人力资源服务寻求外包或派遣员工较少，仅占2.0%（见图10）。

在服务用工单位招聘正式员工方面，数据显示，四季度人力资源服务机构受委托共帮助10636家用人单位发布招聘需求，需求岗位总数达到168128个。在用人单位招聘形式方面，34.9%的用工单位选择现场招聘，65.1%的用工单位选择线上招聘，现场招聘与线上招聘岗位数之比为1：0.9，疫情政策发生重大调整后，企业招聘选择由线上向现场转变。在招聘岗位最低学历要求方面，50.75%的岗位仅要求高中及以下学历，28.47%的岗位要求大专（含高职）学历，20.78%的岗位要求本科或研究生及以上学历，大部分通过人力资源服务机构发布的招聘岗位学历要求较低。在对岗位工作经验要求方面，68.2%的岗位要求应聘者具有工作经验，仅有31.8%的岗位面对无工作经验的应届高校毕业生开放。可见，委托人力资源服务机构进行招聘的主要是卫生和社会工作等政府和事业单位机构，之后是制造业；而就业紧俏的金融业委托人力资源服务机构进行招聘的比例最低。

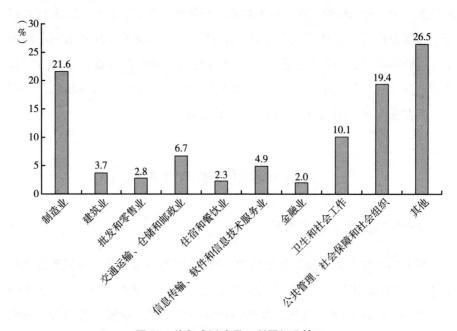

图10　外包或派遣员工所属行业情况

（二）服务求职人员情况

数据显示，四季度人力资源服务机构直接服务求职人员达418448人次，高中及以下学历占35.4%，大专（含高职）占38.1%，本科或研究生及以上占26.5%，其中，应届高校毕业生占22.8%，人力资源服务机构主要服务人群是大专（含高职）、高中及以下学历的求职人员，但也在一定程度上缓解了应届高校毕业生就业问题。在人力资源服务机构受委托发布招聘岗位的工资方面，四季度发布岗位的平均工资为3531元/月，高中及以下学历的平均工资为3442元/月，大专（含高职）学历的平均工资为3112元/月，本科学历的平均工资为 4362 元/月，研究生及以上学历的平均工资为 5484 元/月，其中，应届高校毕业生起薪平均为 2892 元/月。

四　对策建议

四季度湖南省贯彻落实党的二十大精神，"强化就业优先政策，健全就业促进机制，促进高质量充分就业"。疫情政策调整、经济复苏，为湖南省稳就业提供了契机，2023 年一季度计划用工需求保持增长，用人单位的预期显著提升。为进一步促进湖南就业发展，提出对策建议如下。

（一）壮大实体经济根基，加快建设现代化产业体系

湖南是制造大省，2022 年四季度 63.4% 的需求岗位集中在生产岗；2023 年一季度企业计划招聘岗位仍以生产岗位为主，占 69.5%。因此，大力促进实体经济发展，加快产业体系升级，大力发展电子信息、新能源汽车、现代石化等重点产业，提振市场信心，是促进就业的根本途径。

（二）为民营企业提供发展空间，发挥民营经济稳就业的作用

私营企业岗位需求强劲反弹，2022 年四季度的岗位净增长率为 10.1%，是所有企业中增长率最高的。但私营企业招工难的达到 76.9%，比例也是最高的。私营企业是吸纳就业的重要市场主体。湖南民营经济实力持续壮大、产业结构持续优化、创新活力持续迸发、社会贡献持续增大，已经成为稳定经济的重要基础、财政税收的重要来源、创新发展的重要主体、吸纳就业的重要依托。因此，要为民营经济发展提供空间，提供平等竞争的制度环境。

（三）做好人力资源服务，提高劳动力市场供需匹配度

2022 年四季度企业的招聘完成率为 74.1%，但四季度求职的高校毕业生中（包含应届毕业生），20.7% 处于离职或待业状态，这说明招工难与就

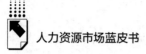

业难同时存在。劳动力市场供给与需求不匹配，长期来说，需要通过发展职业教育、加强技能培训来解决；短期来说，要做好人力资源服务，健全就业公共服务体系，做好企业用工需求与求职者求职需求的信息对接，提高匹配度。

（四）做好高校毕业生就业创业引导，落实新就业形态劳动权益保护

2022 年四季度企业 68.2%的岗位要求应聘者具有工作经验，这增加了应届毕业生、初入职农民工就业难度。地方政府可以因地制宜进行政策倾斜，拓宽高校毕业生就业渠道；鼓励创业带动就业，建设创业孵化基地、农民工返乡创业园等。高校毕业生将灵活性就业作为重要的就业选择或过渡性举措；低技能农民工也将灵活性就业作为主要途径。在促进新就业形态发展的同时，要落实党的二十大精神"加强灵活就业和新就业形态劳动者权益保障"，落实湖南省《关于维护新就业形态劳动者劳动保障权益的实施意见》，保障劳动者权益。

B.11
山东省公共人力资源市场
供求分析（2022）

衣军强　戚燕群　于东鹏　庄来斌*

摘　要： 2022 年，山东省各级公共人力资源市场结合疫情防控要求，不断拓展现场招聘服务模式，灵活举办专业化、精准化、小型化、定制式线下专场招聘活动，有力促进了供需精准对接。本文采用上述活动积累的数据，对山东省公共人力资源市场供求状况进行统计分析，结果发现，全省公共人力资源市场供求总体保持平衡，供需两端稳步增长，产业需求保持"三二一"格局，但就业结构性矛盾仍较突出。

关键词： 人力资源市场　供求分析　山东省

2022 年，山东省积极应对经济增长放缓、新冠疫情反复冲击等超预期因素影响，高效统筹疫情防控和稳就业工作，聚力推进"创业齐鲁·乐业山东"行动，联动实施系列稳就业保就业举措，千方百计开拓市场化就业渠道，全省就业形势总体稳定，人力资源市场活力被有效激发。

---

* 衣军强，山东省公共就业和人才服务中心党委书记、主任；戚燕群，山东省公共就业和人才服务中心人力资源市场服务处处长；于东鹏，山东省公共就业和人才服务中心人力资源市场服务处副处长；庄来斌，山东省公共就业和人才服务中心人力资源市场服务处管理七级职员。

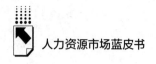
一 山东省公共人力资源市场供求状况分析

（一）人力资源市场供求总体状况

2022年，山东省公共人力资源市场总需求（即需求人数）为360.22万人，较上年增加55.09万人，增幅达18.06%。市场总供给（即求职人数）为276.14万人，较上年增加54.48万人，增幅达24.58%。求人倍率为1.30，较上年回落0.08。从2020~2022年人力资源市场供需规模走势看，供需人数呈稳步上升趋势，但受新冠疫情等因素影响，市场需求人数增速低于求职人数，求人倍率持续回落，2020~2022年出现"两连降"（见图1）。

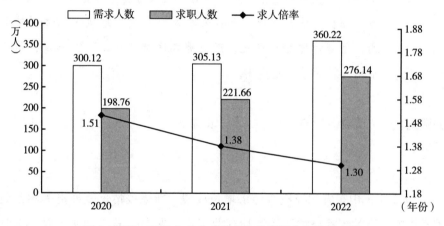

图1　2020~2022年山东省公共人力资源市场供求走势

（二）人力资源市场需求状况

1. 从产业需求情况看，三产需求占比呈下降趋势，一、二产业需求占比持续上升

2022年，一、二、三产业用工需求占比分别为4.39%、47.10%和48.51%，用工需求主要集中在二、三产业。与上年相比，一、二产业需求占比分别上升0.16个和2.45个百分点，三产需求占比下降2.61个百分点

（见图2）。从2020~2022年产业需求占比走势看，受新冠疫情等因素影响，三产用工需求总体呈紧缩趋势，在乡村振兴战略和制造业强省战略的推动下，一、二产业需求占比持续上升，但全省仍保持"三二一"产业需求格局。

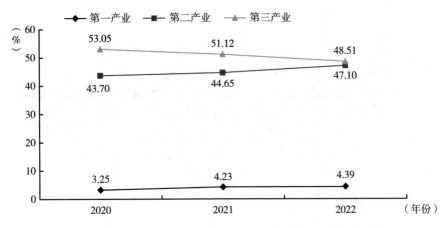

图2　2020~2022年山东省公共人力资源市场产业需求占比走势

2. 从行业需求情况看，制造业需求仍保持强劲态势，受疫情等因素影响部分服务业需求呈收窄趋势

2022年，制造业/批发和零售业/建筑业/居民服务、修理和其他服务业/交通运输、仓储和邮政业5个行业用工需求较为旺盛，需求占比分别为34.88%、11.80%、6.70%、6.49%和5.38%，合计占需求总量的65.25%，为山东省企业用人需求的主要领域（见图3）。

与上年相比，交通运输、仓储和邮政业/采矿业需求占比分别上升2.77个和1.44个百分点；批发和零售业/住宿和餐饮业/租赁和商务服务业需求占比分别下降2.60个、1.73个和0.89个百分点。总体上看，新冠疫情对服务行业尤其是高度依赖人员流动线下消费的行业的用工需求影响最为明显。

从2020~2022年主要行业需求占比走势看，制造业用工需求稳居首位，占比持续在35%的高位波动；受疫情等因素影响，批发和零售业/居民服务、修理和其他服务业需求占比持续减缩，2022年分别降至11.80%和6.49%，但仍处于用工需求第二和第四位；建筑业需求占比呈平缓上升态

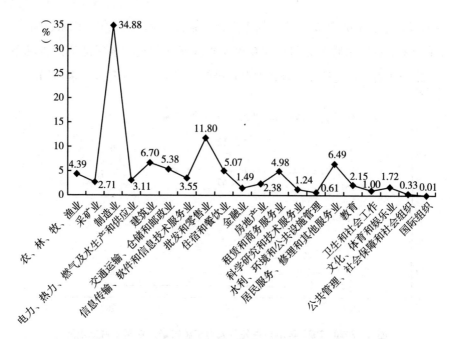

图3 2022年山东省公共人力资源市场行业需求占比

势，2020~2022年实现"两连增"，行业需求占比由2021年第五位上升至第三位；保供应的交通运输、仓储和邮政业近年来实现较快发展，取代住宿和餐饮业升至行业用工需求前五位（见图4）。

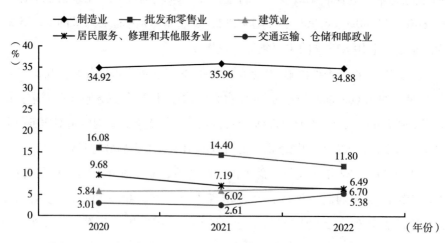

图4 2020~2022年山东省公共人力资源市场行业需求占比 Top5 走势

3. 从不同性质单位需求情况看，股份有限公司需求占比增长较快，私营企业、个体经营、外商投资企业需求占比小幅紧缩

2022 年，有限责任公司、私营企业、股份有限公司、个体经营为用工需求量位列前四的用人单位类型，需求占比分别为 40.64%、18.24%、14.29% 和 8.49%，合计占总需求的 81.66%（见图 5）。

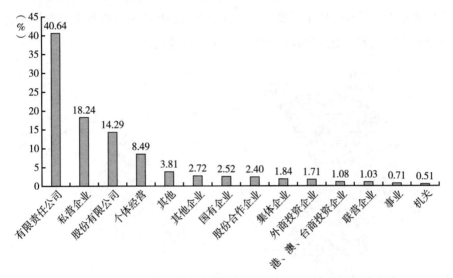

图 5　2022 年山东省公共人力资源市场不同性质用人单位需求占比

与上年相比，股份有限公司、国有企业、其他企业的需求占比分别上升 3.23 个、0.70 个和 0.51 个百分点；私营企业、个体经营、外商投资企业的需求占比分别下降 1.88 个、1.08 个和 0.94 个百分点。总体上看，在国际国内经济形势复杂多变和新冠疫情多点散发的环境下，有限责任公司吸纳就业的主力军地位较为稳固，股份有限公司用工需求保持较快增长，私营企业、个体经营、外商投资企业用工需求出现不同幅度缩减。

（三）人力资源市场供给状况

1. 从求职者学历分布状况看，呈"橄榄型"结构分布，大专以上学历占比持续上升

2022 年，高中、大专学历在市场总供给中占比最高，分别为 32.31% 和

26.98%；研究生及以上求职者占比最低，仅为2.34%（见图6）。与上年相比，大专、本科、研究生及以上学历求职者占比分别上升1.77个、3.05个和1.26个百分点，大专及以上学历占比明显上升；初中及以下、高中学历求职者占比分别下降2.36个和3.72个百分点，低学历占比呈下降趋势。参与市场求职的大专及以上学历人群数量增加，一方面是因为2022年山东省高校毕业生总量再创历史新高，另一方面也反映出山东省近年来各类招才引智政策落地见效，更多高校毕业生愿意来鲁留鲁发展。

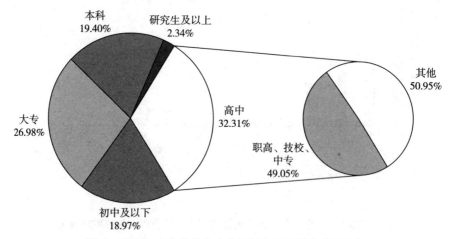

图6　2022年山东省公共人力资源市场求职者学历分布

从供求对比看，大专学历的求人倍率最高（1.48），初中及以下学历的求人倍率最低（1.06），大专及以上学历求人倍率总体上高于高中及以下学历求人倍率。与上年相比，各学历的求人倍率均有不同程度回落，其中研究生及以上学历的求人倍率降幅最大，较上年收窄0.24（见图7）。

2.从求职者年龄分布状况看，青壮年求职占比小幅上升，求人倍率与年龄呈负相关

2022年，市场供给仍以青壮年为主，25~34岁求职者占比最高，为35.29%；35~44岁、16~24岁求职者占比分别为24.76%和22.02%；45岁及以上求职者占比最低，为17.93%。与上年相比，25~34岁、35~44岁、16~24岁求职者的占比分别上升2.52个、0.37个和0.08个百分点，青壮年求职者趋于活

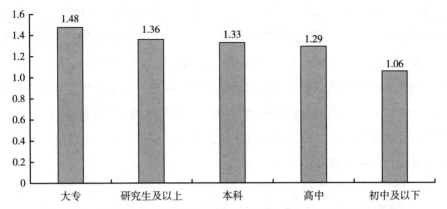

图7 2022年山东省公共人力资源市场按求职者按学历分组的求人倍率

跃；45岁及以上求职者占比下降2.97个百分点，高龄求职者择业更趋谨慎。

从供求对比来看，16~24岁求职者求人倍率最高，为1.65，明显供不应求；45岁及以上求职者求人倍率最低，为0.79，呈供大于求态势（见图8）。随着年龄增长，技能错配、知识更新能力弱等状况提高了再就业壁垒，就业难度逐渐加大。

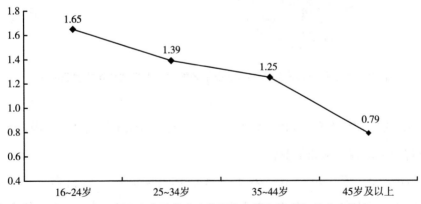

图8 2022年山东省公共人力资源市场按年龄分组的求人倍率

3.从求职者类别分布状况看，新成长失业青年、本市农村求职人员占比有所上升，失业人员占比明显下降

2022年，进入人力资源市场的求职者占比位列前三的类别为新成长失

业青年、失业人员和本市农村求职人员，求职占比分别为31.04%、28.52%和21.74%，合计占供给总量的81.30%（见图9）。与上年相比，新成长失业青年的求职占比上升6.80个百分点，高校毕业生总量的持续上升，拉升了新成长失业青年的求职占比；随着经济逐步恢复，农村劳动力向城镇流动加快，本市农村求职人员的求职占比较上年上升4.68个百分点；在一系列稳岗就业政策和全方位公共就业服务的推动下，失业人员占比明显回落，较上年下降16.94个百分点。

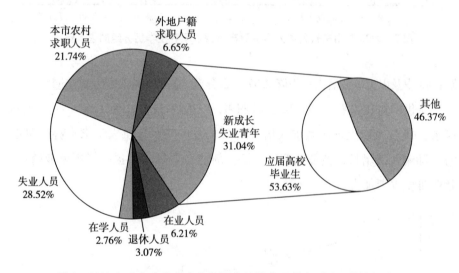

图9　2022年山东省公共人力资源市场按求职者类别分组的求职占比

4. 从技术等级或职称供求状况看，需求人数占比小幅上升，求职人数占比略有下降，供不应求情况愈加突出

2022年，用人单位对技术等级或职称有明确要求的占需求总量的32.81%，较上年上升3.10个百分点；用工需求主要集中在初级技能（13.11%）、初级职称（6.95%）、中级技能（5.32%）、中级职称（3.11%）和高级技能（2.09%）。

从求职者的技能条件看，具有技能等级或职称的求职者占供给总量的32.45%，较上年下降0.83个百分点。其中具有初级技能、初级职称、中级技能、中级职称的求职者占比较高，分别为 13.32%、7.46%、4.90% 和 3.06%。

从供求对比看，所有技术等级和职称的求人倍率均在 2.00 以上，其中高级技能、高级技师的求人倍率最高，分别为 2.48 和 2.46（见图 10）。与上年相比，高级职称、中级技能的求人倍率分别上升 0.05 和 0.03；技师、高级技师的求人倍率分别回落 0.33、0.25。总体来看，随着终身职业技能培训制度的深入实施，技能人才用工缺口有所缓解，但技能人才尤其是高技能人才短缺的问题仍较突出。

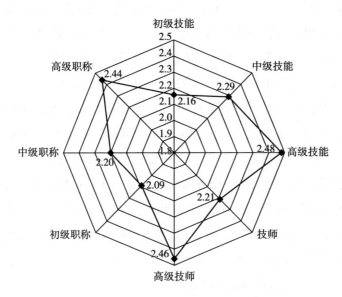

图 10 2022 年山东省公共人力资源市场按技术等级或职称分组的求人倍率

（四）人力资源市场职业供求状况

1. 从职业（大类）供求情况看，生产制造及有关人员需求旺盛且持续上升，社会生产服务和生活服务人员需求明显紧缩

2022 年，从职业（大类）的需求情况看，主要集中在生产制造及有关

人员（36.80%）、社会生产服务和生活服务人员（18.72%）、专业技术人员（14.04%），办事人员和有关人员（12.12%），四者合计占总需求的81.68%（见表1）。与上年相比，生产制造及有关人员、专业技术人员的需求占比分别上升4.59个和0.32个百分点；社会生产服务和生活服务人员、办事人员和有关人员的需求占比分别下降4.17个和0.52个百分点。

从职业（大类）的供给（求职）情况看，主要集中在生产制造及有关人员（28.04%）、社会生产服务和生活服务人员（18.57%）、办事人员和有关人员（15.22%）、专业技术人员（13.84%）四类人员，合计占总供给的75.67%（见表1）。与上年相比，生产制造及有关人员、单位负责人、专业技术人员的求职占比分别上升2.57个、0.49个和0.45个百分点，办事人员和有关人员、社会生产服务和生活服务人员、农林牧渔业生产及辅助人员的求职占比分别下降3.76个、3.33个和0.18个百分点。

从供求对比看，生产制造及有关人员的求人倍率最高，为1.62；办事人员和有关人员的求人倍率最低，为1.00（见图11）。与上年相比，办事人员和有关人员、农林牧渔业生产及辅助人员的求人倍率分别上升0.10、0.04；单位负责人、社会生产服务和生活服务人员、专业技术人员的求人倍率分别收窄0.25、0.15和0.11。总体上看，生产制造及有关人员的求人倍率有所回落，但仍处于较高位；农林牧渔业生产及辅助人员求人倍率小幅上升，市场需求相对较大；办事人员和有关人员的求人倍率长期处于较低位波动，本年度由供给过剩转向趋于平衡。

表1　2022年山东省公共人力资源市场职业（大类）供求状况

职业类别	需求人数（万人）	需求占比（%）	求职人数（万人）	求职占比（%）	求人倍率
单位负责人	11.94	3.32	10.27	3.72	1.12
专业技术人员	50.58	14.04	38.22	13.84	1.27
办事人员和有关人员	43.64	12.12	42.04	15.22	1.00
社会生产服务和生活服务人员	67.43	18.72	51.28	18.57	1.26
农林牧渔业生产及辅助人员	12.84	3.57	10.39	3.76	1.19

续表

职业类别	需求人数（万人）	需求占比（%）	求职人数（万人）	求职占比（%）	求人倍率
生产制造及有关人员	132.57	36.80	77.42	28.04	1.62
其他	41.21	11.44	34.17	12.37	1.16
无要求	—	—	12.35	4.47	—
合计	360.22	100.00	276.14	100.00	—

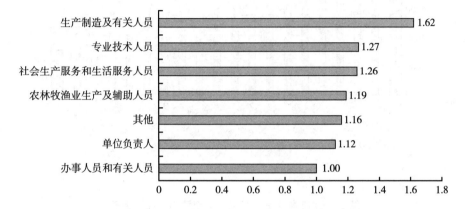

图 11　2022 年山东省公共人力资源市场按职业分组的求人倍率

2. 从需求大于供给，且缺口最大的前二十个职业（细类）看，技术技能人才为"最缺工"职业的主体

2022 年，市场需求大于供给，且缺口最大的前二十个职业及缺工数分别为：车工（10947 人）/营销员（9796 人）/机械制造工程技术人员（9172 人）/其他机械制造基础加工人员（7668 人）/多工序数控机床操作调整工（7109 人）/焊工（7086 人）/采购员（5908 人）/餐厅服务员（5673 人）/装配钳工（5205 人）/市场营销专业人员（4935 人）/计算机硬件工程技术人员（4247 人）/工程机械维修工（4153 人）/包装工（4102 人）/其他工程技术人员（4088 人）/缝纫工（4074 人）/化工产品生产工（4071 人）/机械设备安装工（3628 人）/金属轧制工（3434 人）/化工单元操作工（3369 人）/机械设计工程技术人员（3198 人）（见图 12）。总体上看，缺工职业中生产制造及有关人员和专业技术人员类职业占比分别为 60%和 25%，技术技能人才合计占"最缺工"职业超八成。

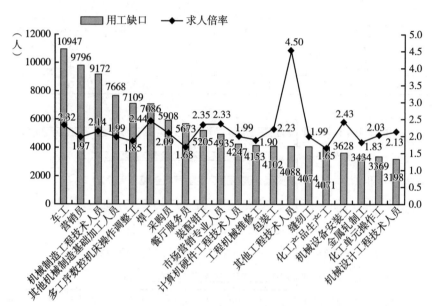

图 12　2022 年山东省公共人力资源市场需求大于
供给，且缺口最大的前 20 个职业（细类）

从供求对比看，车工/机械制造工程技术人员/焊工/采购员/装配钳工/市场营销专业人员/包装工/其他工程技术人员/机械设备安装工/化工单元操作工/机械设计工程技术人员 11 类职业的求人倍率均超过 2，其中其他工程技术人员的求人倍率最高，达 4.50。总体上看，一方面，随着山东省新旧动能转换和制造业强省战略的深入推进，市场对技术技能人才的需求不断攀升，求人倍率居高不下；另一方面，随着老龄化社会的到来，劳动人口红利正在逐渐消失，制造业、建筑业等的一线工人短缺问题愈加突出。

3. 从需求小于供给，且缺口最大的前二十个职业（细类）看，社会生产服务和生活服务/办事人员和有关人员类职业占比超七成

2022 年，市场需求小于供给，且缺口最大的前二十个职业及缺岗数分别为：保安员（5983 人）/行政办事员（5738 人）/收银员（4000 人）/政

务服务办事人员（3833 人）/秘书（3665 人）/打字员（3572 人）/其他行政办事及辅助人员（3430 人）/商品营业员（3407 人）/装卸搬运工（3222 人）/保洁员（3129 人）/后勤管理员（2895 人）/砌筑工（2672 人）/会计专业人员（2359 人）/企业经理（2220 人）/道路货运汽车驾驶员 L（2213 人）/村务和社区工作者（2128 人）/租赁业务员（1972 人）/社会工作者（1768 人）/前厅服务员（1743 人）/其他教学人员（1667 人）（见图 13）。总体上看，缺岗职业中社会生产服务和生活服务/办事人员和有关人员类职业占比最高，分别为 40% 和 35%。

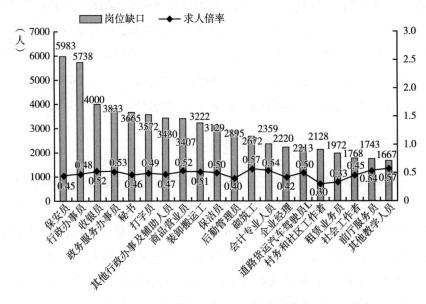

图 13　2022 年山东省公共人力资源市场需求小于供给，且缺口
最大的前 20 个职业（细类）

从供求对比看，保安员/装卸搬运工/保洁员/砌筑工等基础性劳动岗位，从业人群年龄段一般为 50 岁以上，该年龄段人群适合岗位较少，从业人员已趋于饱和，求人倍率均在 0.5 左右；行政办事员/政务服务办事员/秘书/打字员/后勤管理员/村务和社区工作者等办事人员和有关人员类职业则因工作环境相对较好，深受求职者青睐，求人倍率均在 0.30~0.55；专业技

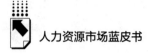

术人员类职业中，会计专业人员、其他教学人员分别受求职人员规模大和国家"双减"政策影响，求职人数相对过剩。

二　需关注的问题

（一）线下招聘场次和规模的缩减影响了招聘效果

为落实疫情防控要求，公共人力资源市场由过去的以线下招聘为主转变为以线上招聘为主的招聘模式，线下招聘场次和规模的相对减少给供需双方带来诸多困难。一方面，制造业、服务业等大量基础性岗位高度依赖现场招聘，在疫情多点散发的形势下，有限的线下专场招聘场次及规模，无法全面满足企业用工需求；另一方面，一些群体特别是农民工不适应线上招聘模式，一定程度上增加了该类群体求职和企业招聘难度。

（二）服务业用工需求缩减明显

受新冠疫情等因素影响，实体消费市场活跃度持续走低，居民消费意愿减弱，三产用工需求总体呈紧缩趋势，需求占比较上年下降2.60个百分点，较疫情前的2019年下降6.14个百分点。三产行业中除保供应的交通运输、仓储和邮政业需求占比较上年小幅上升外，其他高度依赖人员流动线下消费的批发和零售业/住宿和餐饮业的需求占比分别下降2.90个和1.73个百分点。随着疫情防控政策优化调整，三产亟须快速恢复发展。

（三）产业转型升级面临高技能人才短缺难题

当前，山东省正处于深化新旧动能转换、推进绿色低碳高质量发展的关键时期，产业转型升级和自动化、智能化设备的广泛运用，使得高素质技术技能人才越来越受到企业的重视和欢迎。当前人力资源市场上愿意进入制造业的多为老一代农民工，他们已难以适应新技术产业的需求。而企业青睐的具有一定学历和技术的年轻人，更倾向于一些体制内工作或是比较灵活、工作强度相对较小的服务业领域，大多不太愿意进入制造业领域。因此，传统制造业向先进制造业转型升级的过程中，面临高技能人才特别是青年人才匮乏的问题。

（四）高校毕业生就业压力持续加大

2022年山东应届高校毕业生达到79.5万人，较上年增长20%，规模和增量均创历史最高，就业总量压力和结构性矛盾并存。特别是部分地区疫情散发，企业用工需求减少，线下招聘活动难以展开，加上高校毕业生对工作薪资、环境等期望较高，择业心态、择业方向更加求稳，导致"慢就业""缓就业"现象突出。2023年高校毕业生数量将再创新高，预计达到81.3万人，就业形势将愈发严峻。

三　相关建议

（一）搭建高效对接平台，促进供需精准匹配

不断拓展岗位信息收集渠道，加强信息采集和核验，确保岗位信息丰富、真实。聚焦高校毕业生、农民工、退役军人等重点群体，准确摸清求职需求，有针对性地提供职业指导和职业介绍等服务。统筹开展线上线下招聘活动，创新现场招聘模式，设立服务专区，提供"面对面"咨询和服务；大力发展线上服务，完善网站招聘专区功能，持续开展"云招聘"活动，实现线上招聘不停歇。

（二）强化助企纾困举措，加快经济全面恢复

在认真贯彻落实国家和省助企纾困政策的基础上，进一步加紧梳理、研究出台加快服务业恢复发展的有效措施，通过减税降费、金融支持、房租减免、援企稳岗等一系列举措，持续加大助企纾困力度，力促企业降本增效，帮助企业快速复工复产，提振发展信心，释放经济发展新动能。深入开展入

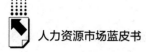

企服务，及时听取并协调解决市场主体存在的实际困难和问题，人力资源社会保障部门要准确摸清企业用工服务需求和招聘岗位信息，加强用工指导，提供全方位立体化就业服务。

（三）加强技能人才培育，助力产业转型升级

根据劳动者的培训需求和人力资源市场需求，改进培训思路，提升培训层次，即实现由过去的简单培训向中高级技能培训转变，由普通的面上培训向企业发展和产业集群服务的定向培训转变，努力推动劳动者高质量就业。重点依托行业企业，积极运用技工院校、职业培训机构等各类优质培训资源，组织实施各级各类职业技能培训，实现技能人才规模、质量双提升。

（四）积极引导择业观念，促进青年群体就业

加强青年群体特别是高校毕业生的职业指导，帮助其正确认识就业形势，树立正确的就业观和价值观，从现实角度出发选择适合自己的求职道路。着眼破解就业结构性矛盾和山东制造业强省需要，不断改善制造业就业环境，营造更佳的舆论氛围，吸引、鼓励更多有志青年投身制造业高质量发展，促进青年人才顺畅有序流动。

B.12
广东省薪酬水平调查和分析

林凡 田文娜 马赫*

摘 要： 本文通过对广东省 2021~2022 年薪酬数据进行分析与研究，发现：①全省经济发展质量稳步提高，企业生产经营信心不断加强，职工平均薪酬持续上涨；②金融业薪酬竞争力最强，租赁和商务服务业提升明显，房地产业继续下滑；③企业规模间薪酬差距收窄，学历和工龄的交互作用有所加强；④合同制度用工继续保持稳定增长，与劳务派遣用工的薪酬水平差距进一步扩大。

关键词： 薪酬调查 薪酬水平 广东省

2022 年，广东省坚持以快制快强化疫情处置，科学精准做好疫情防控各项任务，成功遏制住了疫情的扩散。同时，广东省在各方面继续保持着高度戒备，全力保障广大民众的生命安全和身体健康。广东省积极推动恢复正常的经济和社会发展，全面推动各项生产生活秩序加快恢复，为广东省经济的全面复苏和高质量发展注入强劲动力。在这一背景下，如何吸引和留住优秀人才以增强企业核心竞争力？如何更好地平衡人才需求与成本管控？如何进一步提高人工成本投入产出效率？以上都是企业当下亟须关注的重点难点。

---

* 林凡，广州市人才研究院资深管理咨询顾问，主要研究方向为人力资源管理、薪酬数据分析等；田文娜，广州市人才研究院管理咨询部总监、专家管理咨询顾问，主要研究方向为人力资源管理、薪酬数据分析、人才评价等；马赫，广州市南方人力资源评价中心有限公司董事长、广州市人才研究院院长，主要研究方向为组织管理、薪酬与绩效管理等。

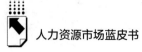

在现代企业管理中，薪酬福利激励在人力资源管理方面发挥着重要作用，它有利于帮助企业吸引人才、留住人才、激励人才，充分发挥人才的主观能动性和工作积极性，实现人力资源的价值最大化，进而为企业战略发展提供强有力的人才支撑。一个科学合理的薪酬福利体系必须满足三个基本原则。①战略文化特性，即企业在制定薪酬福利制度时，是否与组织发展战略、企业文化特性相结合，能否体现企业管理理念和文化倾向；②外部竞争性，即企业职工收入水平在同地区同行业人力资源市场上处于什么位置，与竞争对手相比是否具备人才竞争优势；③内部公平性、合理性，即企业职工收入水平高低差距是否具备相对公平性，收入分配与价值贡献是否相匹配。战略文化特性和内部公平性、合理性与企业自身的愿景、使命、价值观、宗旨等息息相关，外部竞争性除企业薪酬福利策略外，还需要参考同地区同行业人力资源市场收入水平。如果企业自身收入水平低于同地区同行业人力资源市场收入水平，职工的工作积极性和稳定性将受到直接影响，容易造成人才流失的连锁反应。因此，企业对能够准确反映市场水准、行业水准的外部薪酬福利数据十分渴求。

本研究旨在通过对广东省薪酬数据的分析与研究，一方面为广东省企业提供全面准确、时效性强的外部薪酬水平参考标准，帮助企业更好地掌握自身薪酬方案在人才市场竞争中的优劣势；另一方面为求职者提供相对客观的薪酬水平数据，帮助求职者了解企业的薪酬支付水平，以便做出更好的职业选择。

一　研究指标

本研究的研究对象为广东省薪酬数据，文中提到的薪酬均指平均月薪，包括基本工资、绩效工资、津补贴、加班加点工资四个部分。

（一）基本工资

基本工资指按照劳动合同中约定的、与职工本人岗位相对应的、发放周期和发放水平相对固定的工资报酬，如标准工资、基础工资、岗位工资、合同工资、底薪等，也包括其他不与绩效考核结果挂钩的工资项目，如工龄工资（津贴）。

（二）绩效工资

绩效工资指职工根据所在企业的经济效益、集体或本人绩效或实际表现获得的浮动性工资报酬，包括按月度、季度、半年、全年考核发放的奖金、效益工资或奖金性质的绩效工资，以及销售提成、项目奖金、特别奖励、技术交易奖、生产奖、劳动竞赛奖、年底双薪、全勤奖等工资项目。

（三）津补贴

津补贴指按照国家或企业规定，为补偿本单位就业人员因特殊或额外的劳动消耗或因其他特殊原因支付的津贴，以及为保证其工资不受物价影响而支付的物价补贴，包括艰苦岗位津贴、夜班津贴、倒班津贴、保健津贴、技术性津贴、地区津贴等津贴，过节费、交通补贴、通信工具补助、无食堂补贴、职工不休假补贴、住房租房补贴，以及企业从福利费用中支付的职工个人的各种现金补贴。

（四）加班加点工资

加班加点工资指按照国家和本地区有关法规政策，由企业支付的加班工资和加点工资，是调查期内职工因超时劳动而获得的劳动报酬。

在指标计量上，本研究中的分析指标包括薪酬水平的平均数、90 分位、75 分位、50 分位、25 分位和 10 分位，详细定义如下文所述。

（1）平均数：抽样数据的算术平均数，反映数据的集中趋势。

（2）90 分位：将抽样数据由低到高进行排列，处于数列 90% 位置的数值，反映市场的极高水平。

（3）75 分位：将抽样数据由低到高进行排列，处于数列 75% 位置的数值，反映市场的较高水平。

（4）50分位：将抽样数据由低到高进行排列，处于数列50%位置的数值，反映市场的中等水平。

（5）25分位：将抽样数据由低到高进行排列，处于数列25%位置的数值，反映市场的较低水平。

（6）10分位：将抽样数据由低到高进行排列，处于数列10%位置的数值，反映市场的极低水平。

二 样本分布

本研究中2022年的企业样本量共计18247家，职工样本量共计3013909人；2021年的企业样本量共计18370家，职工样本量共计3124488人。企业和职工样本的详细分布情况见下文。

（一）企业样本分布

本研究的企业样本以制造业为主，2022年和2021年的占比均在40%以上。相比而言，采矿业样本量较少，2022年和2021年的占比均不足1%（见表1）。

表1 2021～2022年企业样本的行业分布

单位：家，%

行业	样本量		占比	
	2022年	2021年	2022年	2021年
农、林、牧、渔业	273	334	1.50	1.82
采矿业	143	68	0.78	0.37
制造业	8143	7848	44.63	42.73
电力、热力、燃气及水生产和供应业	370	401	2.03	2.18
建筑业	824	797	4.52	4.34
批发和零售业	1938	1811	10.62	9.86
交通运输、仓储和邮政业	628	661	3.44	3.60

续表

行业	样本量		占比	
	2022 年	2021 年	2022 年	2021 年
住宿和餐饮业	991	1040	5.43	5.66
信息传输、软件和信息技术服务业	675	606	3.70	3.30
金融业	285	293	1.56	1.59
房地产业	951	803	5.21	4.37
租赁和商务服务业	955	1091	5.23	5.94
科学研究和技术服务业	473	565	2.59	3.08
水利环境和公共设施管理业	201	265	1.10	1.44
居民服务、修理和其他服务业	443	746	2.43	4.06
教育	379	366	2.08	1.99
卫生和社会工作	261	305	1.43	1.66
文化、体育和娱乐业	314	370	1.72	2.01
总计	18247	18370	100.00	100.00

　　本研究的企业样本以中小型企业为主，2022 年和 2021 年的中小型企业的样本量占比均在 75% 左右；大型、微型企业的占比相对较小。企业规模的划分标准按照国家统计局《关于印发〈统计上大中小微型企业划分办法（2017）〉》和《关于印发金融业企业划型标准规定的通知》（银发〔2015〕309 号）执行，上述两个办法中未明确标准的铁路运输业、教育、卫生 3 个行业不需填写规模，相关企业占比不足 4%（见表 2）。

表 2　2021~2022 年企业样本的规模分布

单位：家，%

企业规模	样本量		占比	
	2022 年	2021 年	2022 年	2021 年
大型企业	1653	1616	9.06	8.80
中型企业	4409	4504	24.16	24.52
小型企业	9353	9192	51.26	50.03
微型企业	2226	2384	12.20	12.98
无企业规模标准	606	674	3.32	3.67
总计	18247	18370	100.00	100.00

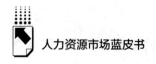

（二）职工样本分布

本研究中的职工样本涵盖各个学历层次。其中，高中、中专或技校及以下学历的较多，2022年和2021年的占比均在70%左右；大学本科、大学专科学历的职工数量接近，基本在13%~16%；研究生（含博士、硕士）学历的职工数量相对较少，不足2%（见表3）。

表3 2021~2022年职工样本的学历分布

单位：人，%

学历	样本量		占比	
	2022年	2021年	2022年	2021年
研究生（含博士、硕士）	36330	43044	1.21	1.38
大学本科	411014	483907	13.64	15.49
大学专科	461553	432260	15.31	13.83
高中、中专或技校	874635	897782	29.02	28.73
初中及以下	1230377	1267495	40.82	40.57
总计	3013909	3124488	100.00	100.00

职工分工龄看，工龄10年以上的样本量占比最高，2022年超50%，比2021年增加7.23个百分点；之后是工龄6~10年的，占比20%左右；工作0~1年、2~3年、4~5年的较少，占比基本在10%左右（见表4）。

表4 2021~2022年职工样本的工龄分布

单位：人，%

工龄	样本量		占比	
	2022年	2021年	2022年	2021年
0~1年	224789	263972	7.46	8.45
2~3年	300718	408823	9.98	13.08
4~5年	264438	329545	8.77	10.55
6~10年	585778	649808	19.44	20.80
10年以上	1638186	1472340	54.35	47.12
总计	3013909	3124488	100.00	100.00

职工分用工形式看，合同制度用工的职工数量较多，2022年和2021年占比均超97%，劳务派遣用工的职工数量较少，占比不足3%（见表5）。

表5　2021~2022年职工样本的用工形式分布

单位：人，%

用工形式	样本量		占比	
	2022年	2021年	2022年	2021年
合同制度用工	2938690	3051518	97.50	97.66
劳务派遣用工	75219	72971	2.50	2.34
总计	3013909	3124489	100.00	100.00

三　广东省薪酬水平情况分析

（一）广东省薪酬总体水平概况

2022年，广东省平均薪酬水平为8991元/月，同比增长6%，与2021年同比增幅持平。从分布情况来看，25分位同比增幅最高，10分位、50分位次之，75分位、90分位较低（见图1）。从数据来看，广东省职工工资收入增长基本恢复常态，其中中低收入群体增长更加明显。

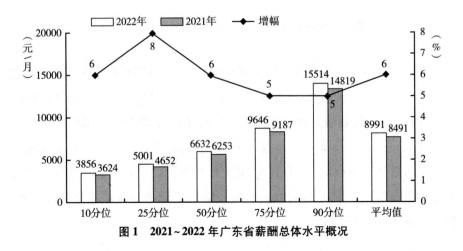

图1　2021~2022年广东省薪酬总体水平概况

（二）不同行业薪酬水平状况

分行业看，金融业平均薪酬水平保持领先地位，2022 年达到 22152 元/月；最低的依然是住宿和餐饮业，为 6084 元/月。与 2021 年相比，租赁和商务服务业平均薪酬增长明显，同比增长 11%，增幅比 2021 年增加 6 个百分点；房地产业下降明显，同比下降 5%，降幅比 2021 年收窄 4 个百分点（见图 2）。

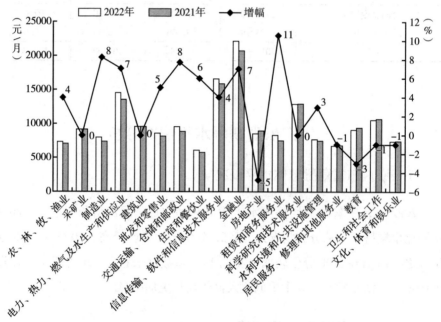

图 2　2021~2022 年广东省不同行业的平均薪酬状况

在 90 分位中，金融业显著高于其他行业，达到 44418 元/月；住宿和餐饮业居末位，为 9502 元/月。与 2021 年相比，90 分位增幅最大的行业是金融业，同比增长 12%；降幅最大的行业是房地产业，同比下降 7%（见图 3）。

在 75 分位中，金融业依然居行业首位，达到 25081 元/月；住宿和餐饮业依然居末位，为 6684 元/月。与 2021 年相比，75 分位增幅最大的行业依然是租赁和商务服务业，同比增长 9%；降幅最大的行业依然是房地产业，同比下降 6%（见图 4）。

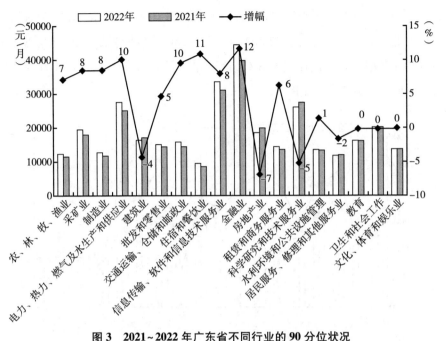

图3　2021～2022年广东省不同行业的90分位状况

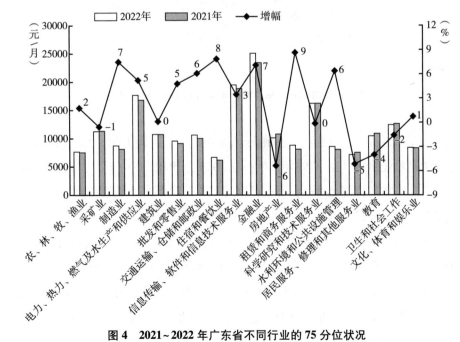

图4　2021～2022年广东省不同行业的75分位状况

在50分位中，金融业继续保持领先，达到16505元/月；住宿和餐饮业仍然最低，为5000元/月。与2021年相比，50分位增幅最大的行业仍然是租赁和商务服务业，同比增长8%；降幅最大的是教育，文化、体育和娱乐业，均同比下降2%（见图5）。

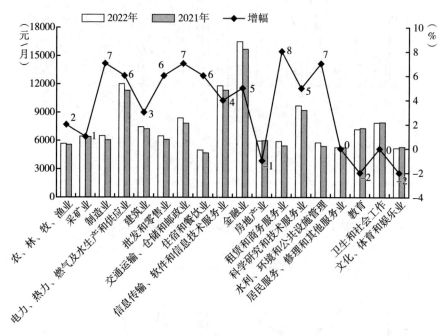

图5 2021~2022年广东省不同行业的50分位状况

在25分位中，金融业显著领先于其他行业，达到10959元/月；文化、体育和娱乐业最低，为3792元/月。与2021年相比，25分位增幅最大的行业仍然是租赁和商务服务业，同比增长12%；降幅最大的是采矿业，同比下降3%（见图6）。

在10分位中，金融业同样远远领先于其他行业，但与其他行业的差距有所缩小，达到7000元/月；文化、体育和娱乐业最低，为2800元/月。与2021年相比，10分位增幅最大的行业依然是租赁和商务服务业，同比增长11%；降幅最大的是文化、体育和娱乐业，同比下降2%（见图7）。

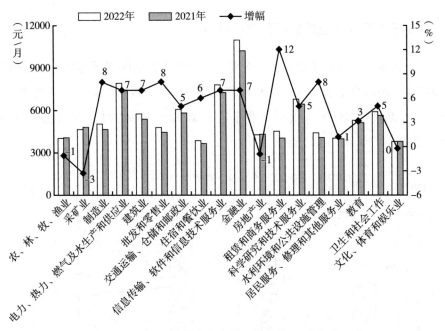

图6 2021~2022年广东省不同行业的25分位状况

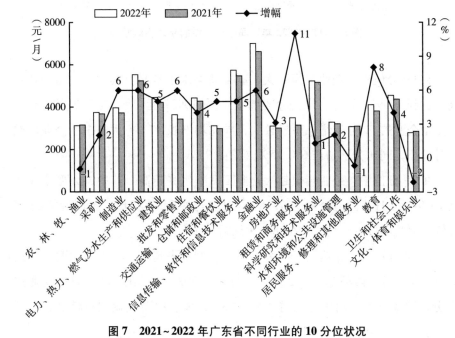

图7 2021~2022年广东省不同行业的10分位状况

（三）不同企业规模薪酬水平状况

分企业规模看，规模越大，企业支付给职工的薪酬水平越高，但同比增幅越小。2022 年，大型企业平均薪酬明显高于其他规模的企业，达到 10500 元/月，同比增长 4%；微型企业平均薪酬为 6516 元/月，同比增长 10%（见图 8）。

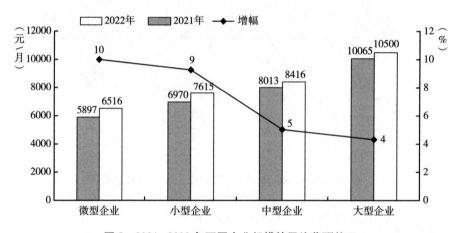

图 8　2021~2022 年不同企业规模的平均薪酬状况

在 90 分位中，企业规模越大，职工薪酬水平越高。其中，大型企业最高，达到 17592 元/月；微型企业最低，为 10937 元/月。与 2021 年相比，小微型企业的 90 分位增幅明显较大，同比均增长 11%；大、中型企业增幅相对较小，同比分别增长 6%、5%（见图 9）。

在 75 分位中，企业规模越大，职工薪酬水平越高。其中，大型企业达到 10194 元/月，微型企业为 7318 元/月。与 2021 年相比，不同规模的 75 分位增幅基本接近，均在 7%~8%（见图 10）。

在 50 分位中，企业规模越大，职工薪酬水平越高。其中，大型企业达到 7403 元/月，微型企业为 5240 元/月。与 2021 年相比，小、微型企业的 50 分位增幅较大，同比分别增长 9%、8%；大、中型企业相对较低，分别同比增长 6%、4%（见图 11）。

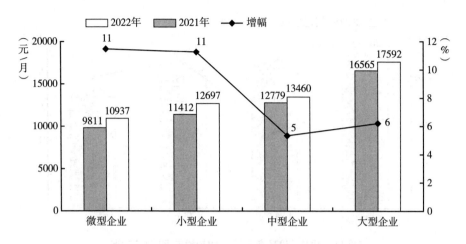

图 9　2021~2022 年不同企业规模的 90 分位状况

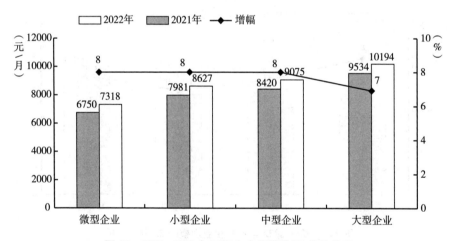

图 10　2021~2022 年不同企业规模的 75 分位状况

在 25 分位中，企业规模越大，职工薪酬水平越高。其中，大型企业达到 6034 元/月，微型企业为 4054 元/月。与 2021 年相比，不同规模的 25 分位增幅基本接近，均在 6%~8%（见图 12）。

在 10 分位中，企业规模越大，职工薪酬水平越高。其中，大型企业达到 4527 元/月，微型企业为 3139 元/月。与 2021 年相比，小型企业的 10 分位增幅较大，同比增长 11%；大型企业相对较小，同比增长 5%（见图 13）。

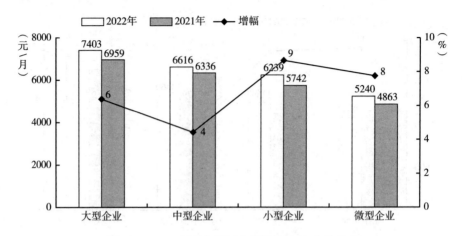

图11 2021~2022年不同企业规模的50分位状况

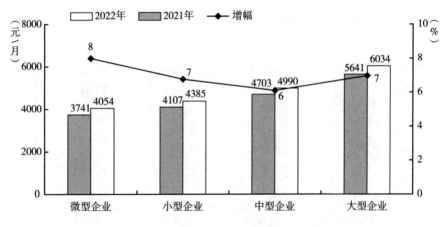

图12 2021~2022年不同企业规模的25分位状况

（四）不同学历与工龄薪酬水平状况

分学历看，职工的平均薪酬与学历层次正相关，即职工学历层次越高，平均薪酬水平越高。其中，研究生（含博士、硕士）学历职工平均薪酬最高，为29687元/月；初中及以下学历职工平均薪酬最低，为5826元/月。与2021年相比，不同学历层次职工收入均有所提高，尤其是研究生（含博士、硕士）、大学本科学历，同比分别增长10%、7%（见图14）。

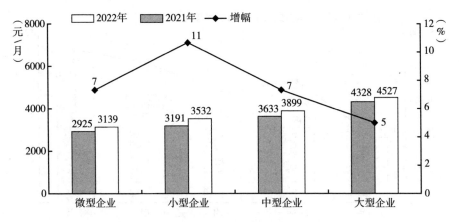

图 13　2021~2022 年不同企业规模的 10 分位状况

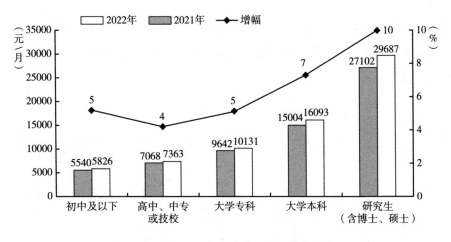

图 14　2021~2022 年不同学历的平均薪酬状况

在研究生（含博士、硕士）学历中，工龄越高，职工的平均薪酬越高，尤其是工作 10 年以后，上升趋势最为明显。其中，工龄 0~1 年的职工平均薪酬为 19161 元/月，工龄 10 年以上的为 39823 元/月。与 2021 年相比，不同工龄职工的平均薪酬同比均有所增长，尤其是工龄 10 年以上、6~10 年的，同比分别增长 11%、10%（见图 15）。

在大学本科学历中，工龄越高，职工平均薪酬越高。其中，工龄 0~1 年的职工平均薪酬为 10524 元/月，工龄 10 年以上的为 21032 元/月。与

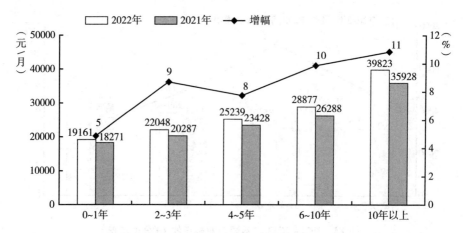

图15　2021~2022年研究生（含博士、硕士）学历不同工龄职工的平均薪酬状况

2021年相比，不同工龄职工的平均薪酬同比均有所增长。其中增幅最大的是工龄6~10年职工，同比增长9%；最小的是工龄2~3年职工，同比增长5%（见图16）。

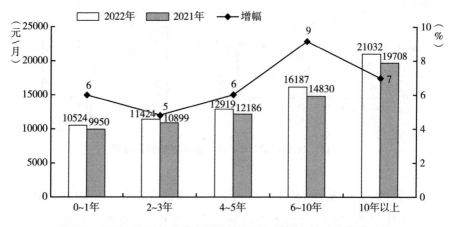

图16　2021~2022年大学本科学历不同工龄职工的平均薪酬状况

在大学专科学历中，工龄越高，职工平均薪酬越高。其中，工龄0~1年职工的平均薪酬为7519元/月，工龄10年以上的为11377元/月。与2021年相比，不同工龄职工的平均薪酬同比均有所增长，总体呈工龄越高同比增幅越小的态势，其中工龄 0~1 年职工的平均薪酬同比增长 6%，工龄 10 年以上的同比增长 3%（见图 17）。

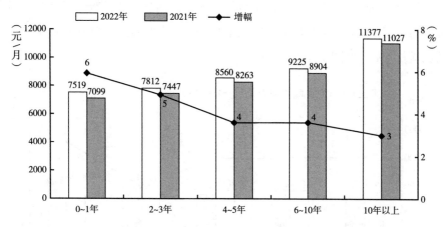

图 17　2021~2022 年大学专科学历不同工龄职工的平均薪酬状况

在高中、中专或技校学历中，工龄越高，职工平均薪酬越高。其中，工龄 0~1 年职工的平均薪酬为 5908 元/月，工龄 10 年以上的为 7809 元/月。与 2021 年相比，不同工龄职工的平均薪酬同比均有所增长，增长幅度基本在 4% 左右（见图 18）。

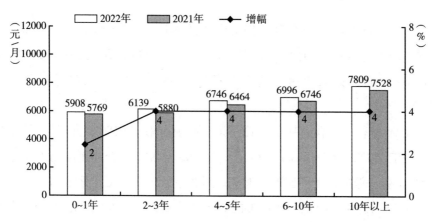

图 18　2021~2022 年高中、中专或技校学历不同工龄职工的平均薪酬状况

在初中及以下学历中，工龄越高，职工平均薪酬越高，但差距较小。其中，工龄 0~1 年职工的平均薪酬为 5533 元/月，工龄 10 年以上的为 5996 元/月。与 2021 年相比，不同工龄职工的平均薪酬均有所增长。其中，增幅最大的是工龄 10 年以上职工，同比增长 6%；最小的是工龄 6~10 年职工，同比增长 4%（见图 19）。

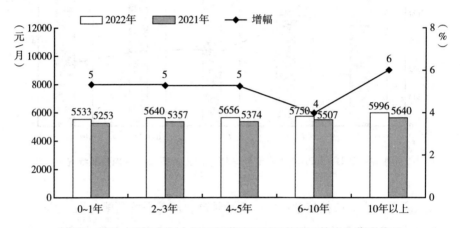

图 19 2021~2022 年初中及以下学历不同工龄职工的平均薪酬状况

（五）不同用工形式薪酬水平状况

分用工形式看，合同制度用工的平均薪酬达到 9070 元/月，明显高于劳务派遣用工（6432 元/月）。与 2021 年相比，合同制度用工的平均薪酬同比增长 6%，而劳务派遣用工同比下降 3%，两者薪酬差距有所扩大（见图 20）。

在 90 分位中，合同制度用工的职工平均薪酬达到 15673 元/月，是劳务派遣用工（9222 元/月）的 1.70 倍。与 2021 年相比，合同制度用工同比增长 5%，劳务派遣用工同比下降 11%，两者差距出现扩大（见图 21）。

在 75 分位中，合同制度用工的职工平均薪酬达到 9742 元/月，是劳务派遣用工（6600 元/月）的 1.48 倍，与 90 分位相比差距有所收窄。与 2021 年相比，合同制度用工同比增长 6%，劳务派遣用工同比下降 6%，两者差

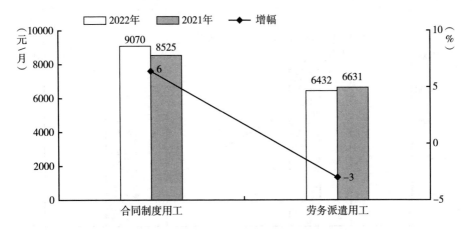

图 20　2021~2022 年不同用工形式的平均薪酬状况

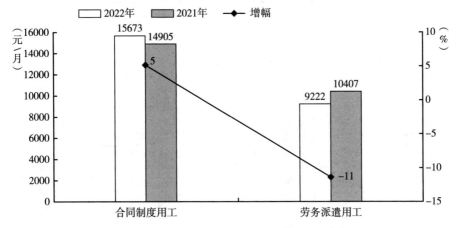

图 21　2021~2022 年不同用工形式的 90 分位状况

距出现扩大（见图 22）。

在 50 分位中，合同制度用工的职工平均薪酬达到 6701 元/月，是劳务派遣用工（5450 元/月）的 1.23 倍，与 90 分位、75 分位相比差距有所缩小。与 2021 年相比，两者均有所增长，其中合同制度用工同比增长 7%，劳务派遣用工同比增长 1%（见图 23）。

在 25 分位中，合同制度用工的职工平均薪酬达到 5033 元/月，是劳务派遣用工（4332 元/月）的 1.16 倍。与 2021 年相比，两者均有所增长，其

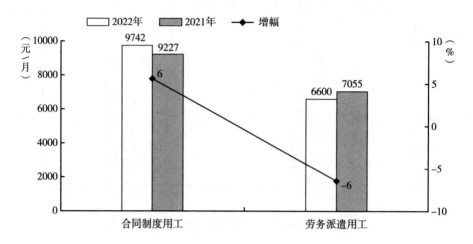

图22 2021~2022年不同用工形式75分位状况

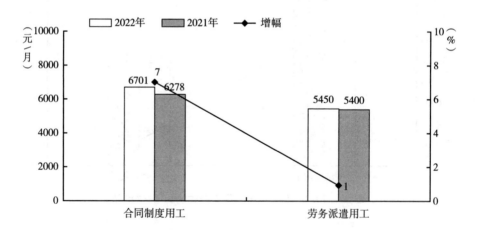

图23 2021~2022年不同用工形式50分位状况

中合同制度用工同比增长8%，劳务派遣用工同比增长5%（见图24）。

在10分位中，合同制度用工的职工平均薪酬为3870元/月，是劳务派遣用工（3455元/月）的1.12倍。与2021年相比，两者均有所增长，其中合同制度用工同比增长7%，劳务派遣用工同比增长6%（见图25）。

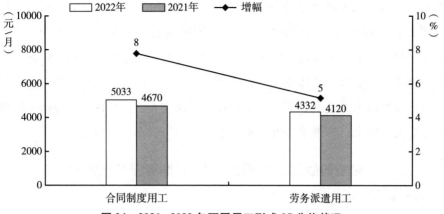

图 24 2021~2022 年不同用工形式 25 分位状况

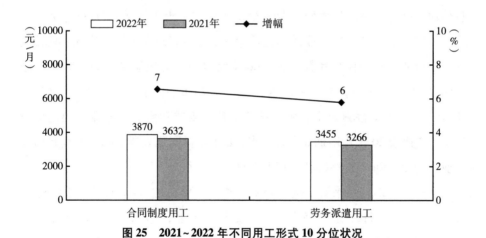

图 25 2021~2022 年不同用工形式 10 分位状况

四 结论与讨论

（一）经济发展质量稳步提高，企业生产经营信心不断加强，职工平均薪酬持续上涨

2022 年，广东省高效统筹疫情防控和经济社会发展取得积极成效，有力有效应对超预期因素冲击，经济运行总体保持有序增长，企业生产经营信

心不断加强，职工薪酬继续保持稳定增长。数据显示，2022年广东省平均薪酬水平为8991元/月，同比增长6%，增幅与上年基本持平。从分布情况来看，25分位同比增幅最高，10分位、50分位次之，75分位、90分位较低。可见，中低收入群体增长更加明显，高收入群体增长相对放缓，全省收入差距有所收窄。这一数据反映出低收入群体收入增长加快、中等收入群体稳步扩大等情况，体现了全省扎实推进共同富裕取得一定成效。

（二）金融业薪酬竞争力最强，租赁和商务服务业提升明显，房地产业继续下滑

分行业看，金融业平均薪酬继续保持领先地位，达到22152元/月；信息传输、软件和信息技术服务业继续位居第二，为16579元/月；电力、热力、燃气及水生产和供应业继续位居第三，为14525元/月。平均薪酬较低的三个行业依然为住宿和餐饮业（6084元/月），居民服务、修理和其他服务业（6739元/月），农、林、牧、渔业（7336元/月）。与2021年相比，10个行业的平均薪酬同比有所增长，尤其是租赁和商务服务业，同比增长11%，增速较2021年增加6个百分点；8个行业同比有所下降，尤其是房地产业，同比下降5%，降幅比2021年收窄4个百分点。

从行业内部差距来看，金融业差距最大，90分位（44418元/月）是10分位（7000元/月）的6.35倍；之后是房地产业，90分位（18522元/月）是10分位（3105元/月）的5.97倍；然后是信息传输、软件和信息技术服务业，90分位（33556元/月）是10分位（5742元/月）的5.84倍。住宿和餐饮业差距最小，90分位（9502元/月）是10分位（3120元/月）的3.05倍；之后是制造业，90分位（12750元/月）是10分位（3965元/月）的3.22倍；然后是交通运输、仓储和邮政业，90分位（15822元/月）是10分位（4428元/月）的3.57倍。

（三）企业规模间薪酬差距收窄，学历和工龄的交互作用有所加强

分企业规模看，总体上职工薪酬和企业规模呈正相关关系，即企业规模

越大，职工薪酬水平越高。其中，大型企业的职工平均薪酬最高，达到
10500 元/月；微型企业的最低，为 6516 元/月。前者为后者的 1.61 倍，与
2021 年 1.71 倍相比有所收窄。从同比增幅来看，各规模企业平均薪酬均已
实现正向增长，总体上呈现企业规模越大职工平均薪酬增幅越小的态势，其
中小、微企业同比分别增长 9%、10%。从数据来看，小、微企业发展态势
向好，极大提振了市场信心。

学历与工龄的交互作用依旧是造成职工薪酬差距的显著因素。分学历
看，总体上职工的平均薪酬水平与学历呈正相关关系，即随着学历的提升，
职工的平均薪酬水平逐渐提升。研究生（含博士、硕士）学历职工的平均
薪酬最高，达到 29687 元/月；初中及以下学历职工的平均薪酬最低，为
5826 元/月。前者为后者的 5.10 倍，与 2021 年（4.89 倍）相比有所扩大。
此外，随着工龄的增加，学历层次越高的职工的平均薪酬增长越快。其中，
研究生（含博士、硕士）学历职工平均薪酬增长最快，工龄 10 年以上是工
龄 0~1 年的 2.08 倍；初中及以下学历职工增长最缓慢，工龄 10 年以上是
工龄 0~1 年的 1.08 倍。

（四）合同制度用工薪酬继续保持稳定增长，与劳务派遣用工的薪酬水平差距进一步扩大

分用工形式看，合同制度用工的平均薪酬高于劳务派遣用工，尤其是中
高收入群体差距更为明显。其中，合同制度用工的平均薪酬达到 9070 元/
月，是劳务派遣用工（6432 元/月）的 1.41 倍，与 2021 年（1.29 倍）相
比有所扩大，与 2020 年（1.39 倍）基本持平。从分位数来看，合同制度用
工的各个分位数均呈正增长，劳务派遣用工的较高分位有所下降、中低分位
保持增长但低于合同制度用工。从数据来看，合同制度用工与劳务派遣用工
的薪酬差距日益加大，其中中高收入群体更为明显。

从内部差距来看，合同制度用工薪酬差距较大，90 分位（15673 元/
月）是 10 分位（3870 元/月）的 4.05 倍；劳务派遣用工薪酬差距较小，90
分位（9222 元/月）是 10 分位（3455 元/月）的 2.67 倍。

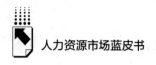

参考文献

广州人才集团等编著《2022～2023 年度广东省薪酬调查报告》，广东人民出版社，2022。

广州人才集团等联合编著《2021～2022 年度广东省薪酬调查报告》，广东人民出版社，2021。

广东省人力资源和社会保障厅：《2022 年广东省人力资源市场工资价位及行业人工成本信息》，2022。

广东省人力资源和社会保障厅：《2021 年广东省人力资源市场工资价位及行业人工成本信息》，2021。

中华人民共和国国家统计局：《国民经济行业分类（GB/T 4754–2017）》，2017。

中华人民共和国国家统计局：《关于印发统计上大中小微型企业划分办法的通知》，2017。

中国人民银行、中国银行业监督管理委员会、中国证券监督管理委员会、中国保险监督管理委员会、国家统计局：《关于印发金融业企业划型标准规定的通知》，2015。

《企业薪酬调查让数据说话》，《中国人力资源社会保障》2021 年第 2 期。

于永健：《企业人力资源绩效和薪酬福利风险管理分析》，《财经界》（学术版）2020 年第 10 期。

黄亚敏：《薪酬调查及数据的应用研究》，《现代营销》（下旬刊）2017 年第 9 期。

B.13
河南省技能人才队伍建设分析与展望

王长林 吴德强*

摘 要： 近年来，河南省高质量实施"人人持证，技能河南"工作，推动河南省技能人才队伍建设取得了显著成效。本文立足于河南省技能人才队伍建设现状，分析了技能人才建设中存在的实践能力较低、整体供应不足、结构有待完善、缺乏支持与保障、社会环境亟待优化等主要问题，并从提升技能人才实践能力、注重人才实效性、优化人才结构、加大资金投入、改善社会环境等方面针对性地提出了建设河南省技能人才高地的对策建议。

关键词： 技能人才 "人人持证" "技能河南" 人力资源

技能是立身之本，人才是发展源泉。当前，河南省正处于实现"两个确保"的关键阶段，着力建设一支高质量的技能人才队伍是推动经济转型升级，实施创新驱动、教育兴省、人才强省的必然要求①。总体来看，河南技能人才队伍的建设基础较好，但也面临一些挑战。当前，河南省技能人才队伍建设状况如何，面临哪些挑战，未来该如何推进？本报告将对此进行回应，旨在对"人人持证，技能河南"工作提供参考与借鉴。

---

* 王长林，博士，河南财经政法大学副教授，主要从事数据经济、区域教育科技人才战略方面的研究；吴德强，河南职业技术学院副教授，处长，主要从事职业技能人才研究。
① 梅乐堂：《"人人持证、技能河南"建设的人才培养路径》，《人才资源开发》2022年第7期。

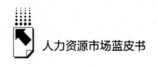

一 河南省技能人才队伍建设现状分析

经过多年的发展，河南省技能人才队伍建设取得了显著的成效，主要体现在以下七个方面。

（一）职业教育体系日益健全

近年来，河南省高度重视职业教育工作，着力打造"人人皆可成才，人人尽展其才"的良好局面，推动中职专业职业教育、专科层次职业教育、本科层次职业教育体系取得了长足发展。

1. 中职专业职业教育稳步发展

一是技工院校的招生与培养体系不断完善。河南省技工院校招生人数实现了连续增长，2021 年招生 118435 人，相较于 2017 年增加 10080 人。2021 年技工院校毕业生首次突破 100000 人，相比于 2017 年增加 29703 人，毕业生人数增幅明显。二是中等专业职业教育的学生资助体系不断完善。中等职业学校家庭经济困难学生资助政策体系日益健全，对各类中等职业学校全日制正式学籍在校学生全部免除学费，极大调动了技能人才的积极性。三是中等职业教育的地位日益稳固。职业教育发展规划中指出，要强化中等职业教育基础地位，重点建设 70 所左右省级高水平中等职业学校和 100 个左右高水平专业群。随着技能河南建设的深入推进，职业教育将发挥出更大作用。

2. 专科层次职业教育稳中有升

河南省高度重视专科层次职业教育的发展，在推动专科层次职业教育体系发展方面印发了《关于推动现代职业教育高质量发展的实施意见》，明确了短中期建设目标，推动专科层次教育体系更加规范。一是专科层次职业院校的招生目标更加明晰。根据以上实施意见，2025 年，河南高职招生本科层次占比不低于 10%，专科层次招生的规范性将不断增强。二是专科层次院校的办学思想体系不断健全，各专科院校认真贯彻落实党和国家的教育方针，坚持"以育人为本，坚持德育优先"的原则，以服务为宗旨，以技能为导向，打造高素质职业技能人才队伍。三是专科层次职业教育发展路径更加明晰。围绕河南省职业教育改革先行区建设，河南省提出建设30所左右省级高水平高等职业学校和50个左右高水平专业群，推进高等职业教育提质培优，推动河南省专科层次职业教育办学水平整体提升。

3. 本科层次职业教育实现突破

国家《职业教育法》的颁布并执行，为本科层次职业教育提供了广阔的发展前景，随着国家对本科层次职业教育的重视程度不断提高，本科层次教育将大有可为。一是本科层次职业教育试点不断扩大。围绕国家大力提倡并重点发展的专业和国家紧缺人才的专业领域，2022年学前教育、网络工程技术等14个职业教育本科专业开展教育试点，在职业教育体系的完善中发挥着重要作用。二是职业本科教育稳步发展。高水平高职学校积极建设职业本科学校，越来越多的高校开设职业本科专业，具有河南特色的职业本科教育体系正在逐步形成。

（二）职业教育能力显著提升

建设技能人才队伍，河南跑出加速度。近年来，河南省职业教育能力显著提升，有力推动了"人人持证，技能河南"建设。

1. 职业院校招生规模持续扩大

一是技工院校数量的不断增加推动了招生规模的持续扩大。截至2021年末，河南省拥有高职（专科）院校99所，中等职业院校632所，普通中专139所，成人中专154所，职业高中244所；技工院校共计95所，招生数达到118435人，为历史最高水平。同时，2021年新增一所本科层次职业院校，标志着河南省职业技能教育水平迈向新的台阶。二是技工院校精准对接产业就业，技工院校招生数量大幅增长。2022年，河南省技工院校招生12.95万人，招生规模居全国第三，其中技师学院招生10.63万人，跃居全国第二。技工院校充分发挥在技能人才培养中的主体责任，招生规模的不断扩大，推动了职业教育能力的提升。

2.职业教育的师资力量日益增强

技工院校师资力量的不断增强，为职业教育能力的提升提供了基础和保障。一是在职教工数量不断增多。截至2021年末，河南省技工院校在职教工数12767人，相比2020年增加了128人。河南省普通中专教职工数17963人，成人中专教职工数10844人，职业高中教职工数27468人。教职工数量呈现连年增长的态势。二是专任教师数量持续增长。高职（专科）院校专任教师数2020年为52793人，2021年为59887人；中等职业教育专任教师数2020年为46091人，2021年为47890人，均呈现连年增长的态势，推动技能人才培养的动力充足。

3.职业技能培训工作成效显著

一是职业技能培训工作稳步开展。2022年，河南省全年开展职业技能培训432.3万人次，新增技能人才403.2万人、高技能人才140.8万人，超额完成年度技能人才培养任务，彰显出强大的技能人才队伍建设能力。二是河南省积极实施13项培训计划，以培训规范化助力质量提升。2022年，完成30万人次的先进制造业从业技能人员培训；通过开展高技能人才"金蓝领"技能提升项目制培训，完成培训500人；通过向有培训意愿和就业能力的农村劳动者提供"一对一"精准培训，完成培训40万人次。各方面培训工作有序开展，职业技能工作取得了显著成效。

（三）技能人才队伍总量大幅提升

河南省高度重视技能人才的培养工作，推动了技能人才的培养与发展，河南省技能人才储备更加丰富，成为经济发展的重要引擎。

1.技能人才实现持续增长

《2022年高质量推进"人人持证、技能河南"建设工作方案》中指出，河南省要新增技能人才240万人，新增高技能人才80万人。技能人才增幅明显，有利于推动河南省经济高质量建设与发展。截至2022年11月底，河南省新增技能人才386.8万人，完成年度目标任务的161.2%，新增技能人才实现连续增长。与此同时，河南省技工院校的技能人才培养也取得较大进步。在校学生数 2017 年为 264736 人，2018 年为 268050 人，2019 年为 287694 人，2020 年为 315146 人，2021 年为 307749 人，整体呈现不断增长的趋势。2021 年技工院校毕业生数达到 115023 人，与 2020 年相比增加 19455 人，为技能河南建设提供了丰富的人才储备。

2. 技能人才规模不断扩大

截至 2022 年，河南省技能人才总量达到 1300 万人，十年间实现了 799 万人的增长。同时，职业技能培训进入发展"快车道"，2021 年河南省技能人才培训达到 399.27 万人次、新增技能人员取证 112.47 万本；2022 年开展职业技能培训 432.3 万人次、新增技能人员取证 348 万本、高技能人才取证 126 万本。技能培训的质量和效益不断提升，有效促进了劳动者技能成才，凸显了"人人持证，技能河南"建设的丰硕成果。技能人才队伍的不断扩大，有利于打造河南人力资源新优势，为河南发展先进制造业提供了坚实的人才支撑，成为推动河南经济持续高质量发展的重要力量。

（四）技能人才队伍结构明显优化

1. 高技能人才占比持续提升

河南省人力资源和社会保障厅提供的数据显示，截至 2022 年底，按取证人数计算，河南省高技能人才达 392 万人，其中高级工 318.7 万人、技师 63 万人、高级技师 10.4 万人，占到技能人才总量（1415.6 万人）的 27.7%，成为引领技能人才队伍建设的中坚力量。

2. 实用型技能人才不断增多

随着国家战略性新兴产业的要求的调整，河南省职业院校不断优化专业设置，动态进行专业调整，推动了节能环保、新材料等新兴领域的专业技能人才不断增多，技能人才队伍的实用导向更加明晰。

3. 技能人才年龄结构优化

青年技能人才在人才队伍中的占比不断上升，技能工作对青年人才的吸引力日益上升，技能人才发展的后备资源充足。同时，技能人才的晋升渠道不断畅通，青年技能人才更有干劲、有奔头。在技能工作中，青年人才积极

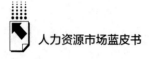

"挑大梁"，为技能人才队伍的持续建设注入了活力。

4. 领先技能人才不断涌现

高技能人才的引领带动作用不断增强，在技能人才建设中发挥着引领作用。截至 2022 年底，河南共有"中华技能大奖"获得者 14 名、"全国技术能手"获得者 232 名、"中原技能大奖"获得者 50 名、"中原技能大师"获得者 52 名，享受政府特殊津贴高技能人才 154 人。

（五）技能人才评价体系不断完善

技能人才评价作为技能人才成长的核心环节，发挥着重要的"指挥棒"和"风向标"作用。

1. 技能人才的评价主体多元化

河南省技能人才评价的主体由官方逐步走向多元化、社会化与市场化，市场和社会在人才评价方面拥有了更多的自主权，以市场为导向的技能人才培养、评价和使用机制逐渐形成。

2. 职业技能评价制度改革深入推进

通过向市场"放权"，用人单位的积极性得到充分激发。广泛发展各种定级、晋级评价模式，为技能人才提供更多的职业晋升平台。技能人才成长的各种障碍被逐渐打破，技能人才的发展渠道更加畅通。

3. 对技术技能类证书的监管更加严格

2022 年河南省开展技术技能类"山寨证书"专项治理活动，创建品牌人才培养体系，营造公平公正的职业技能评价培训环境，维护技能人才的合法权益，促进技能培训健康长远发展。

4. 职业技能竞赛广泛开展

出台了《河南省职业技能竞赛管理办法（试行）》，明确每两年举办一届河南省职业技能大赛。河南省职业技能大赛、行业职业技能类竞赛等技能赛事不断增多，以赛促评，推进全面化人才评价，为技能人才施展才干提供空间。

（六）技能人才成长环境不断优化

1.支持性政策持续发力

河南对技能人才的支持性政策持续发力，政策的有效性显著提升。近年来，河南连续出台《深入推进全民技能振兴工程大规模开展职业技能培训行动方案（2018—2022年）》《关于进一步加强高技能人才与专业技术人才职业发展贯通的实施意见（2020）》《关于深化职业教育改革推进技能社会建设的意见（2021）》《2023年高质量推进"人人持证、技能河南"建设工作方案》《关于加强新时代高技能人才队伍建设的实施意见（2023）》等政策文件，为技能人才的培养与发展提供正确指引，对于加快构建高质量技能人才发展平台，完善职业教育与培训体系具有重要意义①。

2.技能体制机制不断完善

"人人持证，技能河南"方案的持续推进为技能人才的成长成才提供了广阔的发展空间。面对技能人才成长中面临的各种障碍，不断创新技能人才工作的体制机制，为技能人才提供良好的成长环境。针对技能人才培训，推动建立规范的培训体系、就业创业支持体系；针对相关职业技能，建立竞赛体系；对于职业培训，健全技能人才评价管理体系。技能人才成长政策环境的不断优化，为人才施展才干提供了坚实的制度保障。

（七）高技能人才队伍建设成绩突出

1.高技能人才队伍建设的政策体系不断完善

《河南省"十四五"人才发展人力资源开发和就业促进规划》《实施"创新驱动、科教兴省、人才强省"战略工作方案》等支持性政策文件相继出台，为高技能人才的发展提供了广阔的空间，在制度方面为"人人持证，技能河南"建设提供了重要保障。

2.高技能人才建设效能不断释放

一支爱岗敬业、技艺高超、结构合理的高技能人才队伍正逐步建成，为

---

① 《整合表彰资源　集成激励政策　引领技能人才队伍建设》，《中国培训》2021年第10期。

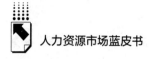

河南经济转型升级提供了有力支撑。在高端制造、新能源、人工智能等领域，高技能人才发挥着越来越重要的作用，成为推动河南省经济转型升级，推动中原崛起的关键力量。

3.高技能人才引进力度加大

通过线上线下多渠道结合进行招才引智，河南省高技能人才队伍规模不断扩大。河南省累计签约各类人才超 15 万人，人才队伍的创新性和应用性不断增强。根据高技能人才发展特色，河南省创新性地推出"项目+平台+人才"的培养模式，有力提升了人才建设实效。

4.高技能人才队伍建设能力不断提升

"十四五"期间，河南省计划建成 10 个区域性高技能人才培养示范基地、30 个省级技能大师工作室，年组织 5 个以上职业的省级职业技能竞赛，不断为高技能人才培养提供平台。同时，河南省积极打造"河南护工""河南码农""豫农技工"等品牌，对高技能人才队伍的建设起到了重要的引领作用。

二　河南省技能人才队伍建设展望

在取得显著成就的同时，河南省技能人才队伍建设中仍然存在一些问题，在一定程度上阻碍了技能人才发展。针对这些问题，需要广泛汇聚各方力量，在人才实践能力、人才实效性、人才结构、资金投入、社会环境等方面共同发力，多措并举提升技能人才建设能力与水平，打造技能河南。

（一）河南省技能人才队伍建设面临的形势

1.技能人才供应总体数量不足

一是技能人才培养周期漫长，培养成本较高，企业对技能人才培养的动力不足。相关培训内容滞后现象较为严重，无法满足快速发展的技能需求，从而导致技工荒多次出现，技能人才的供给小于需求，供需矛盾突出。二是技能人才相关的方针政策不够协调。用人单位找不到满意的人才，而职业院校毕业生面临就业困境，河南省面临技能人才供给的结构性过剩与整体供应不足同时存在的局面。三是技能人才的培养机制存在较大问题。中高等职业院校的专业和课程设置脱离实际，没有以市场需求为导向进行人才规划，人才培养存在较大的盲目性，无法满足制造业快速发展的需要。四是片面的人才观在思想层面阻碍了技能人才的培养与发展。多数人认为，人才只包含专家、教授、经营管理人员等，而把技能人才排斥在"人才"之外，这种偏见在无形中使职业教育的生源不断减少，技能人才的后备力量不足。

2. 技能人才结构有待进一步完善

一是年龄老化比较严重，青年技能人才匮乏。受传统观念的影响，多数青年人热衷于追求高学历与高学位，而不愿意从事技能性职业。青年技能人才的短缺已成为制约河南省经济发展与技能提升的瓶颈，技能人才队伍发展的后备资源存在严重不足①。二是高层次技能人才缺乏。2022 年新增高技能劳动者仅占技能人才总量的 30%，技能人才受教育水平普遍较低，集中于大专与中专，二者占比达一半以上，本科及以上技能人才占比较小。三是技能人才的技术等级较低，中级、高级、初级技能人才占绝对地位，技师和高级技师仅占 20%，高级技能人才短缺问题依然严重。四是复合型技能人才短缺。现有的技能人才培养模式与专业设置较为单一，对复合型技能人才培养的重视程度较低，培育质量难以保证，在很大程度上阻碍了技能人才的就业与发展。

3. 技能人才发展环境亟待优化

一是受传统社会观念的影响，社会对技能人才存在鄙薄观念。"重学历轻技能"的传统观念在社会中普遍存在，上技工院校被认为是成绩不好的无奈之举，许多人排斥上技校和学技术，对技术相关工作的从业意愿较低，导致技工院校的招生面临困境。二是技能工作者的社会地位较低。技能人才的薪资收入较低，与普通技工的收入几乎没有差别，社会各方面对技工人才的认可度并不高。长期以来，技工教育的社会地位低，技工人才不被重视，

---

① 《关于青年技能人才职业发展现状、困境及对策研究》，《中国共青团》2023 年第 8 期。

与普通教育的学生很难平起平坐。三是技能工作的社会吸引力不强。技工工作普遍存在着待遇低、环境苦、上升空间小等问题，多数技能人才对职业前景感到忧虑，许多技工院校学生在毕业 2~3 年后会选择转行，技能人才流失现象严重。

（二）打造河南技能人才高地的对策

1. 注重技能人才的实效性，丰富技能人才供给

一是优化技能人才教育教学大纲，紧跟发展的最新形势，调整相关技能教学内容，强化实效导向，着力满足技能市场需求，丰富技能人才供给。二是要提升政策方针的系统性与协调性。加强政府、企业等多方主体的沟通与配合，优化技能人才引进、培养、使用与评价等体制机制，为技能人才的成长提供全方位的服务。三是要不断完善技能人才的培养机制。加快制定行业统一的技能人才培养标准，动态调整技能相关专业，强化人才培养的系统性与整体性。四是要摒弃片面的人才观。通过举办多种形式的职业技能大赛，帮助技术人才实现自身价值，树立尊重劳动、尊重技术的思想观念，充分彰显技能人才的重要性。

2. 不断完善技能人才结构，推动人才队伍持续发展

一是着力吸引更多优秀青年人才参与技能工作，通过线上线下相结合的方式扩大招才引智力度，多渠道促进优秀青年技能人才引进。地方政府要主动作为，积极服务，为青年技能人才提供各种优惠政策，破除青年技能人才的发展障碍，让青年技能人才安心生活与工作。二是不断提高技能人才队伍的质量和水平，扩大高技能人才供给。加大高技能人才的社会资源支持力度，突出发挥职业院校培养高技能人才的基础性作用、企业推动高技能人才培养的主体地位，形成多方协调的高技能人才培养联动机制，打造具有区域特色的河南技能人才队伍。三是要鼓励技能人才终身学习，提高职业技能和水平。为技能人才成长与学习提供平台，完善服务技能人才成长晋升的体制机制。四是要注重复合型技能人才的培养。职业院校积极探索复合型职业技能人才的培养机制，技能人才要主动适应河南省智能化的发展趋势，努力提

升自身的专业储备与技术能力。

3. 优化技能人才社会环境，营造尊重人才良好氛围

一是要摒弃轻视技能的传统观念，尊重职业技能人才，以客观科学的标准对技能人才进行评价。积极引导全社会尊重、重视、关心技能人才的培养和成长。加快建立工匠蓝领荣誉体系，并积极出台相关政策，增强社会对技能工作者的尊重，激发社会对技能人才的认同。二是要广泛开展职业技能竞赛，以技服人，以技获岗，增强社会对技能人才的尊重与认同。加强舆论引导，通过广播、电视、报纸等媒体多渠道宣传优秀职业技能人才与先进事迹，表彰河南省技能大师和技术工匠，提升技能人才的自豪感。鼓励技能人才参政议政，不断提升技能工作者的地位[1]。三是要多措并举提升技能工作的社会吸引力。不断改善技能人才的工作环境，提升技能人才的工资待遇和福利水平，强化对技术职业的支持与宣传，提升中原技能大师的影响力，让技工成为令人羡慕的职业，激励更多人才投身技能建设，为技能河南建设提供坚实的人才保障。

4. 优化人才培养发展模式，提升技能人才实践能力

一是要改进职业院校的培养模式，注重将相关技能理论与技能实践相结合。在相关专业方面，紧跟技能河南建设步伐，积极设置与就业相匹配的专业课程。在考评方式上，在现有模式的基础上，突出对实践能力的培养，技能考评向实践能力评估方面倾斜[2]。二是积极与地方政府、社会力量等开展合作，强化对技能基础设施的相关支持，努力打造更好的技能人才实践环境。鼓励技能实验室面向学生开放，帮助学生进行技能实践活动，将理论知识融入实践教学中，培养学生的创新能力和实践能力。三是要强化校企合作与联合培养，将理论教育与技能实践相结合。借鉴发达国家和地区的先进经验，如日本的"产学合作"、美国的"合作教育"、德国的"双元制"、英国的"学徒制"等方式，并结合河南省的实际情况开展特色化技能人才培

---

[1] 姚磊、王远、李黄珍：《打造技能人才高地　河南省跑出"加速度"》，《职业》2023年第2期。

[2] 贾丽：《河南省高职院校技能人才培养路径探析》，《人才资源开发》2017年第21期。

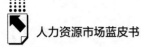

养。通过技能提升、实训基地、校招等多种方式开展校企合作,技工院校与企业积极开展订单式培养与定向培养,企业参与到技工院校的办学与人才培养之中,强化产教融合,提升技能人才的实践能力和素养。

5. 加大技能资金投入,为人才提供支持与保障

一是要加大技能资金投入。持续推进河南职业技能证书补贴政策,不断完善河南省技能补贴标准,持续开通网申与现场申报相结合的双通道,提升技能人员工作的满意度和幸福感。教育部门要加大对技工院校的政策倾斜力度与资金支持力度,为"人人持证,技能河南"建设提供基础与保障。二是要着力为技能人才的发展提供多重保障。完善全行业统一的技能人才工作标准与考核机制,科学合理安排技能人才的工作任务量与工作时长,保障技能人才的各项合法权益,为技能人才安心工作提供良好的环境。三是要不断完善技能人才激励机制。根据河南省实际状况创新高技能人才工作的激励手段,加大激励力度,不断提高技能人才干事创业的积极性。重视对技能激励措施的监测评估,不断完善公平合理的技能人才激励机制。

B.14
昆山人力资源市场供需分析（2022）

朱心杰*

摘　要： 2022 年，昆山人力资源市场作为国有人力资源机构积极履行服务人才、服务企业、服务社会的使命职责，坚持"求职招聘第一站、排忧解难第一窗、事业发展第一源"的服务理念，不断加快推进市场改革发展和创新转型。随着新冠疫情影响逐渐减弱，我国经济步入强势复苏，但是现场招聘参会企业数据、岗位需求数据和求职数据均呈现下降趋势，结构性矛盾仍然突出，国有人力资源机构在资源配置中仍然面临较大挑战。本文使用昆山人力资源市场在服务全市企业招聘和人才求职过程中统计的数据，通过汇总筛选、归纳比较、典型分析等方法，以特点分布图及简要说明的形式，客观反映昆山当地劳动力市场供需双方的主要情况。

关键词： 人力资源市场　供求分析　就业岗位　招聘数据　昆山

一　总体分析

2022 年，受到新冠疫情及信息技术迭代影响，现场招聘模式受到较大冲击，全年累计举办各类招聘会 45 场，服务企业 1511 家次，同比大幅减少

---

* 朱心杰，昆山人力资源市场考试培训中心副主任，昆山人力资源开发研究中心主任助理，中级经济师，人力资源管理师，主要研究方向为人力资源供需分析、人力资源服务业发展、人力资源调研数据分析、政府工作人员招聘考试、政务服务外包等。

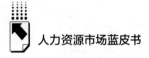

87.21%，发布各类岗位需求 55585 人次，同比大幅减少 77.93%，吸引求职人员 18537 人次，同比大幅减少 63.52%。

二　人才需求分析

（一）招聘企业性质分布

670 家次民营企业参与现场招聘会，占总数的 44.34%，为不同性质企业中参会比例最大的；外资企业以 42.69% 的占比排名第二（见图 1）。民营经济是社会主义市场经济的重要组成部分，推动民营经济高质量发展在稳定就业、促进经济等方面发挥着不可替代的作用。近年来，昆山市积极引导民营企业聚焦"2+6+X"新兴产业布局，坚持存量转化和增量优化并举，民营企业加快产业结构调整，从劳动密集型企业向技术密集型和资本密集型转换，大力引进、培养高素质技能人才。

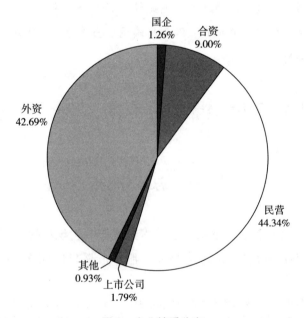

图 1　企业性质分布

（二）招聘企业行业分布

数据显示，参与现场招聘排名前四的行业均为制造业，依次是电子/半导体/集成电路行业 347 家，机械/设备/重工 303 家，加工制造（原料加工/模具）287 家，仪器仪表/工业自动化 83 家（见图2），总计 1020 家，占总数的 67.50%。制造业是昆山立身之本，当前，电子信息和装备制造两大主导产业工业产值占比超昆山规上工业产值的 80%。

昆山将继续聚焦服务昆山制造业转型升级，加大技能型人才引育力度，为昆山从制造大市向制造强市转型，实现从"制造"到"创造"的跃升提供有力支撑。

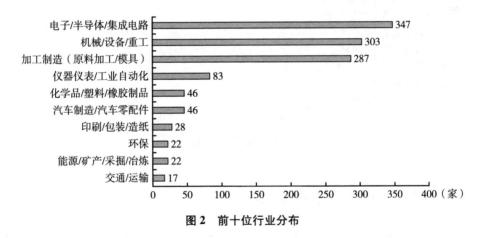

图2　前十位行业分布

（三）招聘需求岗位分布

从岗位需求看，用工需求主体仍偏向基层普工、技能人才。普工、技工需求量分别为 24344 人、8107 人，总计占总数的六成，其中普工需求占比较上年增加 20.71 个百分点。2022 年 1~8 月，昆山完成规上工业总产值 6771.6 亿元、同比增长 2.8%，其中 6 月实现产值 1010.2 亿元，规上工业总产值已连续 3 个月单月保持两位数高速增长。制造业仍是昆山经济发展的重头戏，持续推进高端制造业壮大，加速战略性新兴产业崛起，需要大量的产业工人和技能人才作为坚实的人力资源保障。

管理类岗位排名上升。生产管理、生产质量管理岗位需求量总计6159人（见图3），占比11.08%，与上年排名相比，由第五、第六位上升至第三、第四位。岗位管理是企业管理的重要组成部分，贯穿于企业组织管理的各个方面，企业组织的生存发展在很大程度上取决于管理者的决策，因此注重对管理岗位的引才育才留才，是企业健康发展重要一环。

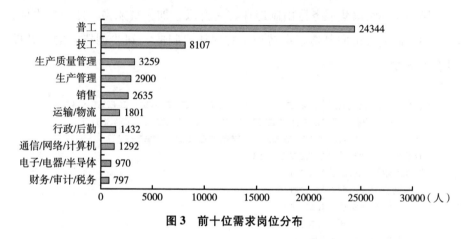

图3 前十位需求岗位分布

（四）招聘岗位学历要求分布

从岗位学历要求来看，本科学历占比3.94%，较上年增长0.39个百分点，大专学历占比25.66%，较上年增长18.14个百分点，学历结构进一步稳步提升。高中及中专学历占比35.77%，较上年增长16.38个百分点，其中大专、高中及中专学历共计34145人，占总数的61.43%（见图4）。

当前，昆山正聚力建设新城市、大力发展新产业、全力布局新赛道，企业转型升级、科技创新既需要高层次领军人才的引领，也需要高素质技术工人的支撑。

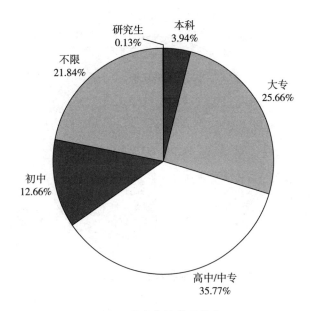

图 4　需求岗位学历分布

三　人才供给分析

（一）求职人才年龄分布

根据求职人才年龄分布数据，求职人才年龄在 30～39 周岁的有 6304 人，占总数的 34.01%；求职人才年龄在 24～29 周岁的有 5835 人，占总数的 31.48%，两者总计占比 65.49%（见图 5）。

23 周岁及以下的年轻人求职比例较上年增加近 10 个百分点，其中 19 周岁及以下求职人数同比增长 200%。近年来，昆山市新业态迅速崛起，催生一批新业态工人，如短期收入相对较高的网络购物、物流快递等服务行业，对年轻一代蓝领工人具有更强的吸引力，大部分年轻人不愿长期从事流水线工作，纷纷转业从事外卖员、快递员等工作。

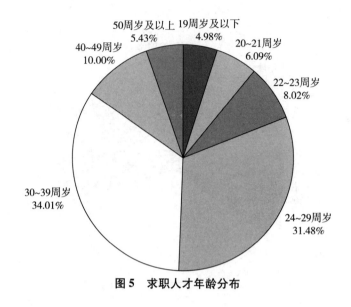

图5　求职人才年龄分布

（二）求职人才学历分布

根据求职人才学历分布数据，高中及中专学历求职者占总人数的
54.74%，居于第一位，初中及以下学历求职者占总人数的29.60%，居于第
二位，其余依次是大专学历求职人才，占比12.05%，本科学历求职人才，
占比3.49%，研究生学历求职人才，占比0.12%（见图6）。昆山结合国家
关于职业教育和高等教育均衡发展的改革思路，积极完善职业教育和培训体
系，深化产教融合、校企合作，加强对技术工人、专业人才的培养。

（三）求职人才籍贯分布

根据求职人员籍贯分布数据，按求职人才数量排名依次是江苏省
（4523人，占比24.40%），河南省（2802人，占比15.12%），安徽省
（2086人，占比11.25%），陕西省（2085人，占比11.25%），甘肃省
（1829人，占比9.87%），湖北省（1291人，占比6.96%），山东省（1255
人，占比6.77%），山西省（628人，占比3.39%），四川省（512人，占比
2.76%），江西省（300人，占比1.62%）（见图7）。

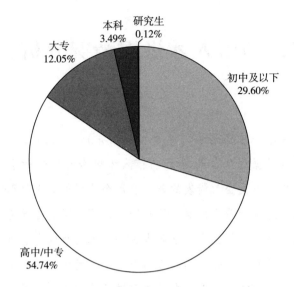

图 6　求职人才学历分布

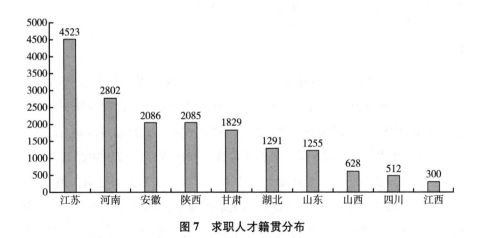

图 7　求职人才籍贯分布

B.15
2022年青岛市人才供需情况分析

宋雪燕*

摘　要： 本文依托中国海洋人才市场（山东）、青岛人才网的相关招聘、求职数据，对2022年青岛市人才供需情况进行了分析。从需求侧看，以民企为代表的非公有制企业岗位需求收缩，尤其以建筑业、房地产业人才需求下降明显，博士研究生学历人才需求逆势上扬；从供给侧看，求职人员仍以本科及以上学历人才为主、国企仍是热门。并从涵养劳动力生态、优化劳动力结构、增强制造业集聚人才的能力、引导和鼓励高校毕业生积极就业、积极推动特色化专业化人才市场建设等方面提出意见建议。

关键词： 人才市场　人才供需　求职　青岛

2022年，青岛市公共就业和人才服务中心依托以中国海洋人才市场（山东）为传统招聘主渠道的线下端、青岛人才网为线上招聘的网页端、青岛人才微信端打造招聘服务矩阵，先后举办山东半岛蓝色经济区城市联盟招聘、"就"在青岛·共赢未来、"职等你来"等各类线上线下招聘活动百余场，多元拓展招聘渠道，累计服务企业1.4万家次，发布岗位需求约23.11万个，吸引求职人才约55万人次。相关数据显示，2022年度青岛人才市场同比需求下降，本科以上学历人才求职活跃，大学生岗位实践需求呈日益增强趋势。

＊ 宋雪燕，青岛市公共就业和人才服务中心，高级经济师，从事人力资源服务业管理服务和人力资源服务业发展研究工作。

一 人才需求分析

（一）需求总量：人才需求同比减少

从招聘单位数和需求岗位数看，2022年受新冠疫情影响，每周现场招聘次数减少以及企业岗位缩招等，尽管青岛市就业人才中心根据工作实际，持续开展线上"直播带岗""职等你来"活动、用工保障专项行动等工作，但入场企业数量、岗位需求减少明显。招聘单位有3830家（次），同比减少近五成；岗位需求23.11万个，同比减少9.35万个，减少28.8%。尤其2022年上半年毕业季，人才需求降低明显，同比减少近五成。

（二）产业需求：一、二产业岗位需求下降明显

2022年一、二、三产岗位需求占比分别为1.4%、27.6%和71%，一、二产同比分别降低2.78%、9.32%，下降总和达12%。以服务业为主的第三产业岗位需求16.4万个，尽管同比下降17%，但岗位需求数量占全年的七成以上，相较于2021年度占比增长12个百分点。其中，教育，信息传输、软件和信息技术服务业，贸易、批发和零售业需求居前三。疫情期间"宅经济"突飞猛进，2022年度以三产的教育业表现尤为突出，在招聘需求总量下降的情况下教育业岗位需求呈现逆势上扬的态势，同比增长21.8%。

（三）行业需求：建筑业、房地产业人才需求受疫情及宏观政策影响同比下降明显

从各行业需求岗位看，建筑业、科学研究和技术服务业、房地产业岗位需求下降居前三，分别下降6.82%、4.29%、2.83%，与房地产有关的建筑业和房地产业受疫情和楼市宏观政策影响，人才需求同比下降近10%。青

岛作为制造强市，连续多年居需求首位的制造业 2022 年度不再是需求首位的行业，岗位需求同比减少 2.65 万个，同比下降 1.78%（见表 1）。如青岛新华昌集装箱有限公司、青岛海信日立空调系统有限公司等制造类企业 2022 年度未在市场上发布岗位需求。

表 1　岗位需求同比下降前十的行业统计

单位：%

排名	所属行业	同比下降
1	建筑业	-6.82
2	科学研究和技术服务业	-4.29
3	房地产业	-2.83
4	农、林、牧、渔业	-2.78
5	贸易、批发和零售业	-1.87
6	制造业	-1.78
7	文化、体育和娱乐业	-0.88
8	租赁和商务服务业	-0.65
9	卫生和社会工作	-0.57
10	交通运输、仓储和邮政业	-0.47

（四）不同单位的岗位需求：在青各大高校对博士人才的需求逆势增长

从具体岗位需求统计信息看，博士人才需求主阵地为学校教育、新能源研发、海洋科学研究等领域；硕士人才需求涵盖海洋信息技术、海洋生物技术、生物制药、医疗、法务、农业等众多领域。总体来看，博士学历人才成为本统计周期内行业招聘的逆增长点，尤其以在青高校对博士人才需求增长最为明显，同比增长近 1 倍。

（五）不同单位性质的需求：民营企业岗位需求缩减明显，国有企事业单位积极履行社会责任

从招聘单位性质看，受疫情、全球经济环境变化以及现场招聘关闭等因

素影响，2022 年民营企业普遍选择收缩，提供岗位数占比 52.93%，同比下降 25.56 个百分点，下降明显；国有企事业单位提供岗位数占比为 47.1%，呈现统计以来最高的占比，同比上升近 30 个百分点。疫情期间国家出台各类稳就业促发展惠民生政策，2022 年在民营企业岗位需求大幅缩减的情况下，国有企事业单位积极履行社会责任，展现讲政治、顾大局、稳就业的社会担当，岗位需求创历史新高。

（六）对劳动者学历的需求：高学历人才仍是招聘单位首选

从岗位学历需求看，2022 年专科以上学历需求占比达 69.1%，其中：本科学历需求占 35.24%，同比减少 2.36 个百分点；硕士研究生学历需求占 10.7%，同比略微增长 0.74 个百分点；博士研究生学历需求占 15.84%，同比上升 8 个百分点（见图 1）。即便在岗位缩减的年度，各行业对博士研究生学历人才的需求仍热度不减反而逆势上扬，像教育科研、数字技术、智能制造这三大领域仍在翘首盼望"博士们"的到来。

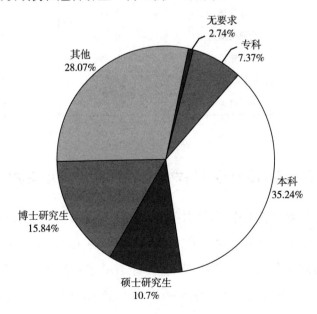

图 1　学历需求情况分布

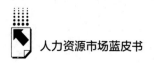

（七）专业需求：计算机类、教育学、工商管理类专业需求居前三

从专业需求看，计算机类专业需求占比 26.10%，同比增长 15.70 个百分点；教育学专业需求占比 23.17%，同比增长 10.02 个百分点；工商管理类占比 11.60%，同比下降少于 1 个百分点（见表 2）。

表 2　专业需求排名前十统计

单位：%，个

排名	专业需求	占比	同比变化
1	计算机类	26.10	15.70
2	教育学	23.17	10.02
3	工商管理类	11.60	-0.78
4	公安技术类	9.78	4.93
5	机械类	6.74	-3.76
6	化学类	4.91	1.64
7	交通运输类	4.51	-5.03
8	土木建设类	2.76	-6.98
9	管理科学与工程类	2.13	-1.49
10	公共管理类	1.41	-0.92

（八）对劳动者工作经验需求：应届毕业生为市场需求主力军

从单位对劳动者工作经验需求看，2022 年青岛市人才市场无工作经验的应届毕业生岗位需求占九成以上，同比上升 13 个百分点；3 年以下工作经验的需求占 3.0%，同比降低 11 个百分点；3~5 年工作经验需求占 2.2%，同比下降 1.1 个百分点；6~10 年及 10 年以上工作经验需求占比可以忽略（见图 2）。

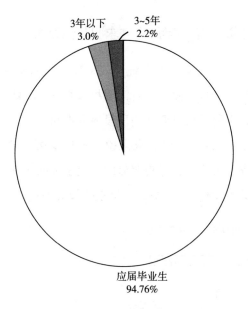

图2 对劳动者工作经验需求情况分布

注：6~10年及10年以下数据太小，图中未显示。

二　求职人员情况分析

2022年线上线下入场求职人数约80万人（次），同比下降33%，其中各类主题、定制的线上直播，在线投递，远程面试等便捷、高效渠道，在疫情期间仍是企业和求职者招聘求职的主要途径。2022年线下人才市场受疫情影响关闭近半年且举办场次减少等，全年入场仅0.22万人次，现场招聘总体萎缩严重。

（一）求职专业：工商管理类、经济学类、土木建设类简历投递数居前三

工商管理类专业求职者最多，简历投递数占15.5%；经济学类专业求职者简历投递数占11.7%；土木建设类专业求职者简历投递数占9.3%。三类专业的求职者占可统计求职者总数的36.5%。

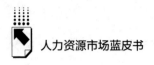

（二）学历层次：本科学历人才求职队伍庞大

根据线上简历投递数据不完全统计，2022 年度青岛人才市场本科及以上学历求职者简历投递数占总求职者简历投递数的 87.32%，同比下降 3.24 个百分点。其中，本科学历求职者简历投递数占 66.84%，同比上升 8.54 个百分点，但相对于 35.24% 岗位需求来说，本科学历的求职队伍最为庞大，硕士研究生学历求职者次之，呈现明显的供大于求的状态。博士研究生学历求职者简历投递数占比仍不足 1%，且呈现比较大的缺口（见图 3）。

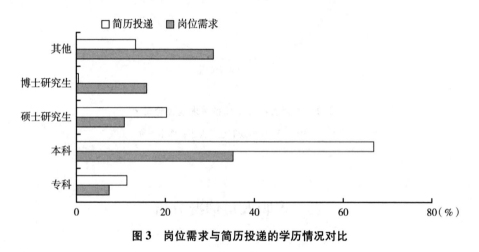

图 3　岗位需求与简历投递的学历情况对比

（三）就业偏好：行政类、财税类、人力资源类岗位更受青睐

从简历揽收情况统计，行政专员/助理/总监、财务/审计/税务、人力资源/行政为简历投递前三岗位，分别占比 16.33%、10.22%、7.6%。从各类型岗位简历投递的求职者学历情况看，近七成的岗位简历投递以本科及以上学历求职者为主，其中，教师/培训/科研人员类岗位求职者以博士研究生为主，本科和硕士研究生求职者倾向于行政专员/助理/总监类岗位。同时，求职者的求稳心态上升，国企仍是热点，线上可统计数据显示，2022 年度国企的求人倍率同比降低 1 个百分点，而与房地产有关的房

屋和土木工程建筑类岗位在需求端减少的情况下，求人倍率同比下降 2 个百分点。

（四）大学生岗位实践需求呈日益增强趋势

对青岛高校毕业生调研情况反映，大学生普遍缺乏岗位实践能力，且有实习需求。有针对性地参加实习，让毕业生和单位双方加深了解，更有利于毕业后留在实习单位就业。同时高校和用人单位因缺少对接渠道，难以实现高校大学生集中实习实训活动。为消弭"借问酒家何处有"与"酒香也怕巷子深"并存的求职招工"两难"困局，青岛市开展"我在家乡挺好的"专题直播探企活动，以"云聘马拉松"为主题，围绕 24 条重点产业链构筑职业赛道，优选 100 家企业设置招聘站点，征集 100 位青年人才领跑，深入企业直播探秘，吸引年轻人深入企业实习实践，受到广大学生的纷纷响应。

三 有关建议

（一）涵养劳动力生态

从市场整体来分析求人倍率居高不下的原因主要有以下两方面。一是薪资待遇不高，岗位吸引力不强。二是对技能人才的培养和使用机制有待完善。因此，建议从以下几个方面涵养劳动力生态。一是形成劳动力引进、评价、服务、使用、激励、流动机制，完善部门间的工作机制，形成工作合力。二是完善技能人才的培养、使用、评价和激励机制，提升技能人才的职业荣誉感和经济待遇，让技能人才有尊严、有出路、有地位、有保障。三是打造线上线下相结合的人才交流配置新平台，常态化收集企业需求，定期举办小型化、个性化、定制式的线上招聘专场、直播带岗活动和线下招聘会。积极出台人力资源服务业发展配套鼓励政策，积极引进青岛市需要的人力资源，拓宽外部引才渠道，满足企业需求。

（二）优化劳动力结构

目前，青岛市人力资源市场劳动人口结构呈现高龄化。2017~2021年，青岛市36岁以上劳动年龄人口所占比重呈逐年增长趋势，而16~25岁劳动年龄人口占比降低了近5个百分点，2021年甚至呈负增长。生育人口的减少、适龄劳动力供给数量不足，以及劳动力老化加速与新技术、新产业的发展对优质劳动力的需求增加，导致供需两端痛点多多。建议从以下几方面优化劳动力结构：一是完善和落实三孩的保障措施，加大政府对孩子抚养成本投入，保障青壮年劳动人口供给。二是建立覆盖城乡、贯穿终身、适应需求的职业技能培训制度，推动培训链和产业链融合，贯通企业实战培训和专门机构培训，把鼓励企业依托自身优势开展培训作为支持实体经济发展的重要举措。适当放宽享受培训补贴人员年龄条件、提高培训标准、给予用人企业或个人奖励，扩大职业技能等级认定机构范围，优化丰富培训职业（工种）。三是实施"政府引导、产业需求、院校培养、企业使用"人才队伍协同建设模式，推动院校与企业需求精准对接。四是吸引市外劳动力。能否吸引、留住年轻劳动力决定了城市是否具有创新活力和可持续发展能力，推动社会基本公共服务均等化，降低青岛市人口户籍落户门槛，让常住人口市民化。放开灵活就业人员参保的户籍限制，解决职业伤害保障的不平衡和不充分问题，提高灵活就业人员来青就业积极性。给年轻人在住房、就业、孩子上学等方面予以最大的支持，增强城市的吸引力，如实施劳动力租房补贴政策。

（三）增强制造业集聚人才的能力

制造业是青岛市立市之本、强市之基，在新一轮产业革命和工业革命的进程中，从制造大市向制造强市迭代升级的关键是增强制造业人才聚集能力。建议出台专门针对制造业领域的人才政策，推动信息技术、生物医药、高端装备、新能源汽车等产业"一产一策"，探索在制造业推行"链长人才工作负责制"，鼓励和支持制造业企业大力引进各类高层次人才，深化关键技术"揭榜挂帅"制，吸引拔尖人才。

（四）引导和鼓励高校毕业生积极就业

一是建议出台相关政策，鼓励用人单位开发更多实习岗位，吸纳在校大学生或毕业学年大学生进行岗位实习，提高大学生岗位实践能力，引导学生提前进行职业规划。对毕业学年实习的大学生给予实习补贴政策。二是据各驻青高校反馈，目前应届高校毕业生因担心丢掉"应届高校毕业生"身份，有考公考事业单位意向或准备再次考研的学生，不积极参与求职或单位发来offer不与单位签订就业协议，成为毕业生"慢就业"的主要原因之一。建议从国家层面合理界定"应届高校毕业生"，建议"应届高校毕业生"的界定以毕业时间为参照，与毕业生的就业状态无关联。

（五）积极推动特色化、专业化人才市场建设

充分发挥中国海洋人才市场（山东）战略优势，统筹利用好各方面海洋平台、政策资源，优化提升中国海洋人才市场（山东）核心功能，在海洋人才交流配置、海洋人才服务、海洋人才创新创业、海洋科技成果转化落地、海洋人才教育培育等方面取得新突破，全面服务国家、省、市重大战略实施，将山东省打造成为全球高端海洋引领区。

B.16
大健康、金融、汽车行业人才洞察
及薪酬趋势（2022年）

付晓薇*

摘　要： 本文通过对2022年重点行业包括大健康、金融和汽车行业的人才市场趋势及薪酬状况的分析，较为完整地揭示了各重点行业领域的招聘市场活跃度、人才需求现状、人才流动及薪酬趋势，帮助政府、企业充分了解市场和人才情况，从而制定科学的人才战略和决策。科学、有效的人才和薪酬管理是现代企业发展的必然需求，了解人才市场变化及薪酬趋势有助于帮助政府、企业了解市场和人才情况，为企业制定可持续的人才战略和决策提供参考，为人才求职就业提供指导。本报告通过对科锐国际信息库中的超过100万个重点岗位中高级管理及专业技术候选人薪资数据进行分析，聚焦重点行业包括大健康、金融和汽车行业的人才市场趋势及薪酬状况，较为完整地揭示了各重点行业领域的招聘市场活跃度、人才需求现状、人才流动及薪酬趋势。研究发现，在不确定性增强的大环境下，企业人才招聘需求及薪酬涨幅更为保守谨慎，对于人才的任职要求也相应提高，"复合多能，软硬兼长"的人才成为企业的青睐对象。

关键词： 人才需求　薪酬　人才流动　大健康行业　金融行业　汽车行业

---

* 付晓薇，科锐国际高级调研经理，主要研究方向为社会学、发展学、人才市场发展与人才吸引、流动。

本文基于科锐国际信息库中的超过 100 万个重点岗位中高级管理及专业技术候选人 2022 年薪资数据进行分析，文中涉及的薪酬数据为基本年薪，指年度整体的现金收入=年度底薪+年度固定部分奖金，以人民币 1000 元为单位。25 分位值表示有 25%的数据小于此数值，此范围代表科锐国际信息库的较低水平；50 分位值（中位值）表示有 50%的数据小于此数值，此范围代表科锐国际信息库的中等水平；75 分位值表示有 75%的数据小于此数值，此范围代表科锐国际信息库的较高水平。一线城市为北京、上海、广州、深圳；二线城市为省会及热点城市，例如天津、苏州、杭州、重庆、成都。

一　大健康行业

（一）医药销售领域市场及人才需求趋势

医药行业目前整体发展趋势放缓，医药营销商业化运营的转型大趋势使越来越多快消行业人才进入医药零售、医药电商领域。就板块角度而言，检测诊断是大热板块之一，在传统处方药领域中，自身免疫、中枢神经系统药物较为火热，疫苗板块热度持续；2022 年销售方向持续增长的需求集中在院外的布局，包含零售跟线上的管理岗位；市场准入领域，市场准入、创新支付、医院列名等都是热点方向，策略岗位需求新增较为明显。从职能方向看，目前，销售端职能过于饱和，外企流动率降低，多家公司均在进行组织结构的调整优化，降低临床销售的重要性，同时新创公司对于开设新商业化队伍的态度也更为保守。

不同领域对于人才的要求也呈现一些差异化。市场方向更青睐具备优秀英文能力的年轻候选人；准入链条方向优先考虑复合型人才，因此同时具备咨询与业务经验、销售与市场经验、保险与药企背景及跨区域管理经验的人选备受市场青睐；零售方向，具备一线外资药厂或快消行业经验的中层管理人才需求持续增长。

在增长放缓的大背景下，各公司在招揽人才时均采取了更为谨慎的态度。初创型、成长型公司更看重人选的性价比，而外资公司等更具有吸引力的大平台对人选的综合素质提出了更高的要求。从人才流向来看，随着资本注入和新药审批流程的加速，国内创新型公司需求持续增加，人才流动呈现由外资企业向国内企业流入的趋势，医药销售人才薪酬如表1所示。

表1 大健康行业：医药销售人才薪酬

单位：年，千元

职位名称	工作年限	一线城市		
		25分位值	中位值	75分位值
市场总监	15+	1100	1400	2000
数字化营销经理	5+	400	500	600
业务拓展总监	10+	1100	1400	2000
销售总监	12+	970	1350	1700
大区经理	7+	650	800	900
销售效率优化经理	7+	350	420	620
销售培训经理	7+	350	450	600
大客户经理	7+	340	500	600
通路行销经理	6+	570	640	680
OTC销售经理	7+	400	550	600
招商经理	6+	400	550	660
市场准入经理	7+	430	600	800
合规经理	7+	420	500	700

（二）医药研发领域市场及人才需求趋势

过去几年，中国医药创新药研发迎来大规模爆发式增长，在资本介入的背景下，新药市场内存在一定泡沫，但受疫情不确定性上升和全球经济下行影响，2022年以来，行业发展整体回归理性。从企业端出发，总体来看，跨国公司（MNC）、老牌大型药企、研发外包公司的人才需求较大，主要对疫苗、Car-T、眼科、肿瘤等方向人才有需求。同时，一些专攻新兴领域及新兴技术如疫苗、细胞治疗、蛋白降解技术等的公司在临床上也有扩张需求。

跨国公司的人才需求以常规替换岗为主；国内竞争力较强的生物科技与生物制药公司随着临床产品推向关键阶段，相关岗位会有一定比例的扩编；受资金链紧张影响，自砍临床产品管线的公司会有等比例的人员缩减或停止新增招聘；研发外包公司基于项目BD能力的变化进行灵活岗位调整。医学上市前包括药物警戒职能，在刚进入临床阶段的公司仍有一定的人才需求，而临床开发团队已较为成熟的企业及一些大型企业相关需求趋缓，需求更多集中在中层岗位；医学上市后团队2022年调整较大，需求整体呈现收缩趋势，一些大型外资药企及商业化不顺利的创新药企医学上市后团队出现调整。

不同企业也在采取不同的方式应对变化的市场环境。初创型企业多以猎头、外包招聘等方式招揽人才，同时提供灵活办公、涨薪等选项以提高企业吸引力；成长型公司通过优化面试体验与加强雇主品牌宣传以优化公司引才形象；成熟型公司在关键岗位招聘及有战略性扩增计划时通常寻求猎头进行快速支持响应；以国央企为主的高新企业依托人才引进、人才落户等地方政策；而外资企业通过福利待遇提供与外部供应商合作的组合拳来扩增企业内部人才池。企业普遍通过增强内部推荐及针对竞争激烈岗位提前做好人才规划等方法来完善自身人才储备，医药研发人才薪酬如表2所示。

表2　大健康行业：医药研发人才薪酬

单位：年，千元

职位名称	工作年限	一线城市		
		25分位值	中位值	75分位值
研发总监	15+	1200	1800	2500
化学工艺合成总监	10+	700	1000	1400
药物警戒医师	5+	400	600	800
医学写作	3+	200	400	600
医学经理	5+	400	600	700
医学联络官	3+	280	420	550
注册经理	7+	400	500	600
统计编程总监	10+	800	1100	1500

续表

职位名称	工作年限	一线城市		
		25 分位值	中位值	75 分位值
临床总监	10+	750	1000	1200
项目经理	6+	450	550	650
人员管理经理	5+	400	450	600
临床监察员	3+	280	320	360
质量稽查/控制经理	7+	350	450	550

（三）医疗器械领域市场及人才需求趋势

2022 年，医疗器械行业受全球经济下行、国内疫情反复及带量采购范围不断扩大等多因素综合影响，整体状态较为低迷，各类企业以不同态势抵御行业下行风险。外资企业对组织结构进行调整及优化以加强成本控制；同时通过积极寻求业务模式创新、新技术的加速导入、产品本土化等手段寻找业务新增长点。总体来看，医疗器械行业整体人才需求相对平稳，未见有大规模的需求扩张。器械方向，外资企业以常规的替换性岗位为主要需求，如市场职能、销售职能、注册职能，但与此同时，对常规岗人选的综合能力要求已悄然变高，企业对人选的业务创新能力、带量采购情况应对能力、本土化能力及项目管理能力都有更高的要求；民营企业对于研发人员、注册人员、海外营销人员的需求更为显著。体外诊断领域，外资企业中高端营销岗位人才需求呈现下滑趋势；国内公司研发人员需求趋于平稳，新技术方向及实验室自动化领域高管及技术人选需求增多。随着海外新冠疫情形势趋于平稳，国内单一业务企业出海业务增长空间受限，海外销售人员呈现一定的饱和状态。

从人才获取手段来看，不同类型企业引才方式各异。外资企业主要依靠企业间人才流动及校招生内部培养方式相结合，而内资企业的市场部高层级人才有相当一部分依赖于成熟外资企业的人才流出，具有明显偏向性。医疗器械领域人才薪酬如表 3 所示。

表3 大健康行业：医疗器械领域人才薪酬

单位：年，千元

职位名称	工作年限	一线城市		
		25分位值	中位值	75分位值
研发总监	15+	700	1200	1500
IVD研发经理	8+	350	500	800
项目经理	10+	300	450	600
法规经理	8+	300	500	700
工艺经理	8+	400	500	650
质量经理	8+	400	600	800
供应链经理	8+	350	500	800
市场经理	8+	550	850	1100
产品经理	5+	360	550	640
销售总监	12+	700	1200	1500
大区经理	9+	550	800	1000
商务经理	7+	380	500	650
市场准入经理	6+	430	600	750
合规经理	5+	400	600	800

（四）互联网医疗领域市场及人才需求趋势

受全球经济持续低迷影响，互联网医疗整体发展较前几年有暂缓趋势。传统变现渠道增长空间受限之后，各类型互联网医疗企业也放慢了发展脚步，在突破创新和稳中求胜中艰难抉择，行业内部分龙头公司已着手多点布局，增多生意方向寻找突破口，一改单纯互联网医院销售药企渠道变现的模式，向商业保险业务、药品福利管理（PBM）等不同方向转型或扩大布局。目前，数字疗法方向、药品福利管理（PBM）方向以及信息化方向正在稳步发展。其中，数字疗法方向尤为热门，越来越多的公司开始布局相关业务，并初具规模，在未来，数字疗法这一风口将会持续下去，从而引来更多的企业与投资方进入赛道，持续创造人才需求。

从行业发展延伸到人才需求端来看，有几类人才的需求正在蓬勃发展。

首先，数字疗法方向的公司身处热门新赛道，对专业型人才需求量较大，并要求其同时具备医疗及互联网两方面的工作经验；其次，同时掌握互联网医疗知识与熟悉保险、特药产品的复合型人才因符合整体行业发展方向，需求也较为旺盛；此外，拥有互联网医疗背景，在渠道管理及 BD 方向有资深经验的人选也是市场热点人群。从人才需求层次来看，中高层级别的人选仍是板块内的热门需求，由于其既承担了带领团队开拓市场等工作，又需要具备向上沟通、对企业负责的综合能力，相对年轻的高潜人选成为各家企业抢夺的主要对象。从职能需求来看，技术型人才作为企业的发展基础和支撑，目前人才需求仍十分旺盛；而近几年的营销方向人选已处于饱和状态，企业目前多处于精选人才、选优选精的谨慎状态。

处于不同阶段的企业对于人才的要求呈现一定差异：成长型企业更看重人选的突破性及成熟度，以期人才与公司共同发展，倾向于挖掘更多有经验、有想法的人才；成熟型企业偏向于依托平台或产品优势吸引更多的年轻高潜或成熟稳重类型的人才，以巩固企业目前的发展。互联网医疗人才薪酬如表 4 所示。

表 4 大健康行业：互联网医疗人才薪酬

单位：年，千元

职位名称	工作年限	一线城市		
		25 分位值	中位值	75 分位值
首席执行官	15+	2600	3500	4800
首席科学家	15+	2800	3600	5800
首席医学官	15+	1600	2050	2550
首席运营官	15+	1500	1950	2850
首席营销官	15+	1200	1600	2500
BD 业务负责人	10+	800	1200	1600
数字疗法负责人	10+	800	1200	1800
营养学科专家	5+	400	800	1200
心理学科专家	5+	700	1000	1500
行为学科专家	5+	600	800	1000
运动生理学科专家	5+	350	650	1000

（五）整体大健康行业薪酬趋势

医药营销领域，整体受行业下滑影响，薪资自然涨幅在 5%~6%，跳槽涨幅维持在 15%~20%。细分来看，策略方向与零售方向的岗位薪资涨幅相较更高，而销售管理岗位的涨薪区间有所下滑。

医药研发板块整体薪酬趋势基本保持平稳，大厂优势明显，有竞争力岗位自然涨幅保持在 2%~10%，跳槽涨薪平均保持在 20%~30%，与往年相比，2022 年平薪跳槽案例比例有所提高。

医疗器械板块，受整体经济及医疗市场环境的影响，行业薪酬增长平缓，对比上年，各职能薪酬无明显变化，跳槽薪资涨幅维持在 20%~25%，工厂职能方面的涨幅进一步受限。

互联网医疗板块，受整体市场遇冷、资本方投资行为谨慎等因素影响，整体薪资涨势与前几年相比稳中略降。其中，战略规划、创新支付、产品设计、产品项目经理等职能薪资上涨最快，涨幅在 20%~30%；市场营销、医生拓展等职能薪资涨幅较为平稳，维持在 20%~30%；销售职能受到冷落，薪资涨幅在 10%~25%。

二　金融行业

（一）投资领域市场及人才需求趋势

从宏观经济来看，疫情的持续反复、美国等主要经济体的加息等国内外负面因素使内生经济增长动力明显不足，股票市场、债券市场都有不同程度的下跌，各类持牌金融机构在这一调整期纷纷积蓄力量，明确业务发展方向，夯实核心投资能力。二级市场方面，热度较往年略有下降，但各金融机构根据自身发展战略夯实投资研究能力：银行理财在权益、量化、资产配置投资研究方面进行能力建设，其"固收+"类产品规模也大幅攀升，目前仍在转型、磨合阶段；公募基金与券商基金将发展重点放于资产配置、基金投顾业务，行业基金投顾牌照的发放量已有明显增幅，各机构纷纷组建基金投顾业务团队，而业务进程目前整体处于初期阶段；信托和基金子公司也在不断提升固定收益投资管理能力，各企业纷纷在产品端与技术端提升自身研究水平。

产品与研究需求催生了人才需求。从人才需求来看，受资产配置、混合型产品的需求旺盛影响，"固收+"、基金投顾、资产配置、衍生品、量化投资等领域均出现蓬勃的人才需求。

二级投资方向，股权投资市场2022年整体节奏放缓，无论是募资来源还是投资行业等均发生了不同程度的结构调整。从募资规模与基金类型来看，募资规模整体表现平稳，创投基金与成长基金规模占比较大，受市场不及预期影响，早期基金占比较小；同时，人民币基金成为募资主流，美元基金投资下降幅度较大。从投资行业来看，投资目前集中在IT、半导体等硬科技方向及以"双碳"为主题的新能源、新材料等领域，而前几年较为火热的消费、互联网、医疗健康等行业投资出现明显下降，同时各大机构开始重点布局海外并购类业务。从退出方式来看，目前，主要退出渠道仍以IPO为主，与此同时投资机构的退出方式选择渐趋多元化，如并购、股权转让、回购等。

从人才需求来看，由于市场整体节奏放缓，目前机构更倾向于选择有资源或有相关产业背景的候选人。从岗位来看，具备一定资源以及对业务了解程度较深的投资者关系（IR）相关人才、具备资源拉动项目退出的人才备受行业青睐；而投资端人才需求聚焦在"双碳"、硬科技等领域。投资领域人才薪酬如表5所示。

表5 金融行业：投资领域人才薪酬

单位：年，千元

职位名称	工作年限	一线城市		
		25分位值	中位值	75分位值
投行部总经理	10+	3000	5000	8000
债权/股权团队负责人	6~10	500	1000	1500
保荐代表人	4~8	500	800	1500

职位名称	工作年限	一线城市		
		25 分位值	中位值	75 分位值
投行项目负责人	3~5	500	800	1500
投行质控	3~5	300	500	600
基金经理	8+	1000	3000	20000
基金经理助理	5+	500	800	2000
高级研究员	6~10	400	600	1000
研究员	3~5	200	400	600

（二）投行领域市场及人才需求趋势

投行业务稳健发展，实现逆势增收。从股权类融资方向来看，A 股 IPO 企业数量有所减少，整体发行规模保持平稳；港股 IPO 业务发行规模同比下降幅度较大。从债券类融资方向来看，业务发行规模同比变化较小。从具体项目方向与发行主体来看，受宏观宽松调控政策影响，国债、地方政府债发行规模同期增幅明显，公司债、企业债变化幅度较小；资产证券化业务收缩较多。

从投行未来发展方向来看，注册制等一系列的制度创新及北交所的逐步扩容在为企业上市融资提供更方便渠道的同时，也为投行业务带来全新的发展机遇。同时，在人民币全球化进程与金融市场放开力度不断加大的大背景下，外商机构通过与国资金控平台合作、设立合资券商等方式加入国内券商赛道，进一步提升了市场活跃度。

从人才需求类型而言，具有技术背景的专业型人才与自带业务资源的资源型人才仍是投行领域的主要需求，岗位集中在项目负责人与承揽岗位。从人才流动趋势来看，投行的头部效应在人才市场上也有显著表现。头部券商自身更为庞大的资金流、更有优势的国际化资源及业务条线的丰富度不断吸引人才，随着业务规模的扩大与人员队伍的不断扩充，整个投行的人员薪酬出现较大幅度的提升。投行领域人才薪酬如表 6 所示。

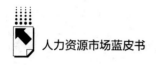

表6 金融行业：投行领域人才薪酬

单位：年，千元

职位名称	工作年限	一线城市		
		25分位值	中位值	75分位值
合伙人	18+	3000	10000	13000
董事总经理	12~18	2000	8000	10000
执行总经理	8~12	1000	5000	6000
副总裁	5~8	800	2500	3000
经理	3~5	600	1000	1500
分析员	1~3	400	500	800

（三）整体金融行业薪酬趋势

作为实体经济助推剂的金融行业作用凸显，行业薪酬稳中有进；但受整体行业步入调整期影响，薪酬增长节奏较往年有所放缓，不同板块表现各异。投行、金融科技领域薪资涨幅明显，巨大的市场需求助力板块人才薪酬持续攀升；其余如一二级投资、风控板块运营平稳，整体薪酬呈现稳定态势。

三 汽车行业

（一）新能源三电领域市场及人才需求趋势

三电领域是新能源汽车动力系统技术核心，在新能源汽车继续保持良好发展势头的当下，三电领域整体发展前景广阔，各车企普遍注重技术端的前瞻预研与跨界技术的创新融合，力图在自身产品落地、上下游产业链拓展等方面探索更多合作与互补的可能。

目前智能制造、数字化转型、集成架构、矿业溯源、储能系统、电力电子等均为板块热门领域。从人才需求来看，不同公司由于战略重心不同产生了不同的人才需求。电池厂将在智能制造、工艺开发、储能研发等领域布局，因此对这几块领域人才产生较大需求；传统三电领域在汽车厂持续扩招的背景下，高压架构、三电系统集成等岗位成为热需；电力电子企业随着客户群体和产品的应用流向发生变化，加速布局储能尤其是户储的应用；电池企业也进入储能赛道，产生储能研发人才的需求；而各方都在加速布局充换电业务，从而产生了相应人才缺口。

从具体职能需求来看，高压系统集成、嵌入式软件开发、电芯研发、电力电子研发、工艺开发、数字化职能人才需求旺盛；而 Pack 结构设计、测试验证、生产运营等职能人才需求出现一定的饱和。

从人才流动趋势来看，由于目前新能源三电板块逐渐产生数字化人才的相关需求，因此人才主要从已有一定数字化基础及数字化氛围浓厚的公司流入汽车行业，如大型制造企业、互联网企业等。新能源三电领域人才薪酬如表 7 所示。

表 7　汽车行业：新能源三电领域人才薪酬

单位：年，千元

职位名称	工作年限	一线城市		
		25 分位值	中位值	75 分位值
新能源研发总工	18+	800	1000	1500
电驱动系统总监	18+	750	1150	1550
电驱动软件开发经理	10+	450	600	850
电驱动硬件设计经理	12+	450	600	780
新能源汽车项目经理	10+	500	600	700
动力电池总监	15+	800	1100	1500
BMS 开发经理	12+	500	600	800
电控系统总监	12+	700	1100	1500
电机设计经理	10+	450	600	700
充电开发专家	10+	450	600	800
四驱系统专家	15+	700	900	1100
车身轻量化专家	15+	700	900	1100
整车认证经理	8+	380	500	600
整车架构专家	8+	600	800	1000
热泵系统专家	10+	800	1100	1500

职位名称	工作年限	一线城市		
		25分位值	中位值	75分位值
车身域控专家	10+	1200	1500	2000
底盘线控专家	10+	1200	1800	2000

（二）智能网联领域市场及人才需求趋势

随着数字化等高新技术的快速升级，各车企纷纷深耕打造智能化、网联化汽车体系，提升自身产品的核心竞争力，智能汽车成为汽车行业未来的新趋势，智能网联板块发展炙手可热，智能驾驶算法、智能座舱、安全技术等均为板块内热门领域。不同企业2022年在智能网联领域均有发力，从人才需求来看，外资公司整体需求较为稳定；国内主机厂因投入大量资金自行建立从技术平台技术到应用软件技术的研发团队，在智能驾驶、智能座舱、车联网、造型和设计领域人才需求较大；而创业科技公司需求有所紧缩。从需求层级来看，目前需求主要偏向于具备核心能力的技术骨干及能胜任新业务团队搭建的中高级人才。从赛道来看，智能网联整体在平台技术、安全技术、算法、智能座舱产品、软件技术领域有较为旺盛的人才需求，而传统零部件领域需求已达饱和。从职能来看，产品经理、用户增长相关人才及平台软件职能人才需求上升较为明显。智能网联领域人才薪酬如表8所示。

表8 汽车行业：智能网联领域人才薪酬

单位：年，千元

职位名称	工作年限	一线城市		
		25分位值	中位值	75分位值
智能座舱研发总监	10+	800	1000	1200
智能座舱产品总监	10+	800	1200	1500
智能座舱项目总监	10+	700	1000	1200
车载软件架构师	10+	450	600	800
语音开发专家/经理	8+	400	600	800

续表

职位名称	工作年限	一线城市		
		25分位值	中位值	75分位值
导航产品总监专家/总监	8+	400	600	800
平台开发专家/经理	5+	300	500	800
自动驾驶产品总监	10+	1000	1500	2000
自动驾驶研发经理	5+	800	1000	1500
自动驾驶架构师	8+	800	1000	1200
自动驾驶算法工程师	5+	500	700	1000
仿真工程师/专家	5+	500	800	1000
路径规划算法专家	5+	500	700	800
slam算法专家	5+	600	800	900

人才获取途径受领域发展情况影响而各有不同。目前在新业务领域，企业偏向于招揽有相关经验或技术的成熟型人才以助力自身的蓝海拓展；而传统业务领域主要倾向于通过校招内部培养解决。

从人才流动趋势来看，大量主机厂在新技术的持续发力下逐渐从传统制造业向出行类科技公司转型，也使得越来越多的人才从互联网公司、科技类公司流入汽车行业。

（三）整体汽车行业薪酬趋势

汽车行业进入休整期，车企人才薪酬跳槽涨幅基本低于30%，尤其是从低迷的造车新势力企业走出来的员工会面临降薪或平薪的风险。

新能源三电板块整体薪酬无明显变化，受宏观经济影响，薪酬涨幅审批普遍较为严格，涨幅一般为15%~22%。从细分职能来看，电力电子、嵌入式软件开发职能薪酬上涨较快；三电系统集成、工艺职能薪酬维持平稳；而仿真、生产职能薪酬有所下降。

智能网联板块领域整体薪酬呈上升趋势，跳槽平均涨幅维持在20%~25%，其中，产品、技术领域的核心人才薪资增幅较为明显。

人力资源服务

Human Resources Service

B.17

北京高职院校2022届人力资源管理
毕业生就业状况分析

——以北京L校为例

郑振华*

摘 要： 本文以北京高职院校L校人力资源管理专业110名毕业生的问
卷调查为基础，分析了他们的就业状况。结果显示，样本毕业
生就业行业覆盖面广，主要分布在16个行业，集中在服务业，
尤其以人力资源服务业隶属的商务服务业占比最高（23%），
就业单位类型中民营企业最多，就业单位呈现分散性、单一化
特点，86.3%的公司只招聘1名毕业生，就业岗位以招聘、人
事服务、培训、社保为主。毕业生自身对知识、能力、素质需
求分析显示，最应加强的六大知识是劳动经济学、劳动政策法
规、企业管理、人力资源管理、管理沟通、人力资源服务，最

---

* 郑振华，北京劳动保障职业学院副教授，主要研究方向为人力资源服务、人力资源统计。

应加强的七大职业能力是人际交往、团队合作、心理抗压、语言表达、逻辑思维、学习领悟、组织协调能力，最应加强的六大素质是责任意识、爱岗敬业、吃苦耐劳、细致耐心、诚实守信、科学严谨。

关键词： 高职院校　人力资源管理专业　就业　北京

2022年，全国高校毕业生达到1076万人，同比增加167万人，高校毕业生首次超过千万。根据2022年高等职业教育专科拟招生专业设置备案结果，全国开设高职人力资源管理专业的院校共227家，毕业生规模超过12000人，高职人力资源管理专业毕业生也面临企业用人需求缩减、实习就业均受疫情影响等严峻形势。为了解2022届人力资源管理专业毕业生就业情况，笔者在2022年6月对北京某高职院校L校人力资源管理专业110名毕业生进行了问卷调查，内容主要包括就业行业、企业及工作岗位分布、薪资水平、职业技能证书、岗位知识、能力、素质需求等情况。

一　调查基本情况

L校2022届人力资源管理专业毕业生共284名，其中，贯通培养学生108人，占38.0%，此部分毕业生升至本科院校继续深造，不涉及就业问题；高职层次毕业生共176人，其中，专科升普通本科32人，占18.2%，高于往年的录取比例，2人参军入伍，毕业之后就业的有142人。本次调查共调查毕业生110人，问卷有效回收率100%，覆盖了该类型毕业生的77.5%。从性别分布来看，调查样本以女生为主，占60.9%（见表1、表2）。

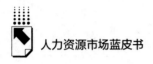

表1　2022届人力资源管理专业毕业生分布

单位：人，%

类型	学生人数	比例
贯通培养	108	38.0
高职层次	176	62.0
合计	284	100.0

表2　样本性别构成

单位：人，%

类型	学生人数	比例
男	43	39.1
女	67	60.9
合计	110	100.0

二　就业状况分析

（一）就业单位情况

1.就业地区分布

从就业地区来看，93.6%的毕业生选择在北京就业，仅有7人选择回生源地就业，外地生源选择留京工作意愿高。从京内就业区域分布来看，覆盖北京14个区县，朝阳区、昌平区、海淀区三个区累计占比达55.3%，其中，朝阳区就业人数比例最高，达25.2%。此与朝阳区人力资源服务机构分布较为集中有一定关系，目前，朝阳区人力资源服务机构数量超1500家，约占北京市机构总量的60%。之后，由于学校主校区在昌平区，选择在昌平区就业的比例为16.5%。然后，在海淀区就业的占13.6%（见表3、表4）。

表3　就业地区分布

单位：人，%

地区	学生人数	比例
北京	103	93.6
非北京（生源地）	7	6.4
合计	110	100.0

表4　京内就业区域分布

单位：人，%

地区	学生人数	比例
朝阳区	26	25.2
昌平区	17	16.5
海淀区	14	13.6
丰台区	7	6.8
通州区	6	5.8
东城区	6	5.8
大兴区	5	4.9
延庆区	5	4.9
怀柔区	5	4.9
房山区	3	2.9
顺义区	3	2.9
西城区	2	1.9
平谷区	2	1.9
石景山区	2	1.9
合计	103	100.0

2. 就业单位类型分布

调查样本中去企业就业的比例为57.3%，其中，民营企业最多为40.0%，之后是国有企业占10.0%，然后是外资企业占7.3%，去政府机构和事业单位的比例合计为9.1%，不足10%（见图1）。从不同性别对比分析来看，男生选择民营企业的比例远高于女生，男生为55.8%，而女生为29.9%。

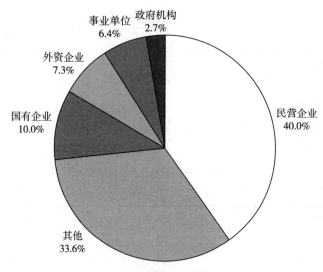

图1　毕业生就业单位类型分布

3. 就业行业分布

毕业生就业行业覆盖面广，主要分布在 16 个行业，集中在服务业，就业人数最多的前五个行业依次为：租赁和商务服务业（23.0%），信息传输、软件和信息技术服务业（14.4%），批发和零售业（13.7%），居民服务、修理和其他服务业（11.5%），住宿和餐饮业（5.8%），占比均超过5%（见图2）。租赁和商务服务业占比遥遥领先，是由于超过 1/5 的毕业生就业去向为人力资源服务机构。从近几年的就业数据来看，人力资源管理专业毕业生就业单位相对分散，组织内部人力资源管理岗位招聘毕业生呈现单一化，86.3% 的公司只招 1 名毕业生，仅有 6 家公司招聘 2~4 人，而人力资源服务机构的需求旺盛，2022 年一家人力资源服务公司最多招聘人数达 4人，实现了小批量的就业，从近五年数据来看，一家人力资源服务公司最多招聘人数达 7 人。据统计，2022 年北京市经营性人力资源服务机构总数3096 家，比上年增加 529 家，行业从业人员数量为 67951 人，比上年增加9288 人，增速达 15.8%，营业收入增速高达 10.1%（见表5），说明行业的快速发展带来了对人才的大量需求，人才呈现供不应求的现象。

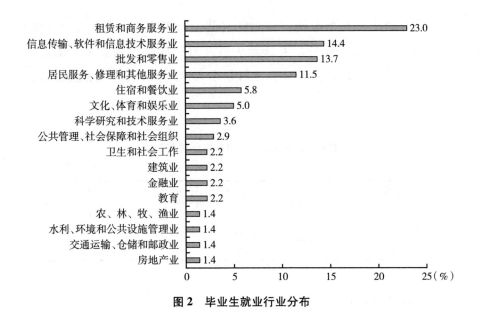

图2　毕业生就业行业分布

表5　北京市经营性人力资源服务机构及从业人员数量

年份	机构数（家）	比上年增加（家）	比上年增长（%）	从业人员数量（人）	比上年增加（人）	比上年增长（%）	营业收入（亿元）	比上年增加（亿元）	比上年增长（%）
2021	2567	—	—	58663	—	—	3469	—	—
2022	3096	529	20.6	67951	9288	15.8	3819	350	10.1

资料来源：北京市人力资源和社会保障局官网，http：//rsj. beijing. gov. cn/。

（二）就业岗位情况

1. 就业对口情况

调查样本中选择从事人力资源管理相关工作的比例为50.9%（见表6），刚过一半，而实际的就业对口率应高于此。人力资源管理专业人才培养目标岗位群主要面向政府企业事业单位内部的人力资源管理专业岗位群和人力资源服务机构的专业业务岗位群。学生对于人力资源管理相关工作多理解为组织内部的人力资源管理六大模块或者三支柱业务，而对于外部的人力资源服务岗位认知度偏低，比如劳务派遣、人力资源外包、高级人才寻访等业务。未选择从事人力资源管理相关工作的原因，居首位的是公司安排，占37%，之后是个人兴趣及特长和职业发展的需要，均占22.2%。

表6 是否从事人力资源管理相关工作

单位：人，%

选项	学生人数	比例
是	56	50.9
否	54	49.1
合计	110	100.0

2. 工作领域分布

选择从事人力资源管理相关工作的56名毕业生中，从事招聘工作的人数最多，共35人，占62.5%，占比遥遥领先，之后是从事入转调离等人事服务、人事档案、培训工作的，均占26.8%，然后是社保、绩效考核，分别占21.4%和19.6%，从事HRBP和工资核算及福利管理的比例均为14.3%，从事数据分析的比例仅占5.4%（见图3）。可见，招聘、培训、人事服务等方便上手的工作是从事最多的，而绩效考核、薪酬、HRBP等工作要求较高，从事比例较低，而对于数据分析对数据洞察分析能力要求更高的工作则鲜有涉及。

由于毕业生刚参加工作，有29人仅从事一项工作，占51.8%，有12人从事两项工作，占21.4%，从事三项工作及以上的占26.8%。由此可见，人力资源管理专业的毕业生从事的工作领域呈多样化，需要培养复合型的人才。

（三）薪资水平情况

调查的样本毕业生月平均薪资主要在6000元以下，占89.1%，尤其以5000元以下最多，占73.6%，超过1万元的仅有4人，占3.6%（见表7）。

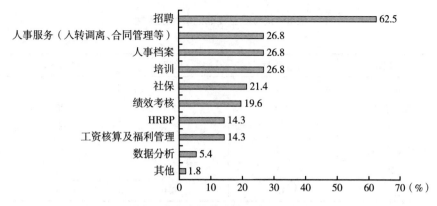

图3 人力资源管理毕业生工作领域

经过加权计算的月平均薪资为5077.3元，与全国高职同类专业相比，如表8所示，高于2021届毕业生月平均薪资水平789.3元。

表7 毕业生月平均薪资水平

单位：人，%

月平均薪资	学生人数	比例	累计比例
5000 元以下	81	73.6	73.6
5000~6000 元	17	15.5	89.1
6000~7000 元	5	4.5	93.6
7000~8000 元	2	1.8	95.5
8000~10000 元	1	0.9	96.4
10000 元及以上	4	3.6	100.0
合计	110	100.0	—

（四）职业技能证书情况

调查的毕业生认为职业技能证书对工作比较重要及非常重要的比例占70.9%，其中，近一半的学生认为非常重要，认为比较不重要和不重要的仅占5.4%（见表8）。

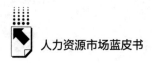

表8 认为职业技能证书的重要性

单位：人，%

重要性	学生人数	比例	累计比例
非常重要	48	43.6	43.6
比较重要	30	27.3	70.9
一般	26	23.6	94.5
比较不重要	1	0.9	95.5
不重要	5	4.5	100
合计	110	100.0	—

在本专业最应考取的职业技能证书中，位居第一的是企业人力资源管理师占77.3%，之后是人力资源共享服务1+X证书，占64.5%，然后是劳动关系协调员和薪税师，均占28.2%，再就是职业指导员占26.4%（见表9）。可见，职业技能证书对毕业生未来的工作还是比较重要的，学生对职业技能证书比较重视。目前，人力资源管理专业能考取的1+X证书除了人力资源共享服务外，还有人力资源数字化管理和薪酬管理。95.5%的毕业生希望学校组织、协助学生考取职业技能证书，调查中也发现很多学生对于职业技能证书考试信息不够了解，自己报考存在难以分辨官方报考网站及考试资料等现象，缺乏专业人士的指导和帮助。

表9 本专业最应考取的职业技能证书

单位：个，%

证书名称	个案数	比例
企业人力资源管理师	85	77.3
人力资源共享服务1+X证书	71	64.5
劳动关系协调员	31	28.2
薪税师	31	28.2
职业指导员	29	26.4
其他	2	1.8
合计	249	—

（五）就业岗位知识、能力、素质需求对比情况

1. 需掌握和应强化的知识或技能

通过对比分析发现，毕业生认为岗位需掌握的知识或技能居前六位的是人力资源管理（52.7%）、人力资源服务（51.8%）、管理沟通（47.3%）、劳动政策法规（46.4）、人力资源管理六大模块（42.7%）、劳动经济学（39.1%），而应强化的知识或技能居前六位的是劳动经济学（46.4%）、劳动政策法规（41.8%）、企业管理（39.1%）、人力资源管理（38.2%）、管理沟通（35.5%）、人力资源服务（33.6%）（见表10）。对比分析来看，"需掌握"和"应加强"的知识或技能具有很大的重复性，值得关注的是劳动经济学作为理论性比较强的课程，在两者中均有一席之地，也充分说明了在高职阶段开设的必要性，这与毕业生对工作现象的理论解释需求不无关系。从二者对比来看，数据分析与运用、劳动经济学、数学逻辑和企业管理是需要重点加强的。

表 10　岗位需要掌握和应加强的知识或技能对比

单位：%

知识或技能	需掌握的知识或技能	应加强的知识或技能	应加强-应掌握
人力资源管理	52.7	38.2	-14.55
人力资源服务	51.8	33.6	-18.18
管理沟通	47.3	35.5	-11.82
劳动政策法规	46.4	41.8	-4.55
人力资源管理六大模块	42.7	33.6	-9.09
劳动经济学	39.1	46.4	7.27
企业管理	36.4	39.1	2.73
计算机办公软件与互联网应用	25.5	17.3	-8.18
项目管理	22.7	19.1	-3.64
流程管理	18.2	14.5	-3.64
心理学	17.3	17.3	0.00
人文社科知识	12.7	9.1	-3.64
外语	9.1	20.9	11.82
数据分析与运用	8.2	16.4	8.18
创新创业	6.4	4.5	-1.82
其他	5.5	4.5	-0.91
数学逻辑	3.6	10.9	7.27

2.需掌握和应加强的职业能力

需掌握和应加强的职业能力分布大致类似，应加强的职业能力占比大部分明显低于应掌握的占比。认为需掌握的职业能力居前七位的有语言表达（84.5%）、人际交往（78.2%）、团队合作（67.3%）、心理抗压（66.4%）、学习领悟（46.4%）、信息处理分析（39.1%）、逻辑思维（39.1%）；认为应加强的职业能力居前七位的有人际交往（52.7%）、团队合作（50.9%）、心理抗压（50.9%）、语言表达（50.0%）、逻辑思维（36.4%）、学习领悟（30.9%）、组织协调（30.9%），同样两者呈现较大的相似性（见表11）。二者对比来看，职业规划能力、解决问题、文书写作、创新能力是岗位需要，个人需要进一步提升的。

表11 岗位需掌握和应加强的职业能力对比

单位：%

职业能力	需掌握的	应加强的	应加强-应掌握
语言表达	84.5	50.0	-34.5
人际交往	78.2	52.7	-25.5
团队合作	67.3	50.9	-16.4
心理抗压	66.4	50.9	-15.5
学习领悟	46.4	30.9	-15.5
信息处理分析	39.1	30.0	-9.1
逻辑思维	39.1	36.4	-2.7
组织协调	37.3	30.9	-6.4
灵活应变	31.8	24.5	-7.3
情绪管理	21.8	18.2	-3.6
解决问题	18.2	22.7	4.5
创新能力	15.5	18.2	2.7
文书写作	12.7	16.4	3.7
职业规划能力	8.2	14.5	6.3

3. 需掌握和应加强的素质

应加强的素质除细致耐心和其他选项外，均低于需掌握的素质，说明毕业生对素质的自我评价良好。从岗位应掌握的素质来看，居于前六位的是责任意识（66.4%）、爱岗敬业（64.5%）、吃苦耐劳（58.2%）、诚实守信（57.3%）、遵纪守法（46.4%）、安全保密（44.5%）；而从应加强的素质来看，居于前六位的是责任意识（44.5%）、爱岗敬业（43.6%）、吃苦耐劳（40.0%）、细致耐心（38.2%）、诚实守信（34.5%）、科学严谨（30.9%）（见表12）。对比分析来看，责任意识、爱岗敬业、吃苦耐劳、诚实守信选择是一致的，而细致耐心和科学严谨是毕业生关注应加强的素质。通过对比人力资源管理从业人员职业守则和人力资源服务从业人员的服务准则来看，诚实守信、爱岗敬业、遵规守纪、严谨求是是该专业从业人员应具备的主要素质（见表13），与毕业生的选择大致相同。

表 12 岗位需掌握和应加强的素质对比

单位：%

素质	需掌握的	应加强的	应加强-应掌握
责任意识	66.4	44.5	-21.9
爱岗敬业	64.5	43.6	-20.9
吃苦耐劳	58.2	40.0	-18.2
诚实守信	57.3	34.5	-22.8
遵纪守法	46.4	23.6	-22.8
安全保密	44.5	28.2	-16.3
科学严谨	38.2	30.9	-7.3
细致耐心	38.2	38.2	0.0
政治觉悟	35.5	26.4	-9.1
服务意识	31.8	25.5	-6.3
身心健康	16.4	16.4	0.0
人格健全	15.5	10.9	-4.6
公平公正	15.5	15.5	0.0
其他	0.0	0.9	0.9

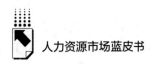

表 13　人力资源管理和人力资源服务从业人员职业守则/服务准则对比

职业	职业守则/服务准则
人力资源管理从业人员	①诚实公正,严谨求是 ②遵章守法,恪尽职守 ③以人为本,量才适用 ④有效激励,促进和谐 ⑤勤勉好学,追求卓越
人力资源服务从业人员	①遵守法律规定; ②遵守行规、行约和相关规章制度; ③掌握相关业务理论知识,熟悉工作流程和岗位要求; ④按公共服务规则或约定事项办理相关服务,重承诺、守信用; ⑤遵守保密要求,不应泄露用人单位和个人的相关信息

资料来源:①企业人力资源管理师国家职业标准（2019 版）;②人力资源服务机构能力指数（GB/T 33860-2017）。

（六）工作中运用较多、帮助大的专业课程分析

在工作中运用较多、帮助大的十大专业课程中,劳动法位居第一,占比53.6%,超过一半,之后为劳动经济学（43.6%）、人力资源管理基础技能训练（35.5%）、薪酬管理（34.5%）、招聘与测评（33.6%）、员工关系管理（30.0%）、绩效管理（28.2%）、管理沟通（27.3%）、员工培训与开发（23.6%）、人力资源服务（20.9%）,占比均超过 20%（见图 4）。此与教育部公布的《高等职业学校人力资源管理专业国家教学标准》确定的七门专业核心课（人力资源管理基础、招聘与测评实务、薪酬管理实务、绩效管理实务、培训管理实务、劳动法理论与实务、人力资源市场服务）高度吻合。

三　调查结论

（一）毕业去向以就业和升学深造为主,单位正规就业比例高

从 2022 届人力资源管理专业毕业生整体来看,选择就业和升学深造的比

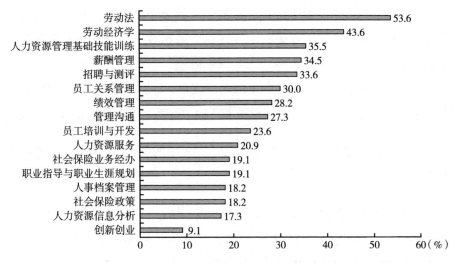

图4 工作中运用较多、帮助大的专业课程排序

例各占半壁，其中，贯通培养学生升至首都经济贸易大学本科的108人，高职学生升至北方工业大学本科的32人，共计140人，约占毕业生总量的49.3%，剩余毕业生在单位正规就业占绝大比例，极少数毕业生自谋职业，如灵活就业、参军、创业等。建议继续扩大专科升入本科的比例，并将高职人力资源管理专业纳入升本的专业，实现专业对口接续，而非仅仅当前的工商管理或会计专业，以满足学生继续深造的需求和单位用人的能力要求。

（二）京内就业意愿高、覆盖区域广，以服务业、民营企业为主

京外学生留京就业意愿高，就业区域覆盖北京大部分区县，主要集中在朝阳区、昌平区、海淀区，此与学校位置和人力资源服务机构区域分布有一定关系。就业行业分布广，主要覆盖16个行业，就业行业比例最高的是人力资源服务业隶属的商务服务业，就业单位类型以民营企业比例最高。

（三）就业呈现组织内部分散性、单一化和人力资源服务机构相对批量化特点

人力资源管理专业毕业生的主要就业方向为组织内部的人力资源管理

和组织外部的人力资源服务岗位。从就业人数分布来看，呈现组织内部分散化的特点，86.3%的毕业生一个人在不同公司就业，而人力资源服务机构受行业快速发展等因素影响，人才需求旺盛，表现为小规模的批量用人需求。但整体来说，与工科类专业相比，该专业存在分散性、单一化特点。建议进一步稳定和增强与人力资源服务机构的联系，推动学生批量化就业。

（四）毕业生初次工作领域以招聘、人事服务、人事档案、培训等为主

毕业生就业工作以招聘、人事服务、人事档案、培训等方便上手的工作最多，而对于绩效考核、HRBP 等工作要求较高的比例较少，而对于数据分析对数据洞察分析要求更高的工作鲜有涉及。建议根据工作岗位情况对相应专业课程的课时分配进行合理设置。

（五）毕业生工作岗位对理论与实务类专业知识均有需求

毕业生认为最应加强的六大知识是劳动经济学、劳动政策法规、企业管理、人力资源管理、管理沟通、人力资源服务。毕业生在工作中不仅仅需要学习人力资源管理六大模块和人力资源服务的核心课程，也需要学习像劳动经济学这样的理论课程。劳动经济学作为人力资源管理专业的理论课，无论是从事岗位应该掌握的、应该加强的，还是工作中帮助最大的，被选择比例均居于前列。由此，也说明开设劳动经济学专业课程的重要性。除此之外，劳动政策法规、管理沟通等是应重点加强的知识或技能，还应关注数据分析、数学逻辑、企业管理方面的学习。

（六）毕业生认为最应加强的七大职业能力是人际交往、团队合作、心理抗压、语言表达、逻辑思维、学习领悟、组织协调能力

就业岗位所需掌握的职业能力和毕业生认为应加强的能力具有高度的一致性，毕业生认为最应加强的是人际交往、团队合作、心理抗压、语言表达、逻辑思维、学习领悟、组织协调能力。从需要掌握的和应加强的能力对

比来看，职业规划能力、解决问题、文书写作、创新能力是差距较大的，需要进一步提升。

（七）毕业生认为最应加强的六大素质是责任意识、爱岗敬业、吃苦耐劳、细致耐心、诚实守信、科学严谨

毕业生认为最应加强的前六大素质是责任意识、爱岗敬业、吃苦耐劳、细致耐心、诚实守信、科学严谨。通过岗位需要掌握的、应加强的素质和人力资源管理及人力资源服务从业人员职业准则/服务准则对比来看，核心素质主要包括诚实守信、爱岗敬业、遵规守纪、严谨求是，与毕业生的选择大致相同，说明毕业生对从事岗位素质要求和自我评价有清醒的认知，需要教学过程中结合当前的课程思政建设加强素质方面的培养。

参考文献

石玉峰、田德纲、王巧莲：《高职人力资源管理专业人才培养数字化升级研究——基于354名毕业生调查数据》，《产业创新研究》2022年第3期。

李琦、肖红梅：《高职人力资源管理专业调研报告——侧重于HR人才培养供给侧研究》，《北京劳动保障职业学院学报》2018年第1期。

石玉峰：《基于人力资源管理与服务产业数字化升级的高职人力资源管理专业人才培养调查研究》，《北京劳动保障职业学院学报》2022年第3期。

B.18
北京地区人力资源服务机构
创新发展现状分析

沈志歆*

摘　要： 本文以北京地区经营性人力资源服务机构数据统计和北京人力资源服务行业协会创新发展需求调研数据为基础，从北京地区人力资源服务机构营收规模、数字化建设、参与就业和人才服务、赴全国各地开展业务情况等方面，对北京地区人力资源服务机构创新发展的情况进行了分析，并结合行业环境变化进行了展望。研究发现，北京地区的人力资源服务机构发展近阶段呈现了四个特点：一是以数字化建设提升服务能力，增强机构竞争力；二是开始在全国开设分支机构，在京外寻找业务下沉支点；三是在市场化商业运营的同时，重视社会公益服务；四是开拓海外人才市场，积极参与全球人力资源服务贸易竞争。

关键词： 数字化　专精特新　人力资源服务　国际贸易　北京

2022年12月，人力资源和社会保障部印发《关于实施人力资源服务业创新发展行动计划（2023~2025年）的通知》，强调以习近平新时代中国特色社会主义思想为指导，紧紧围绕就业优先战略、人才强国战略和乡村振兴

---

* 沈志歆，北京人力资源服务行业协会秘书长，人力资源服务京津冀区域协同地方标准办公室副主任，《北京人才》杂志编委委员，主要研究领域为人力资源服务行业发展、人力资源服务产业园建设。

战略，培育壮大市场主体，强化服务发展作用，建强集聚发展平台，增强创新发展动能，提升开放发展水平，夯实行业发展基础，营造良好发展环境。2023 年 4 月，北京市人力资源和社会保障局印发《北京市人力资源服务业创新发展行动计划（2023-2025 年）》，指出以产业引导、政策扶持和环境营造为重点，培育壮大市场化就业和人才服务力量，加快提升人力资源服务水平，进一步激发市场活力和发展新功能，促进劳动力、人才顺畅有序流动，为首都高质量发展提供有力支撑。

一　总体情况

近年来，北京地区人力资源服务业健康发展，尽管新冠疫情对社会经济造成了冲击，但是三年来北京地区人力资源服务机构数量与从业人员数量都稳步增长，为首都经济建设提供了保障。

（一）行业发展规模

一直以来，北京地区人力资源服务业的客户逐年增加。相比于 20 余年前以外企为主和 10 余年前外企与国企并重的客户结构，近些年北京地区的民营企业也已经普遍习惯于使用人力资源服务。

一方面，各类型中小企业越来越多地主动选择人力资源服务机构为之提供服务，原因之一是大多数创业者在创业前于知名企业工作，对于人力资源服务机构的服务熟悉且认可；原因之二是创业者进一步接受将企业非核心业务外包给专业化机构，而不是由企业内的综合管理人员来操作（一般中小企业并没有专业的人力资源管理者，通常是将行政、人事、财务、采购等多项工作交由一人或一个部门完成）。另一方面，中大型企业对于猎头、咨询、测评等高端业态的需求越来越旺盛，在这些领域服务的企业数量在增加、专业化质量在提高。

由此，北京地区人力资源服务业营收规模持续增长，截至 2022 年底，营收规模达 3819 亿元（见表 1），近年的复合增长率保持在 10% 以上。这个数据无论是和其他大的行业分类比较，还是和商务服务业内的其他细分行业比较，都是十分优秀的。

表 1　2020~2022 年北京地区人力资源服务业发展的基本情况

项目	2020 年	2021 年	2022 年
经营性机构数量（家）	2460	2567	3096
从业人员数量（人）	50012	58663	67951
营收规模（亿元）	3113	3469	3819

（二）数字化建设情况

1. 招聘网站注册用户数量

一般而言，招聘业务不是行业内最赚钱的业态，它并不能为机构直接提供较多的营业利润，但是你会发现全球任何一家著名的人力资源服务企业、世界 500 强公司都十分重视招聘业务线，因为招聘业务一直是人力资源服务业所有服务内容的起点，为各细分领域提供业务流量。所以大多数中大型人力资源服务机构都设有专门的招聘网站。2022 年招聘网站注册用户数量达到 100 万以上的机构占比 3.68%，而无招聘网站的机构数量也有 80.15%（见表 2）。

表 2　2022 年北京地区人力资源服务机构招聘网站的注册用户情况

单位：%

招聘网站累计注册人数	达到左侧列表注册人数的机构占比
1 亿以上	0.74
1000 万~1 亿元	1.47
100 万~1000 万元	1.47
100 万以下	16.18
无招聘网站	80.15

2.数字化平台建设

21世纪初，人力资源服务机构曾经历过一段信息化建设的时期，信息化建设内容更多是以满足内部需求，企业自身降本增效为主，如企业网站、客户CRM系统、企业OA系统等。伴随着客户需求增长，近年来数字化建设又成为新的浪潮，以SAAS平台为基础，以移动互联网的App、微信小程序为载体，以针对外部服务，为客户企业提供人力资源一站式解决方案，提升企业员工应用体验为重点。目前，已经完成数字化平台建设并投入使用的机构占比仅是8.09%，尚有近70%的机构并没有相关的建设计划（见表3）。

表3　人力资源服务机构数字化平台建设情况

单位：%

数字化建设情况	占比
已经投入使用	8.09
正在建设中或近期有计划	22.06
无建设计划	69.85

（三）专精特新认定

人社部、北京市人社局发布的人力资源服务业发展计划都明确指出，鼓励人力资源服务机构申请"专精特新"企业，相关认定有利于人力资源服务机构的高质量发展及获得政府的政策支持。人力资源服务机构的热情较高，已经被认定或有计划申请的机构比例达25%（见表4）。

表4　"专精特新"企业认定情况

单位：%

认定情况	占比
已经被认定	4.41
近期准备中,有计划申请	20.59
无计划	75

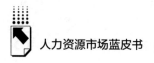

（四）在外省市设立分支机构情况

在国家建立统一大市场的大背景下，为了更好地满足企业自身发展和全国性客户需求，以及应对业务合规化，北京地区的人力资源服务机构即将迎来一轮全国分支机构扩张的热潮。

一方面，大型机构的扩张需求进一步增强。我国人力资源服务业发展之初，由于行业政策性强，各地市场割裂，机构接到全国性业务时只能采用按地区分包转包的模式进行操作，例如北京外企（FESCO）、中智集团等机构建立起了庞大的全国业务分包管理团队，也有的称为 B 类业务以区别于机构在本地区直接操作的业务。近十年间极个别民营企业例如众合云科、云生集团等完成了在国内大多数地级市的直营分支机构的布局，但是前者行业内领先的分支机构还暂时以各省省会城市为主。2022 年开始几家著名机构逐步在 A 股登陆，如 2022 年的上海外服、2023 年的北京外企，以及已经在上海证券交易所递交招股说明书的中智集团。另外，人力资源服务业内其他细分领域例如猎头、数字化平台的领先企业也在大量融资和上市中。伴随着资本实力的增强，以及各地政府对人力资源服务业的欢迎度增长，下一个三年一定是人力资源服务头部机构全国性布局的关键时间节点。

另一方面，中小型机构开始出现在外地设立分支机构的需求。我国人力资源服务业在南北方存在一定差异，具象到国内两个行业发展的风向标城市——北京和上海，两地的中小人力资源服务机构的服务模式和战略方向差异较大。这种区别源于两地机构所服务客户的不同。以服务外资企业、江浙地区民营企业为主的上海人力资源服务机构，由于客户对机构不断降本增效的期望和上海地区业务的竞争性更强，在前几年纷纷在全国各地完成分支机构的布局；以服务国有企业、北京地区总部企业为主的北京人力资源服务机构，由于客户对于服务机构的长期稳定性要求更高，同时愿意为之付出更多的服务溢价，所以一直更多关注北京地区的业务争夺，较少考虑在京外设立分支机构。但是，由于竞争的进一步升级，以及近期各地行业操作合规化要求的提升，北京地区的中小型机构也开始尝试探索如何在京外设立直营网点，这种趋势在增强。

从调研中可以看到，已经有近28%的机构已经或计划赴外省市设立分支机构（见表5）。从意向城市来看，其中既有上海、广东、重庆等一、二线省份，也有辽宁、河北、陕西、河南、湖北、贵州、云南、海南等多个其他省份。

表5　北京地区人力资源服务机构赴外省市设立分支机构情况

单位：%

设立情况	占比
已经设立	16.91
有计划设立	11.03
暂时无计划	72.06

（五）开展共享用工、灵活就业等业务情况

近年共享用工、灵活就业等新业态的人力资源服务业务在行业机构内的业务占比逐年提升，国内部分省份的龙头企业已经出现以该方面业务为主的人力资源服务机构。从行业创新发展角度看，对该方面业务的发展要加以重视。北京地区机构开展共享用工、灵活就业等业务相对较晚，当前已经开展或有计划开展的机构比例约为33%（见表6）。

表6　开展共享用工、灵活就业等业务情况

单位：%

开展情况	占比
开展过	6.62
有计划开展	26.47
暂时无计划	66.91

二　服务发展的情况

人力资源服务业是商务服务业中最重要的一个细分领域，特别要指出的

是行业兼具着经济效益和社会服务化双重属性，尤其在北、上、广等国内发达地区，其中的就业、人才等市场化服务已经成为该领域的主渠道。从调研来看，中大型人力资源服务机构已经积极投身相关工作中，小型机构受自身成长局限参与不多。正确引导人力资源服务机构发挥好社会建设发展效益应是现阶段行业发展的重点课题。

（一）参与社会整体就业与人才工作情况

人力资源服务机构近三年内承接过就业和人才领域相关试点工作（相关领域政府购买服务或相关领域公益服务，包括但不限于招聘活动、政策宣讲、就业培训、就业指导、人才引进、人才服务等）的近15%（见表7）。

表7　近三年内承接过就业和人才领域相关试点工作

单位：%

是否承接过	占比
是	14.71
否	85.29

（二）参与"乡村振兴"工作情况

人力资源服务机构近期开展过或有计划开展围绕"乡村振兴"计划的人力资源服务业务的超16%（见表8）。

表8　围绕"乡村振兴"计划开展的人力资源服务业务情况

单位：%

开展情况	占比
开展过	0.74
有计划开展	15.44
暂时无计划	83.82

（三）参与西部与东北地区人力资源市场建设情况

人力资源服务机构近期开展过或有计划参与西部与东北地区人力资源市场建设机构近 20%（见表 9）。

表 9　有涉及西部和东北地区人力市场建设的业务情况

单位：%

参与情况	占比
参与过	6.62
有计划参与	12.5
暂时无计划	80.88

（四）开展国际人力资源服务贸易情况

从 2021 年上海上交会出现大批人力资源服务机构广宣海外业务，2022 年商务部、人力资源和社会保障部等七部门评选认定首批 12 家国家级人力资源服务产业园为国家人力资源服务出口基地，我国人力资源服务业正在进一步开放发展，并且形成人力资源服务领域国际竞争新优势。人力资源服务机构伴随中国企业"走出去"，在 2023 年的机构盈利信息中相关业务已经开始成为重要的利润来源之一。

从当前的业态情况看，国际人力资源服务贸易主要分布于招聘猎头人才服务类业务和海外外包派遣类业务两大领域。北京地区人力资源服务机构已经开展或有计划开展国际人才服务业务（含国际人才引进、赴国外开展人才交流活动、外籍人才服务等）的超过 20%（见表 10）。

表 10　国际人才服务业务开展情况

单位：%

开展情况	占比
开展过	5.88
有计划开展	14.71
暂时无计划	79.41

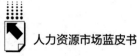

海外外包派遣类业务需要在境外所涉及服务的国家和地区设立分支机构，当前已经或有计划赴境外设立分支机构的也有7%以上（见表11）。意向地区以欧洲和东南亚地区为主，欧洲较为看重英国、荷兰，东南亚地区看重新加坡、马来西亚、印度尼西亚等国家。

表11　赴境外设立分支机构情况

单位：%

设立情况	占比
已经设立	2.21
有计划设立	5.15
暂时无计划	92.65

三　小结

北京地区人力资源服务机构的发展近阶段呈现了四个特点：一是以数字化建设提升服务能力，增强机构竞争力；二是开始在全国开设分支机构，在京外寻找业务下沉支点；三是在市场化商业运营的同时，重视社会公益服务；四是开拓海外人才市场，积极参与全球人力资源服务贸易竞争。在人社部、北京市人社局发布的行动计划的指导下，北京地区人力资源服务机构的创新发展任重道远，将在未来几年中培育出与国际领先企业并驾齐驱的行业龙头。

B.19
人才集团的发展、战略定位和战略选择

程 功 董庆前*

摘　要： 人才集团是近年来新兴的人力资源服务机构，也是当前我国人才工作高质量发展的重要探索，是地方政府人才工作的重要抓手。本文从人才集团区域分布、注册资本、股权结构以及主要业务方面简述了近年来人才集团的发展状况。研究发现，人才集团具有功能性和经营性两大性质；从区域实践来看，人才集团主要承担三大职能分别为人才引育留用服务、人力资源外包等基础人力资源服务和人才投资、产业投资等创报服务；根据人才集团的功能定位以及竞争市场环境的分析，本文提出了人才集团未来的发展战略，即对同行或业务相近企业，在本区域实施内部整合、区域外开展战略合作。

关键词： 人才集团　战略定位　战略选择

根据《中华人民共和国 2022 年国民经济和社会发展统计公报》的数据，2022 年末全国人口比上年末减少 85 万人。与此同时，与 2010 年相比，每 10 万人中具有大学文化程度的人数由 8930 人上升为 15467 人。按照人力资本理论，受教育程度高低是决定人力资本高低的最重要因素，这就意味着我国人口的质量也在逐步提高，人才红利不断上升。经济要发展，就要把人才作为第一资源、第一资本、第一推动力，大力挖掘人才红利，发挥各类人才在科

---

* 程功，诚通人力资源有限公司党委书记、董事长，研究方向为人力资源管理；董庆前，博士，诚通人力资源有限公司战略投资（产业培育）部高级项目经理，研究方向为人力资源管理、人力资本及科技创新。

技创新、产业转型升级中的重要作用，促使各类人才在各个领域、各条战线发挥好引领作用。在国内外宏观环境以及中央政策的推动下，各地政府积极探索人才工作的新模式，由政府及相关部门主导设立的人才集团应运而生。

一 人才集团发展现状

根据本文检索数据①，截至 2023 年 3 月，由地方政府整合或新设立的国有或国有控股的人才集团有 122 家，其中省属企业 6 家，分别为山东人才发展集团、河南人才集团、浙江人才发展集团、内蒙古人才控股（集团）、海南人才集团和四川省人才发展集团。从区域分布来看，东、中部较多，其中山东省内人才集团最多，占比 31%，之后是河南、江苏、浙江

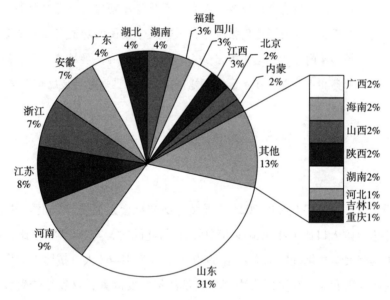

图 1 人才集团的省级区域分布

---

① 数据来源于天眼查，检索日期为 2023 年 3 月 20 日，检索条件设为国有企业，营业状态为存续，同时对主营业务进行筛选，最终获得 122 家有效企业样本。

和安徽（见图1）。从成立的时间来看，2022年之后成立的较多，占比41%，2021年占比24%，2020年和2019年分别占比12%和13%，2018年（含）之前仅占10%，总体可以看出，近三年成立的人才集团呈现越来越多趋势（见图2）。

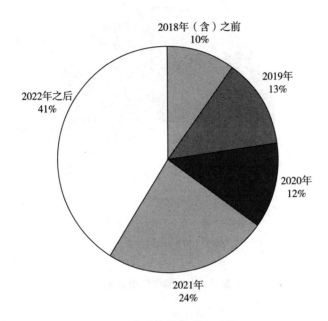

图2 人才集团的成立时间

从注册资本来看，3001万~1亿元的占比最高，达40%，1亿元以上的达27%，超过3个亿元的占比13%（见图3）。注册资本最多的是广州开发区人才教育工作集团，注册资本16亿元。该人才集团是经广州开发区管委会批准组建，于2017年8月注册成立。之后是福州市政府2019年6月批准组建的国有独资的福州市人才发展集团，注册资本10亿元。注册资本500万元及以下的以县（或区）人才集团为主。

从股权结构来看，以本地独资为主，占比69%，本地合资占比23%，内外（区域内外）合资的占比8%（见图4）。内外合资又包括两种：一是与外地人才集团合作，如青岛人才集团是由青岛城投集团和深圳人才集团合资成立，内蒙古人才控股（集团）由广州人才集团和内蒙古国有资本运营有限公司合资成立；二是与行业龙头企业合作，海南人才集团由海南省发展控股有限公司和国投集团旗下国投人力资源服务有限公司共同成立。

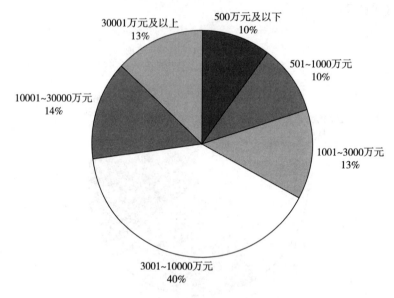

图3　人才集团注册资本

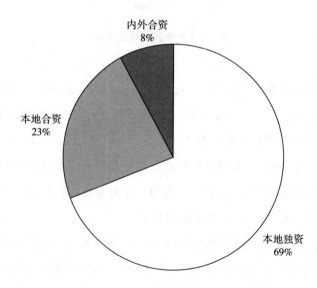

图4　人才集团的股权结构

从业务范围来看，主要集中在两个方面：一是人才服务，主要包括人才招聘引进、人才培训、人才测评、人才会展活动、人才数字化平台建设、人力资源服务外包、人才智库建设、人才公共服务等，这部分内容基本涵盖了政府常规性人才服务职能和市场化人力资源服务机构的主要业务；二是科创服务，主要包括人才投资、人才基金运营、人才园区运营等领域。

二 人才集团战略功能定位

企业的战略反映了一个企业对外部环境的判断及其自身定位。企业战略的制定和选择是依据企业本身功能、资源、实力以及外部市场环境来选择适合的经营领域和产品，形成自己的核心竞争力，并通过差异化在竞争中取胜。

（一）自身功能定位分析

从现有的资料梳理中看出，人才集团主要是在政府及有关部门的授权范围内，以出资投资、采用市场化运营方式，经营城市与人才相关的业务，兼具功能性（公共性）和经营性（营利性）双重性质，是城市 HR 和城市整体人才工作方案的供应商。人才集团作为新型的人才服务机构，除了具有市场化营利性职能，同时还承接政府的功能性公共服务外包工作，这就决定了人才集团除了营利，还需要满足地方人才引进、产业培育、社会就业等发展需求，其战略定位具有多元性。

从具体各地区的基本功能定位看，人才集团的基本功能也主要集中在三个方面：一是区域城市人才引进、人才服务、人才公益活动等；二是市场化人力资源服务，如招聘、人事代理、服务外包、咨询、职业教育培训等；三是创投服务，包括产业投资、人才投资、产业园投资运营等（见图5）。以省级海南人才集团为例，四个功能分别为自贸港人才战略的市场化实施主体、人才发展体制机制的改革创新主体、重大人才项目的投资运营主体和高

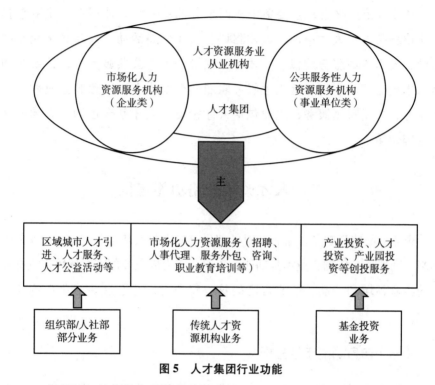

图5 人才集团行业功能

资料来源：笔者根据相关资料整理。

端人才资源配置服务主体。可以看出其功能一是为海南自贸港服务的，自贸港人才战略是海南省人才发展的重大战略，海南人才集团的首要功能是服务于省级人才战略；功能二兼顾了两个功能，一是政府人才体制机制改革，二是政策实践的主体，兼有政府和市场化双重功能；功能三就是明显的投资功能；功能四也是偏向政府功能。深圳市人才集团的"4+4+4"战略：第一个"4"——打造"粤港澳大湾区人才创新园""三个一百+名校校长论坛""大数据+档案城"和"人才自由港"，主要是为城市服务的功能性业务；第二个"4"——业务范围从深圳到大湾区，再到全国和全球，显然这个更多的是偏向市场化的业务；至于第三个"4"——四个目标，其市场性更为明显（见表1）。

表 1　部分人才集团的定位和功能

类别	功能定位
海南人才集团	四功能：①自贸港人才战略的市场化实施主体；②人才发展体制机制的改革创新主体；③重大人才项目的投资运营主体；④高端人才资源配置服务主体
河南人才集团	"全生态产业链、全生命周期服务、全数字化驱动"的市场化人才服务模式和"人才+服务+资本+科技+产业"的多元化发展路径
内蒙古人才控股（集团）	四平台：人才开发引进的市场化支撑平台、人才生态服务的数字化智慧平台、人才基金投资的专业化运营平台和人才高地建设的国际化合作平台；"人才、产业、科技、资本、服务"的"五位一体"高层次人才市场化支撑平台
山东人才发展集团	四平台：集聚海内外高端人才的功能型实施平台、贯穿人才发展全链条的一站式服务平台、激发人才创新创业活力的市场化支撑平台和打造人才最优生态的综合性运营平台等职能定位
浙江人才发展集团	四平台：①全省人才高地建设的国际化合作平台；②全球高端人才引聚的市场化支撑平台；③全方位人才资本开发的专业化运营平台；④全生命周期人才服务的数字化创
深圳市人才集团	"4+4+4"战略：打造"粤港澳大湾区人才创新园""三个一百+名校校长论坛""大数据+档案城"和"人才自由港"；业务区域：深圳、大湾区、全国和全球；目标实现"百亿集团""全国一线猎头品牌""全国优秀基层党组织"和"千亿级产业联盟"
广州人才集团	坚持"立足湾区，面向全国，放眼世界"，力争在 3~5 年，成为国内领先的全产业链综合人才服务标杆企业和国际知名人力资源服务机构
武汉人才集团	三功能：城市高端人才引聚主平台、全国人才高地建设大平台、国际人才交流合作新平台

资料来源：笔者根据相关资料整理。

（二）外部市场环境分析

企业的战略选择，除了要基于自身的功能定位，还要考虑企业的外部市场环境。从人才集团的市场竞争对手来看，根据企业性质以及背景的不同，目前我国人力资源服务业参与者主要分为国有、外资、民企三类。整体来看，三大国有企业［中智、上海外服和北京外企（FESCO）］的人事代理服务业务市场占有率较高，它们大多成立于 20 世纪 80 年代，具有较强的规模和品牌优势，基本垄断国内人事代理市场。外资企业和优秀民企在中高端人才访寻、招聘流程外包、灵活用工等细分领域占有领先地位。而人才集团主要是近年来出现的，是人力资源服务行业的新生力量，在区域市场、政府资源对接以及政府人力资源的市场化服务业务承接等方面具有优势（见表2）。综合来看，就我国人力资源服务市场而言，能够提供全面解决服务方案、技术优势明显、具备国际市场扩张能力、具备品牌及客户积累优势的头部企业有望在人力资源服务市场竞争中胜出。

表 2　国内人力资源行业竞争格局

类别	形式	成立时间	代表企业	优势	劣势
人才集团	国有企业	十九大至今（集中在2020年前后）	海南、河南、浙江、山东、深圳、武汉、青岛等的人才集团	政府主导投资、区域统治力较强；对政府政策和区域市场环境相对熟悉	起步晚、域外竞争力弱；产业链条分散
市场化人力资源服务机构	国有企业	20世纪80年代	北京外企、上海外服、中智等	政府政策支持，人事代理占据了主要市场空间，规模和品牌优势强	细分业务发展不足，国际化水平不足
	外资企业	21世纪初	任仕达、外企德科等	国际经验充足，高端猎头业务发达，人员素质高，品牌优势明显	本地化程度不足，难以快速适应本地市场变化
	民营企业	20世纪90年代	科锐国际、锐仕方达、猎聘网、猎上网	熟悉本土市场，终端业务发达，具备资本支持，实现商业模式创新	顾问单产水平较低，国际化水平不足；市场尚不规范，服务标准化不足

资料来源：笔者根据相关资料整理。

从表2可以看出，人才集团虽然起步相对较晚，但仍具有一定的优势，如政府相关部门主导投资、区域市场具有品牌效应；对政府政策和区域人文社会环境相对熟悉。政府的背景，使人才集团能够在政府购买人才工作社会化方面具有一定的优势，再加上地方人才集团一般都会参与地方的人才规划和政策制定，对地区的人才发展战略相对熟悉，易于较早开展地区业务布局。但人才集团的地域属性非常明显，基本都是以区域为边界建立的区域性人才服务机构，与传统人力资源服务机构相比，其业务市场空间相对狭窄。

因此，人才集团在进行战略选择时，对于区域内市场而言，首先应该通过兼并整合，做大企业规模，实现规模效应，扩大市场占有率，快速扭转人才集团的"起步晚""市场知名度不高"等先天性劣势；同时，集中优势，做出拳头产品，通过产品创新和技术赋能，增强自身优势。对域外市场而言，由于人才集团的区域属性较强，在区域外面临同行竞争劣势，需要走差异化产品和市场道路，同时，可以通过与当地人才集团以及其他人力资源服务机构合作、合资等方式，提升自己在区域外的市场竞争力（见图6）。

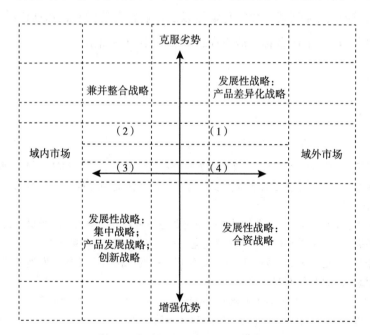

图6 人才集团的区域内外战略选择

但可以预见，随着我国对外开放的力度不断加大，人力资源服务行业竞争会越来越激烈，传统的国企、私企和外资等市场化人力资源服务机构经过多年的积累，在品牌、技术、人才以及经验等方面拥有强大的优势，这对于人才集

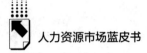
团的发展具有极大的挑战。人才集团只能首先立足于本地区的市场规模、利用自己优势，做好政府功能性人才业务，努力在产才投资方面有所作为，同时选择自己擅长领域，通过技术赋能，借助政府资源，有效整合当地税务、工商、银行等泛人力资源服务，提供全产业链条服务，快速做大做强。

小 结

目前，人才集团在我国人力资源服务市场扮演着重要角色。要想在激烈的人力资源服务市场竞争中占有一席之地，必须清楚自身所处的市场环境，明确自身的优势劣势，才能选择适合的战略模式，进而开发、集聚、整合创新要素，通过制度创新、数字化赋能以及产业融合等活动，拓展产品和服务市场，形成自身企业品牌，最终在行业竞争中脱颖而出。

参考文献

覃黄莉：《新时代背景下人才集团的发展路径》，《中国人才》2021 年第 11 期。

田永坡、李琪：《我国人才集团发展背景、基本情况和对策》，《中国人事科学》2021 年第 11 期。

徐军海：《推进人才发展集团功能变革与业态创新》，《中国人才》2022 年第 7 期。

吴影跃：《"城市 HR"：人才高维度竞争》，《决策》2022 年第 5 期。

余李平：《完善国资布局 服务产业发展——地方国有人才集团发展模式浅析》，《上海国资》2022 年第 6 期。

张利华：《人才集团探索人才服务新路径》，《中国人才》2021 年第 3 期。

《人才集团大有可为》，《上海国资》2021 年第 9 期。

《人才集团助推人才工作市场化》，《中国人才》2021 年第 567（03）期。

B.20
领导个性测验调查分析

苏永华*

摘　要： 本文使用诺姆四达近六年"领导个性测验"数据，对不同性别、年龄、学历、行业、企业性质的管理者人群的个性倾向进行分析，以帮助企业更精准地把握管理人员的个性特征。统计分析发现，管理者具有突出的责任心、内归因、合群性和自律性。从行业上看，科技互联网行业的管理者坚韧、自律且乐群；汽车行业的领导者管理意愿强、具有开拓创新精神且自律自强；金融行业的管理者更明显地具有乐群性、责任心和灵活性；交通运输服务业的管理者则具有明显的合群、外向和责任心强的特征。从企业性质上看，国企管理者管理意愿更强，合资（外资）企业的管理者具有更强的创新性和灵活性，而民营企业的管理者在工作中的成就意愿更强。

关键词： 领导个性　个性测验　人力资源

一　领导个性测验概述

（一）领导个性测验内涵及意义

企业领导者在组织中扮演着重要的角色，是带领企业实现组织目标的核

---

* 苏永华，心理学博士，诺姆四达集团董事长，教授，主要研究领域与方向为组织管理心理学、人才评价与选拔、领导心理学与领导力发展、企业人力资源管理体系构建。

人力资源市场蓝皮书

心人物，其管理行为的有效性直接影响组织的经营绩效。以往众多的研究发现领导者个性特质与领导者的工作绩效存在一定相关性，基于对领导者个性的测量可对其工作行为和绩效进行预测。因此，诺姆四达集团针对企业领导者的工作特点，开发了领导个性量表 LPI（Leadership Personality Inventory），适用于各层级的企业领导管理人员，包括企业领导者、各部门负责人、一线主管、项目经理等。该量表采用自陈题，测量与企业领导者工作绩效或管理绩效密切相关的个性特质。通过测验可以较全面地了解被评价者的领导个性表现，为企业领导者的甄选、培训提供依据。

LPI 有着重要的理论和实践意义。在理论层面，个性是个体所具有的独特的、稳定的对待现实世界的态度及行为模式，反映了一个人的行为方式和思维特点。LPI 聚焦企业领导者在工作中的个性特质，从工作实际需求出发，为客观测量企业领导者在工作中的个性倾向，提供了科学的工具。在实践层面，个性的独特性、稳定性，及其对人的行为模式所产生的深远影响，使其成为有效预测个体和团队工作绩效的良好变量。LPI 从企业人才评价的实际需求出发，重点考察与领导者工作绩效密切相关的个性特质，帮助企业和领导者准确认识其个性特征样貌，为高潜力人才鉴别、领导班子组建、职业经理人选聘等企业用人决策，以及领导人员的个人职业发展提供可靠的参考依据。

（二）LPI 模型说明

1. LPI 模型结构

由于 LPI 是用于发现高绩效的企业管理者，鉴于以往的研究表明大五人格特质对领导力具有显著的预测力，因此，根据大五人格的分类原理，将 LPI 的个性维度分成 5 个大类，并从测评的实际需要出发，分别命名为：管理意愿、开拓进取、开放包容、勇担责任、心理调适，这五个大类构成了 LPI 的结构模型，具体如图 1 所示。

2. LPI 指标

领导个性量表（LPI）包含 16 项人格特质维度指标，如表 1 所示。

294

图 1 LPI 模型

表 1 领导者个性测验指标定义

指标分类	指标名称	指标定义
管理意愿	灵活性	个体根据不同场合调整自己的行为方式,喜欢变化多样的任务或环境的倾向
	自主性	个体在工作中喜欢依靠自己的力量完成任务,不喜欢依赖别人或受人干预的倾向
	支配性	个体在工作中喜欢处于领导位置,组织和指挥其他同事开展工作的个性倾向
	内外向	个体的个性倾向性指标,用来描述一个人的个性的内外向性
开拓进取	进取性	个体不满足于现状,坚持不懈地追求新的目标的蓬勃向上的心理状态
	主动性	个体倾向于积极采取行动,而不是依靠他人催促、监督开展工作的心理品质
	创新性	个体根据需要,引起创造前所未有的事物或观念的动机
	成就性	个体追求自认为重要的、有价值的工作,并使之达到完美状态的倾向
开放包容	合群性	个体喜欢与人交往、愿意融入群体的倾向
	宽容性	个体体谅他人,无偏见地容忍与自己的观点不一致的意见的倾向
勇担责任	责任心	个体在工作中,对待任务态度认真负责,善始善终,将分内的工作妥善完成
	自律性	个体在工作过程中自我约束、遵循规则的品质
	坚韧性	个体在任务遇到困难时,坚持不懈地去实现既定目标的心理品质

指标分类	指标名称	指标定义
心理调适	自信心	个体对自己是否有能力成功完成工作任务的信心程度
	情绪稳定性	个体及时控制与调节自己的情绪,维持情绪相对稳定的心理品质
	内外控	个体对于事情成功或失败所采取的原因分析方式

3. LPI 信效度及结果呈现

LPI 各分量表的 Cronbach'α 系数介于 0.55~0.73,效标关联效度达 0.6 以上,结构效度指标均达到统计水平,结构模型较为合理。在实证效度追踪中,选择了多家企业的管理人员测试者进行跟踪调查,人才甄别吻合度等级为"完全吻合"的比例分布范围为 0.237~0.50,"基本吻合"的范围为 0.816~1.00,由此表明采用 LPI 来衡量领导个性特质是比较准确、有效的。

测验的结果采用标准九分制,即平均数为 5、标准差为 2 的标准分数,得分越高,说明测评人员的领导个性因素越突出。因个性特质反映的是"适不适合"的问题,故在实际测评应用中,领导个性指标得分越高,通常说明越适合该管理岗位。

二 领导个性测验数据分析

(一)数据来源与分析对象

基于诺姆四达线上测评系统的数据库,选取 2017 年 1 月至 2022 年 12 月,来自 11 个行业 3 大类企业中具有代表性的企业的测评结果进行综合分析,数据总量为 126826 个。

从测评年份上看,2017~2022 年的测评数据占比分别为 13.99%、9.23%、11.64%、32.35%、14.28%、18.52%(见图 2)。

从性别上看,超六成(64.91%)的被测评者为男性,女性被测评者占

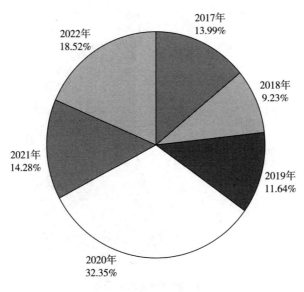

图 2　测评数据年份分布

比为 35.09%（见图 3）。从年龄上看，被测评者中"90 后""80 后""70 后""60 后"的占比分别为 45.37%、40.43%、12.22% 和 1.98%（见图 4）。

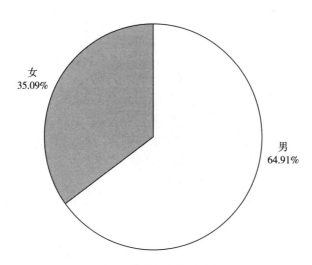

图 3　被测评者性别分布

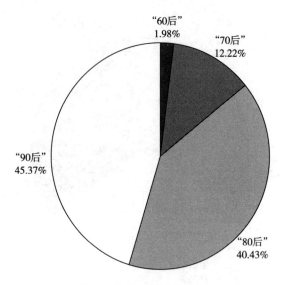

图4 被测评者年龄分布

从学历上看，超五成（57.38%）的被测评者为本科学历，大专及以下学历占比 29.33%，硕士学历占比 12.89%，博士及以上学历占比 0.40%（见图5）。

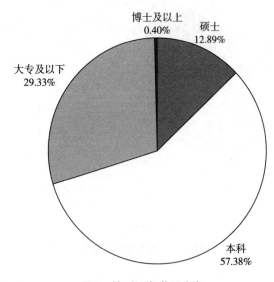

图5 被测评者学历分布

从行业分布上看，被测企业分别来自科技互联网、汽车产业、商务服务业、金融产业、交通运输服务业、能源产业、零售快消、装备制造、建筑房产、信息产业、医药健康，其中科技互联网（18.47%）、汽车产业（14.61%）、商务服务业（14.41%）、金融产业（13.91%）、交通运输服务业（10.41%）占比较大（见图6）。从企业性质上看，民营企业占比51.59%，国有企业占比45.84%，合资（外资）企业占比2.56%（见图7）。

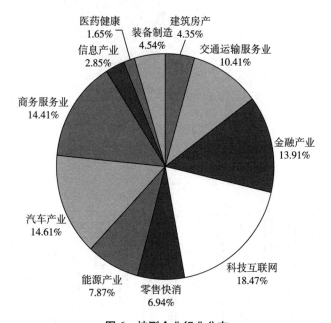

图6 被测企业行业分布

（二）历年测评数据分析

1.总体测评数据分析

从2017~2022年测评结果来看（见图8），管理者在责任心（6.18）、合群性（6.17）、内外控（5.80）、自律性（5.66）上得分较高，在宽容性（4.69）上得分最低。

数据表明，被测管理者普遍对工作投入度高，勇于担责，乐于交往，严

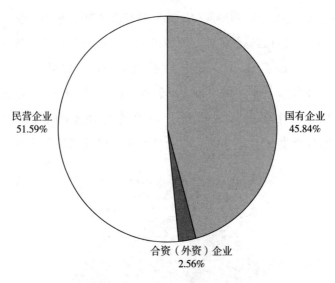

图 7 被测企业企业性质分布

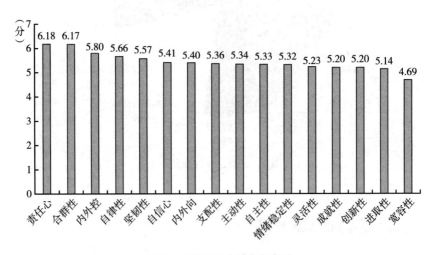

图 8 总体领导个性指标得分

以律己，遇事倾向于从自身寻找成败的原因，并且相信工作成果取决于努力程度。除此之外，被测管理者也表现出对他人要求严格，对犯错的容忍度低的特点。

2.历年测评数据分析

数据显示，合群性（6.41）、坚韧性（5.75）、宽容性（5.06）、情绪稳定性（5.88）、责任心（6.45）、自律性（6.06）、自主性（5.66）这7个指标，在2019年得分明显高于其他年份。然而，领导个性中有15个指标的最低分均出现在2020~2022年。特别是合群性（5.83）、进取性（4.97）、灵活性（4.95）、内外向（4.88）、情绪稳定性（4.54）、责任心（5.82）、支配性（5.12）、主动性（5.13）、自律性（5.41）、自信心（4.92）这10个指标，在2022年得分均低于其他年份（见图9）。

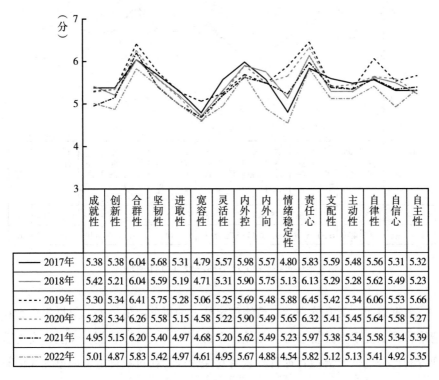

	成就性	创新性	合群性	坚韧性	进取性	宽容性	灵活性	内外控	内外向	情绪稳定性	责任心	支配性	主动性	自律性	自信心	自主性
2017年	5.38	5.38	6.04	5.68	5.31	4.79	5.57	5.98	5.57	4.80	5.83	5.59	5.48	5.56	5.31	5.32
2018年	5.42	5.21	6.04	5.59	5.19	4.71	5.31	5.90	5.75	5.13	6.13	5.29	5.28	5.62	5.49	5.23
2019年	5.30	5.34	6.41	5.75	5.28	5.06	5.25	5.69	5.48	5.88	6.45	5.42	5.34	6.06	5.53	5.66
2020年	5.28	5.34	6.26	5.58	5.15	4.58	5.22	5.90	5.49	5.65	6.32	5.41	5.45	5.64	5.58	5.27
2021年	4.95	5.15	6.20	5.40	4.97	4.68	5.20	5.62	5.49	5.23	5.97	5.38	5.32	5.58	5.34	5.39
2022年	5.01	4.87	5.83	5.42	4.97	4.61	4.95	5.67	4.88	4.54	5.82	5.12	5.13	5.41	4.92	5.35

图9 历年领导个性指标

数据表明，自2019年开始，管理者在情绪稳定性、合群性、责任心、自律性等指标上的得分逐年降低；另外，近三年被测管理者在宽容性指标上的得分均较低。由此推测，新冠疫情为企业带来了较大的生产经营挑战，也使企业的管理者承受了较大的压力，情绪易波动，在工作中亲和力不足，且对其工作精力和积极性也有一定程度影响。

（三）性别对比分析

数据显示，女性管理者在合群性（6.20）指标上的得分高于男性管理者。相反地，男性管理者在其他15个指标上得分均高于女性，如图10所示。

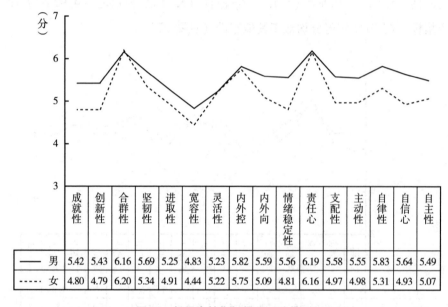

	成就性	创新性	合群性	坚韧性	进取性	宽容性	灵活性	内外控	内外向	情绪稳定性	责任心	支配性	主动性	自律性	自信心	自主性
男	5.42	5.43	6.16	5.69	5.25	4.83	5.23	5.82	5.59	5.56	6.19	5.58	5.55	5.83	5.64	5.49
女	4.80	4.79	6.20	5.34	4.91	4.44	5.22	5.75	5.09	4.81	6.16	4.97	4.98	5.31	4.93	5.07

图10　领导个性指标得分（分性别）

数据表明，男女管理者在情绪稳定性上的得分差值较大，男性管理者在情绪管理上优于女性管理者。另外，在自信心、成就性和创新性上，女性管理者的得分也低于男性管理者，表明女性管理者在自我肯定、成就感和创新意识方面稍显不足。但是，女性管理者的合群性得分高于男性管理者，说明女性管理者更具亲和力，更容易被接纳。

（四）年龄对比分析

数据显示，不同年龄层次的管理者个性各有特点，如图11所示。"60

后"在坚韧性（5.83）和自主性（5.92）上的得分高于其他年龄层的管理者。多数"60后"管理者目前在企业中身处高层，表现出坚韧性、自主性的领导个性特质，这可能与成长年代有关。"60后"一代经历过物质匮乏的岁月，是恢复高考后第一批接受高等教育的，具有吃苦耐劳、甘于奉献、善思考、有主见的可贵品质。

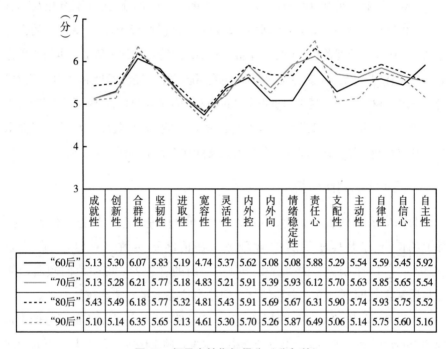

	成就性	创新性	合群性	坚韧性	进取性	宽容性	灵活性	内外控	内外向	情绪稳定性	责任心	支配性	主动性	自律性	自信心	自主性
"60后"	5.13	5.30	6.07	5.83	5.19	4.74	5.37	5.62	5.08	5.08	5.88	5.29	5.54	5.59	5.45	5.92
"70后"	5.13	5.28	6.21	5.77	5.18	4.83	5.21	5.91	5.39	5.93	6.12	5.70	5.63	5.85	5.65	5.54
"80后"	5.43	5.49	6.18	5.77	5.32	4.81	5.43	5.91	5.69	5.67	6.31	5.90	5.74	5.93	5.75	5.52
"90后"	5.10	5.14	6.35	5.65	5.13	4.61	5.30	5.70	5.26	5.87	6.49	5.06	5.14	5.75	5.60	5.16

图 11　领导个性指标得分（分年龄）

"70后"在宽容性（4.83）和情绪稳定性（5.93）上的得分高于其他年龄层的管理者。"70后"是目前企业高层管理者的主力军，他们更善于控制情绪，包容接纳不同的人或事。"70后"一代沐浴着改革开放及市场经济的春风成长起来，经历了中国的现代化，具有探索精神，对新事物持有开放态度，积极乐观。

"80后"在成就性（5.43）、创新性（5.49）、进取性（5.32）、灵活性（5.43）、内外控（5.91）、内外向（5.69）、支配性（5.90）、主动性（5.74）、

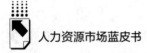

自律性（5.93）、自信心（5.75）上的得分均不低于其他年龄层的管理者。"80后"是目前企业管理者的中坚力量，逐渐走上中层管理岗位，并成为高层管理后备，他们综合素质整体较高，具有较强的管理意愿和开拓进取精神。"80后"是伴随着我国经济快速发展而成长起来的一代，时代提供了大量的机会，他们不受传统观念的束缚，有强烈的进取精神，喜欢有挑战性的工作。

"90后"在合群性（6.35）、责任心（6.49）上的得分高于其他年龄层的管理者，但在成就性（5.10）、创新性（5.14）、支配性（5.06）等指标上的得分略低。"90后"管理者有亲和力、乐群、热情，对待工作认真负责，也勇于承担后果，但管理意愿、成就感及创新性不高。随着社会经济发展和"以人为本"管理理念的树立，企业越来越重视干部选拔和培养的科学性，"90后"管理者也因此受益，其带队伍、工作落实等方面的素质得以提升。多数"90后"目前承担着基层管理工作，在成就感、创新性、支配性上尚未得到完全展现。

（五）学历对比分析

数据显示（见图12），大专及以下学历的管理者在内外控（6.01）指标上的得分高于其他学历的管理者，在情绪稳定性（4.51）、自信心（4.93）等14个指标上的得分低于其他学历的管理者。说明他们倾向于从自身因素上找问题，具有奋斗精神，但是自信心不足，情绪较易波动。

本科学历的管理者在坚韧性（5.53）、内外控（5.81）指标上的得分低于其他学历的管理者，其他指标得分处于中间水平。硕士研究生及以上学历的管理者在除内外控指标外的其他15个指标上的得分均高于其他学历的管理者。数据表明，本科及硕士研究生及以上学历的管理者情绪更稳定，自信水平高，同时也更具创新意识和自主性。

（六）行业对比分析

本部分选取了测评数据量较多的科技互联网、汽车行业、金融行业、交通运输服务业四个行业进行重点分析。

1. 科技互联网业

本部分数据主要来源于高新技术企业（60%）和互联网/电子商务企业

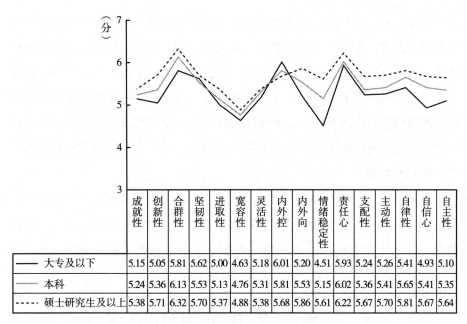

	成就性	创新性	合群性	坚韧性	进取性	宽容性	灵活性	内外控	内外向	情绪稳定性	责任心	支配性	主动性	自律性	自信心	自主性
—— 大专及以下	5.15	5.05	5.81	5.62	5.00	4.63	5.18	6.01	5.20	4.51	5.93	5.24	5.26	5.41	4.93	5.10
—— 本科	5.24	5.36	6.13	5.53	5.13	4.76	5.31	5.81	5.53	5.15	6.02	5.36	5.41	5.65	5.41	5.35
---- 硕士研究生及以上	5.38	5.71	6.32	5.70	5.37	4.88	5.38	5.68	5.86	5.61	6.22	5.67	5.70	5.81	5.67	5.64

图 12　领导个性指标得分（分学历）

（40%）。数据显示，该行业管理者在合群性（5.95）、内外控（5.92）、责任心（5.90）、坚韧性（5.44）、自律性（5.41）、内外向（5.31）上得分较高；在宽容性（4.48）、情绪稳定性（4.68）上得分较低（见图13）。

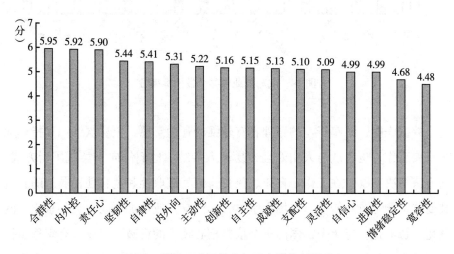

图 13　科技互联网行业领导个性指标得分

数据表明，该行业的管理者在工作中乐群、热情，倾向于内归因，对待工作投入度高，在困难面前不退缩，自我克制能力较强。同时，对他人要求严格，情绪容易波动。作为新兴产业，科技互联网行业的技术变化快、市场竞争激烈、用户需求多变、开放创新性更强。因此，该行业管理者不仅需要能够洞察和应对市场变化，还需兼顾团队管理、业务需求、信息技术等的相互协同，进而也使得该行业的管理者具有坚韧、自律、乐群的领导个性倾向。

2.汽车行业

数据显示，汽车行业的管理者在责任心（6.59）、支配性（6.58）、合群性（6.47）、自律性（6.42）、内外向（6.39）、创新性（6.31）上得分较高，在进取性（5.22）、宽容性（5.52）上得分较低（见图14）。

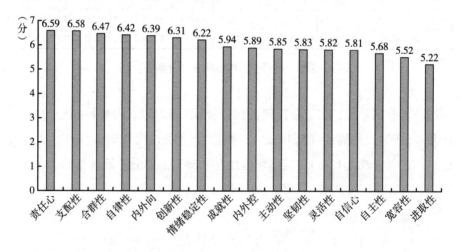

图14　汽车行业领导个性指标得分

数据表明，汽车行业的管理者有较强的管理意愿，更喜欢组织和指挥他人开展工作，也喜欢与人相处且容易被人接纳。他们倾向于尝试用新方式、新方法解决问题，在工作中自律、负责，但其进取性和宽容性稍弱。随着科技变革、能源范式转变、市场竞争加大，汽车行业愈加电动化、共享化、网联化、智能化。近年来，国内车企依靠核心技术的突破，市场占有率稳步提升，呈现科技性、创新性、规模性的特点。因此，车企对管理人才的素质要求更高，对其培养力度加大，也更规范、严格，因而该行业的管理者在开拓创新、管理意愿、自律自强上特质突出。

3. 金融行业

金融行业数据包含银行企业（38%）、证券企业（55%）和保险企业（7%）。数据显示，金融业管理者在合群性（6.01）、责任心（5.87）、内外控（5.86）、坚韧性（5.65）、灵活性（5.57）、内外向（5.57）上得分较高，在情绪稳定性（4.77）、宽容性（4.75）上得分较低（见图15）。

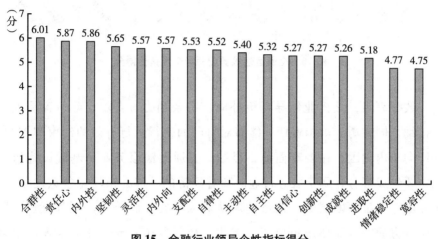

图15　金融行业领导个性指标得分

数据表明，该行业管理者合群、善于交际。同时，他们能够快速适应变化多样的环境，反应敏捷，也喜欢控制事情的发展和进展，对工作的投入度高，对工作成果负责。金融业属于服务业，以提供优质服务来提升市场竞争力，这使得金融管理者需要善于交际协调。同时，金融业具有高风险性、指标性、市场变化快的特点，对从业人员的风险意识、抗压性、灵活应变等素质要求高，从而该行业管理者也更乐群、坚韧、灵活。

4. 交通运输服务业

交通运输服务业的管理者在合群性（6.20）、责任心（5.98）、自律性（5.71）、内外控（5.70）、自信心（5.68）、内外向（5.64）上得分较高，在进取性（5.09）、宽容性（4.99）上得分较低（见图16）。

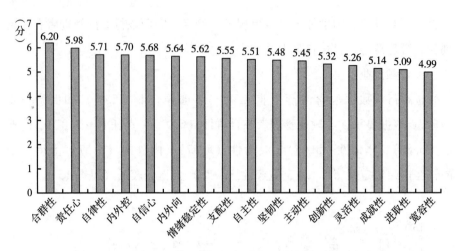

图16　交通运输服务业领导个性指标得分

数据表明，该行业领导者更外向，有亲和力，喜欢交际，容易被他人接纳，同时勇于承担责任，能够对自己的言行进行有效的约束和控制，并倾向于内归因，在困难面前不畏缩。交通运输服务业是基础设施行业的重要组成部分，属于服务行业。随着经济的发展，市场竞争愈发激烈，企业服务质量不断提高，该行业对从业人员在交际能力、服务意识、风险管理方面的素质要求也更高，因此，管理者在领导个性上也表现出合群、外向、负责的特质。

（七）企业性质对比分析

数据显示，不同企业类型的管理者个性各有特点，如图17所示，国有企业管理者在合群性（6.32）、宽容性（4.99）、情绪稳定性（5.89）、责任心（6.33）、支配性（5.40）、自律性（5.92）、自信心（5.70）、自主性（5.48）上得分高于合资和民营企业，其中在情绪稳定性上尤为明显。这可能与国企管理制度健全、工作环境稳定有关。

合资（外资）企业管理者在创新性（5.77）、坚韧性（5.66）、灵活性（5.51）、内外向（5.61）、主动性（5.48）上得分高于国企和民营企业，特别是在创新性和灵活性上较为明显，这说明合资（外资）企业的管理者更具创

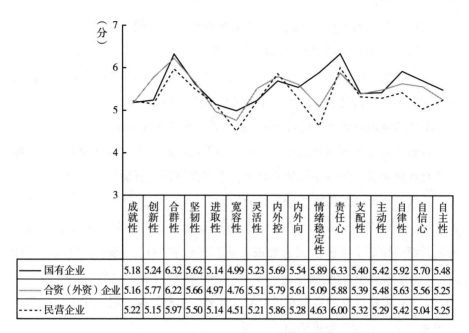

	成就性	创新性	合群性	坚韧性	进取性	宽容性	灵活性	内外控	内外向	情绪稳定性	责任心	支配性	主动性	自律性	自信心	自主性
—— 国有企业	5.18	5.24	6.32	5.62	5.14	4.99	5.23	5.69	5.54	5.89	6.33	5.40	5.42	5.92	5.70	5.48
—— 合资（外资）企业	5.16	5.77	6.22	5.66	4.97	4.76	5.51	5.79	5.61	5.09	5.88	5.39	5.48	5.63	5.56	5.25
---- 民营企业	5.22	5.15	5.97	5.50	5.14	4.51	5.21	5.86	5.28	4.63	6.00	5.32	5.29	5.42	5.04	5.25

图 17　领导个性指标得分（分企业性质）

新意识，更能灵活应对变化的环境，与开放、创新的企业文化氛围相适应。

民营企业管理者在成就性（5.22）、内外控（5.86）上得分高于国企和合资（外资）企业，这说明民营企业的管理者更追求工作的价值和意义，希望从中获得较好的成功体验，同时也倾向于内归因，从自身出发寻找问题所在。除此之外，民企管理者在情绪稳定性指标上的得分偏低（4.63），或由于民营企业面临更大的竞争压力，这影响了管理者的情绪稳定性。

三　总结

（一）领导个性综合特点

1. 被测管理者在责任心、内外控、合群性、自律性上特征突出

2017~2022 年所有的被测管理者呈现一定的共性特征，对工作投入度高，把追求高标准作为工作目标，也相信自身努力的价值终会实现，能有效

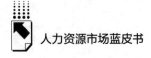

约束和控制自己的言行。同时，对他人要求严格，对错误的容忍度低。

2. 2020~2022年领导个性得分呈下降趋势

被测管理者的个性指标得分在2019年较高，而从2020年开始呈下降趋势，特别是在合群性、宽容性和情绪稳定性上有明显的降低。

3. 男性管理者更擅长情绪管理，而女性管理者的合群性更强

被测女性管理者更具亲和力，而被测男性管理者在其他指标上的得分略高于女性管理者，特别是在情绪稳定性上男性管理者更优。

4. 领导个性的时代特征和学历优势明显

每个时代不同的政治、经济、人文背景塑造了符合时代的社会主流思想，进而引导着个人价值观的形成，从而影响着一代人的个性特质。"60后"管理者有较强的坚韧性，"70后"管理者更开放、包容，"80后"和"90后"有更强的管理意愿和进取心。此外，本科及硕士研究生学历的管理者在领导个性上的优势更突出。

（二）不同行业的领导个性特点

各行业管理者在领导个性特质上的倾向优势不同，与所属行业的特点及组织对人才的素质要求相适应。

科技互联网行业的管理者具有坚韧、自律、乐群的个性倾向。科技互联网行业的管理者更专注于认定的目标，不轻言放弃，具有开放的心态，自律自强，勇于承担责任。同时，需要注意提升情绪管理的能力。

汽车行业的领导者管理意愿强、开拓创新、自律自强。汽车行业的管理者更喜欢组织和指挥他人开展工作，具有创新意识和观念，有较强的责任感和自律性。相对而言，如能保有进取心，则会更具竞争优势。

金融行业的管理者具有乐群性、责任心、灵活性的个性倾向。金融行业的管理者更善于交际，反应敏捷，对工作的责任心强。同时也需要进一步增强创新意识。

交通运输服务业的管理者具有合群、外向、负责的个性倾向。交通运输服务业的管理者具有亲和力，善于社交，能够约束自己在工作中的言行，认

真负责。在心理调适方面做得较好，能够有效地管理情绪，善于自我肯定。同时，在进取性和成就性上需要进一步改善提升。

（三）不同企业性质的领导个性特点

由于企业性质的不同，国企、民营和合资（外资）企业的管理者，在领导个性上具有不同的优势。

国企管理者情绪管理能力较好，管理意愿强烈，同时在工作中的投入度高，能够做到积极进取、自律自强，也具有较强的亲和力。如能增强创新意识，会更具优势。合资（外资）企业的管理者的个性特质较为鲜明，他们外向、有活力，思维活跃、富有想象力，总能提出新颖、创新的想法，行动力较强，能够灵活应对各种变化。但是，在责任心上有所不足。民营企业管理者注重工作中的意义和价值感，并能从中获得较好的成功体验，同时也有较强的自我内驱力，善于从自身出发寻找问题所在。但是，管理者的情绪波动较大，在情绪管理上有待提升。

总而言之，LPI 对企业管理者的个性特征进行科学的测量，提供了更加清晰鲜明的管理者个性画像。鉴于领导者的个性特质与其管理方式、决策风格、组织氛围、工作绩效、才能发挥等有着密切联系，领导个性也影响着企业经营管理活动。因此，通过领导个性测评，企业管理者将加深自我认知，发扬个性优势、弥补个性短板，为企业发展更好地做出贡献。同时，在实际人力资源管理工作中，企业也应充分认识到管理者的个性特点因行业、企业性质、年龄等不同而存在差异。企业需注重对领导者个性的测评，将领导者个性特质作为人事决策的参考依据之一，从而提升人岗匹配度，促进团队和谐，并用人之长实现人尽其才，提升企业人才管理质效。

B.21
我国人力资源服务行业头部
企业的经营状况

陈　巍[*]

摘　要： 本文使用年报等公开数据，对外服控股等人力资源服务行业规模
最大的四家企业的经营情况进行分析。结果显示，营业收入、毛
利等规模指标保持持续增长态势；毛利率、利润率等盈利能力指
标呈下滑趋势；业务外包、灵活用工等新兴业务快速增长；在业
务和税收规范、财政补贴等方面可能面临法规政策不确定性风险。

关键词： 人力资源服务　头部企业　企业经营

继上海外服控股集团股份有限公司（证券简称外服控股，代码600662）
于2021年底成功借壳上市后，中智经济技术合作股份有限公司（以下简称中
智股份）于2023年1月公告发布了《首次公开发行股票招股说明书》并于3
月作了更新，北京国际人力资本集团股份有限公司于5月19日公告宣布在上
交所完成了借壳上市（证券简称北京人力，代码600861）。我国人力资源服务
行业规模最大的三家企业，都已经或正在由国有企业转变为国有控股的上市
企业，它们的财务经营状况因此而公开可查。北京科锐国际人力资源股份有
限公司（证券简称科锐国际，代码300662）在深交所上市后，业务快速增长，
是营业收入、利润总额等指标最接近三家规模最大公司的同行公司[①]。

---

* 陈巍，上海晨达人力资源股份有限公司董事长。
① 如万宝盛华（hk2180），2022年营业收入为45.88亿元，毛利为6.24亿元，除税前溢利为
1.76亿元。其他数据公开可查的公司规模更小。

本文数据除另有说明外，均摘自各公司公告发布的年报、招股说明书、重组报告书等文件。四家公司都以人力资源服务为主营业务，非主营业务（非人力资源服务业务）的规模，除中智股份在 2020 年以前占比较大外，其他三家公司占比都很小。因此，除中智股份 2020 年、2019年的部分数据外，其他的非人力资源业务影响在本文中均不再作扣除计算。

本文在分析行业龙头企业近年经营状况的基础上，对我国人力资源服务行业，可以作出以下三方面的简要判断：第一，得益于业务外包、灵活用工等新兴业务快速增长，人事代理、劳务派遣、招聘服务等传统业务规模尚保持稳定，行业的总体规模仍保持着增长态势；第二，业务外包等新兴业务快速增长、收入占比不断提高，此类业务毛利率很低，使得行业企业的整体毛利率、利润率、净资产收益率等反映盈利能力的指标呈下滑态势；第三，"业务外包"收入占比不断提高但政策规范尚不明晰，"灵活用工"甚至未见法规文件提及（文件只强调"灵活就业"），占利润总额比重很大的"政府奖励"普遍缺少明文规范等，导致行业企业可能面临重大政策不确定性风险。

一　总体经营情况

分析四家公司近几年的总体经营情况，营业收入、毛利等规模指标均基本保持增长态势，其中科锐国际保持快速增长；毛利率、利润率、净资产收益率则大都呈现下滑趋势。

看体量，规模最大的是北京人力，2022 年营业收入超过 318 亿元、毛利近 23 亿元，北京人力也应是我国人力资源服务行业营收规模最大的公司。看盈利，北京人力 2022 年的营业利润、利润总额都超过 12 亿元，净利润超过 9.5 亿元，中智股份尚未公布 2022 年数据，其 2021 年的三项利润指标都要高于北京人力。因此，我国盈利最高的人力资源公司，应该是北京人力、中智股份两家中的一家。看增长，四家公司中增长最快的是科锐国际，2022

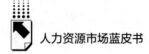

年比 2019 年营业收入增长超过 150%，毛利增长超过 70%，三项利润均增长 100% 左右。

毛利率、利润率，四家公司都呈现下降的趋势。净资产收益率，外服控股、科锐国际逐年走低，北京人力相对稳定，中智股份按已公开数据尚无法作出判断。

（一）营业收入

2022 年的营业收入，外服控股为 1466370.33 万元，同比增长 28.02%；北京人力为 3185503.75 万元，同比增长 25.33%；科锐国际为 909206.23 万元，同比增长 29.69%。中智股份尚未公布 2022 年数据，其 2021 年营业收入为 1554599.46 万元（见表 1）。

与 2019 年相比，2022 年北京人力的营业收入增长了 96.81%，科锐国际增长 153.55%。中智股份在扣除非人力资源业务的影响后，2021 年的营业收入比 2019 年增长 32.11%。

外服控股 2020 年之前人才派遣业务的收入及成本的确认方式为全额法，与其他三家公司不同，自 2021 年起改为净额法，调整后已与其他三家公司一致，其 2021 年的营业收入因此相比 2020 年有较大下降，但这对毛利、利润等指标没有影响。

表 1　2019~2022 年四家公司营业收入

单位：万元，%

项目	2022 年		2021 年		2020 年		2019 年
	金额	同比增长	金额	同比增长	金额	同比增长	金额
外服控股	1466370.33	28.02	1145392.46	−47.64	2187644.52	−6.07	2328906.72
北京人力	3185503.75	25.33	2541767.89	40.45	1809677.81	11.81	1618557.86
中智股份	—	—	1554599.46	3.06	1508371.30	0.63	1498958.38
科锐国际	909206.23	29.69	701045.09	78.29	393200.10	9.65	358595.98

（二）毛利①

2022 年的毛利，外服控股为 174898.44 万元，同比增长 0.80%；北京人力为 229531.63 万元，同比增长 5.88%；科锐国际为 87984.59 万元，同比增长 8.93%。中智股份 2021 年毛利为 198944.59 万元（见表 2）。

相比 2019 年，2022 年外服控股的毛利增长了 5.27%，北京人力增长 26.15%，科锐国际增长 71.50%。中智股份在扣除非人力资源业务的影响后，2021 年的主营业务（人力资源服务业务）的毛利，比 2019 年增长 14.96%。

表 2   2019~2022 年四家公司毛利

单位：万元，%

项目	2022 年		2021 年		2020 年		2019 年
	金额	同比增长	金额	同比增长	金额	同比增长	金额
外服控股	174898.44	0.80	173511.79	5.43	164572.48	-0.94	166136.67
北京人力	229531.63	5.88	216787.65	16.48	186110.00	2.29	181946.38
中智股份	—	—	198944.95	-2.25	203522.06	0.05	203414.66
科锐国际	87984.59	8.93	80774.47	51.38	53358.18	4.01	51302.98

（三）毛利率

四家公司的毛利率都呈现走低的趋势（见表 3）。外服控股因 2020 年以前派遣业务以全额法计收入成本，导致其 2020 年、2019 年的毛利率偏低。中智股份如扣除非人力资源业务的影响，按其公布的《备考利润表》中的数据计算，则主营的人力资源服务业务的毛利率 2020 年为 15.17%、2019 年为 14.59%。

---

① 本文中的"毛利"，是营业收入减去营业成本后的余额。

表3 2019~2022年四家公司毛利率

单位：%

公司	2022年	2021年	2020年	2019年
外服控股	11.93	15.15	7.52	7.13
北京人力	7.21	8.53	10.28	11.24
中智股份	—	12.80	13.49	13.57
科锐国际	9.68	11.52	13.57	14.31

（四）盈利

2022年的营业利润，外服控股为81554.02万元，同比增长5.00%；北京人力为121942.60万元，同比增长22.13%；科锐国际为41959.94万元，同比增长19.57%。中智股份2021年的营业利润为108318.57万元，同比下降5.07%。

2022年的利润总额，外服控股为81329.50万元，同比增长4.97%；北京人力为123480.57万元，同比增长23.90%；科锐国际为47674.63万元，同比增长22.94%。中智股份2021年的利润总额为108195.25万元，同比下降5.39%。

2022年的净利润，外服控股为61096.09万元，同比增长4.13%；北京人力为95400.44万元，同比增长20.80%；科锐国际为36663.75万元，同比增长24.32%。中智股份2021年的净利润为86074.7万元，同比下降4.92%（见表4）。

表4 2019~2022年四家公司利润

单位：万元，%

项目		2022年		2021年		2020年		2019年
		金额	同比增长	金额	同比增长	金额	同比增长	金额
外服控股	营业利润	81554.02	5.00	77669.92	8.03	71896.08	9.15	65867.52
	利润总额	81329.50	4.97	77476.54	7.35	72172.91	8.78	66350.62
	净利润	61096.09	4.13	58671.45	8.73	53960.93	5.56	51118.78

续表

项目		2022 年		2021 年		2020 年		2019 年
		金额	同比增长	金额	同比增长	金额	同比增长	金额
北京人力	营业利润	121942.60	22.13	99845.30	7.69	92718.40	—	—
	利润总额	123480.57	23.90	99659.92	6.58	93505.66	—	—
	净利润	95400.44	20.80	78971.56	5.95	74535.85	27.34	58530.81
中智股份	营业利润	—	—	108318.57	−5.07	114103.52	0.56	113466.55
	利润总额	—	—	108195.25	−5.39	114353.41	0.33	113981.79
	净利润	—	—	86074.70	−4.92	90524.21	2.77	88087.20
科锐国际	营业利润	41959.94	19.57	35092.65	43.63	24433.27	12.47	21724.45
	利润总额	47674.63	22.94	38777.63	43.04	27109.69	16.08	23354.67
	净利润	36663.75	24.32	29492.28	42.08	20758.06	16.09	17880.39

和 2019 年比较，2022 年外服控股的三项利润指标分别增长 23.82%、22.58%、19.52%，北京人力的净利润增长了 62.99%，科锐国际的三项利润指标分别增长 93.15%、104.13%、105.05%。中智股份如扣除非人力资源业务的影响，按其公布的《备考利润表》中 2019 年的营业利润 97561.46 万元、利润总额 98075.09 万元、净利润 75875.19 万元来计算，则人力资源服务业务 2021 年的三项利润指标比 2019 年增长均略超 10%。

（五）营收利润率

四家公司的利润率，2020 年比 2019 年，除中智股份的营业利润率微降了 0.01 个百分点外，其他三家都略有提高；2020 年到 2022 年则基本呈现走低的趋势。

四家公司的营业利润率、净利润率如表 5 所示。其中，外服控股因 2020 年以前派遣业务以全额法计收入成本，导致其 2020 年、2019 年的利润

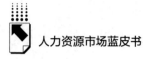
率偏低。中智股份如扣除非人力资源业务的影响，按其公布的《备考利润表》中的数据计算，则主营业务营业利润率、净利润率2020年分别为9.09%、7.30%，2019年分别为8.23%、6.40%。

表5　2019~2022年四家公司利润率

单位：%

公司	项目	2022年	2021年	2020年	2019年
外服控股	营业利润率	5.56	6.78	3.29	2.83
	净利润率	4.17	5.12	2.47	2.19
北京人力	营业利润率	3.83	3.93	5.12	—
	净利润率	2.99	3.11	4.12	3.62
中智股份	营业利润率	—	6.97	7.56	7.57
	净利润率	—	5.54	6.00	5.88
科锐国际	营业利润率	4.62	5.01	6.21	6.06
	净利润率	4.03	4.21	5.28	4.99

（六）净资产收益率

外服控股、科锐国际的加权平均净资产收益率、扣除非经常性损益后的加权平均净资产收益率均呈走低趋势。北京人力的加权平均净资产收益率基本稳定，扣除非经常性损益后的加权平均净资产收益率逐年略有下降。中智股份因2021年剥离非人力资源业务相关资产（子公司）、历年数据口径不一，收益率变化情况尚无法判断（见表6）。

表6　2019~2022年四家公司净资产收益率

单位：%

项目		2022年	2021年	2020年	2019年
外服控股	加权平均净资产收益率	14.21	17.27	23.79	27.90
	扣除非经常性损益后的加权平均净资产收益率	11.82	14.93	20.24	—
北京人力	加权平均净资产收益率	21.08	21.07	20.65	
	扣除非经常性损益后的加权平均净资产收益率	12.34	13.30	14.06	—

	项目	2022 年	2021 年	2020 年	2019 年
中智股份	加权平均净资产收益率	—	36.67	25.78	24.59
	扣除非经常性损益后的加权平均净资产收益率	—	28.02	8.76	9.05
科锐国际	加权平均净资产收益率	13.48	16.25	19.67	19.23
	扣除非经常性损益后的加权平均净资产收益率	11.05	13.74	16.08	18.53

二 各类业务情况

四家公司在不同类型的业务领域各有擅长。各家公司的业务分类标准和分类收入等数据，反映了它们各自的优势业务和业务类别组成，未分类单列则表明其未涉足或虽有经营但规模和影响相对很小。

外服控股、北京人力、中智股份等三家公司经营的业务类型相似，只是在不同的业务大类上各有强弱。各类业务的营业收入规模占比最大的业务类别，三家公司都是业务外包。增长较快的业务类别，三家公司也都有业务外包，此外外服控股还有招聘及灵活用工薪酬福利增长较快，中智股份还有健康福利增长较快。在人事管理（人事代理）和人才（劳务）派遣领域，得益于国企身份和历史渊源，三家公司积淀都很深厚，收入规模相当，2021年均在 13 亿元左右。

科锐国际的灵活用工在各类业务中收入规模占比最大、增长最快，高端人才访寻、招聘流程外包业务的收入则呈波动状态，基本未涉足人事管理（人事代理），人才（劳务）派遣的业务规模很小。

外服控股、北京人力、中智股份等三家公司，各类业务中，毛利规模和占比最大的业务类别相同，都是它们最传统的创始业务，即外服控股的人事管理、人才派遣合计，北京人力的人事管理，中智股份的人事管理、人才派遣合计，且毛利占比最低的都超过了 40%。毛利增长最快的业务，外服控股、北京人力都是业务外包，中智股份则是健康福利（薪酬福利）。

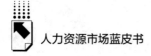

科锐国际毛利规模占比最大、增长最快的业务是灵活用工，2022 年的毛利占比已超 2/3。高端人才访寻、招聘流程外包业务的毛利呈波动状态，占比不断下滑。

（一）业务分类标准

相关法规把经营性人力资源服务机构的业务分为八类，即《人力资源市场暂行条例》规定的职业中介、人力资源供求信息的收集和发布、就业和创业指导、人力资源管理咨询、人力资源测评、人力资源培训、承接人力资源服务外包等七类，加上《劳动合同法》等规定的劳务派遣。

四家公司各自采用的业务分类标准，有相同或相近之处，也有不同和差异，但都没有简单套用相关法规的业务分类标准，有的业务实际还超出了八类法规规定业务的范畴。

因为有类似的发展渊源等，外服控股、北京人力、中智股份这三家公司的业务分类标准大同小异。外服控股把全部业务分成人事管理、人才派遣、薪酬福利、招聘及灵活用工、业务外包和其他等六大类。北京人力的分类比外服控股略粗，把主营业务分为五大类，"劳务（人才）派遣"并入了"人事管理"，"其他业务"不包含非人力资源（非主营）业务，其余分类与外服控股一致。中智股份的分类比外服控股略细，分为八大类，把"薪酬福利"拆分成了"薪酬财税""健康福利"两大类，把"管理咨询"单列为一大类，"其他人力资源业务"和"其他非人力资源业务"分列，其余分类与外服控股一致。

科锐国际在上市前专营中高端人才访寻等招聘业务，上市后进入了灵活用工等领域，因此把业务分为中高端人才访寻、招聘流程外包、灵活用工、技术服务和其他等五大类，而且技术服务是 2020 年后才单列为一大类的。科锐国际的"中高端人才访寻""招聘流程外包""灵活用工"等三大类业务合计的范围，大致与外服控股等三家公司的"招聘及灵活用工""业务外包"等两大类业务合计范围相当。

外服控股、北京人力、中智股份等三家公司归入"灵活用工"的部分业务，实际是符合《劳动合同法》等法规对劳务派遣的定义的；"业务外包"中的部分业务，已经超出了八类法规规定业务的范畴。科锐国际的"技术服务"和"灵活用工"中的大部分，也超出了八类法规规定业务的范畴。

（二）各类业务营业收入

外服控股各类业务收入情况如表7所示，其中的"人才派遣"收入2020年之前以全额法确定，2021年以后以净额法确定。北京人力各类业务收入情况如表8所示，其2022年的分类业务收入等数据尚未见公布。中智股份各类业务收入情况如表9所示，其2022年营业收入等数据尚未见公布。科锐国际各类业务收入情况如表10所示，其中的"技术服务"自2020年起单列。

表7 2019~2022年外服控股各类业务收入情况

单位：万元

项目	2022年	2021年	2020年	2019年
营业收入	1466370.33	1145392.46	2187644.52	2328906.72
其中:人事管理	123195.27	115859.40	106614.21	115873.54
人才派遣	14421.53	13288.61	1327884.47	1445997.28
薪酬福利	168870.80	149211.61	128230.80	116305.31
招聘及灵活用工	80328.89	64361.48	52425.19	48769.76
业务外包	1075727.85	799035.61	567000.92	592555.36
其他业务	3825.99	3635.77	5488.92	9405.47

表8 2019~2022年北京人力各类业务收入情况

单位：万元

项目	2022年	2021年	2020年	2019年
营业收入	3185503.75	2540879.12	1809677.81	1618557.86
其中:人事管理	—	131416.93	124905.61	110256.82
薪酬福利	—	98057.90	91273.35	106676.18
招聘及灵活用工	—	114438.27	79672.69	255875.02
业务外包	—	2172533.56	1487978.39	1116348.22
其他业务	—	24432.46	24836.11	28675.58

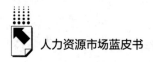

表9　2019~2021年中智股份各类业务收入情况

单位：万元

项目	2021 年	2020 年	2019 年
营业收入	1554155.97	1508371.30	1498958.38
其中：人事管理	115047.18	108265.17	110190.63
人才派遣	18061.70	15441.97	14492.56
薪酬财税	18188.93	16539.82	19516.81
健康福利	121229.69	86445.12	70413.47
业务外包	1061738.04	802705.59	799358.44
招聘及灵活用工	177260.24	134937.31	129671.92
管理咨询	21112.16	20747.89	20828.43
其他人力资源业务	21518.03	15617.60	11925.66
非人力资源业务	—	307025.17	322207.97

表10　2019~2022年科锐国际各类业务收入情况

单位：万元

项目	2022 年	2021 年	2020 年	2019 年
营业收入	909206.23	701045.09	393200.10	358595.98
其中：灵活用工	803683.47	593147.13	311231.88	276575.16
中高端人才访寻	68171.66	69867.94	46067.05	52152.72
招聘流程外包	10951.80	14559.16	11106.08	15018.23
技术服务	4017.64	2257.35	1264.52	—
其他	22381.65	21213.50	23530.57	14849.86

比较外服控股、北京人力、中智股份等三家公司的同类业务，2021年，外服控股的"人事管理""人才派遣"两类收入合计，北京人力的"人事管理"收入，中智股份的"人事管理""人才派遣"两类收入合计，三者相差不大、都在13亿元左右；外服控股的"薪酬福利"收入14.9亿元，略高于中智股份"薪酬财税""健康福利"两类的合计收入13.9亿元，都高于北京人力"薪酬福利"的9.8亿元收入；"招聘及灵活用工"的收入规模，中智股份为17.7亿元、在三家中最高，北京人力11.4亿元、为中智股份的64.56%，外服控股为6.4亿元、为中智股份的36.31%；"业务外包"收入

北京人力 217.3 亿元，中智股份 106.2 亿元、是北京人力的 48.87%，外服控股 79.9 亿元、是北京人力的 36.78%。

科锐国际 2021 年"中高端人才访寻""招聘流程外包""灵活用工"等三大类业务收入合计为 67.8 亿元；"招聘及灵活用工""业务外包"等两大类业务收入合计，2021 年外服控股为 86.3 亿元，北京人力为 228.7 亿元，中智股份为 123.9 亿元。科锐国际的"中高端人才访寻""招聘流程外包"等两类业务收入合计，2022 年为 7.9 亿元，2021 年为 8.4 亿元。

（三）各类业务收入占比及同比增长

外服控股、北京人力、中智股份等三家公司，收入占比最高的都是业务外包，占营业收入的比重都超过 2/3，其中外服控股 2022 年是 73.36%，北京人力 2021 年达 85.47%，中智股份 2021 年为 68.30%；北京人力的"人事管理"收入占比最低、2021 年为 5.17%，2021 年中智股份、外服控股"人事代理""人才派遣"两项占比合计分别为 8.56%、11.28%；外服控股的"薪酬福利"收入占比最高、2021 年为 13.03%，2021 年中智股份的"薪酬财税""健康福利"两项收入占比合计为 8.97%，2021 年北京人力的"薪酬福利"收入占比为 3.86%；"招聘及灵活用工"收入中智股份占比最高、2021 年为 11.40%，外服控股、北京人力 2021 年分别为 5.62%、4.50%（见表 11 至表 13，其中表 11 中外服控股的"人才派遣服务"收入 2020 年之前以全额法确定，2021 年以后以净额法确定）。

外服控股的人事管理收入 2020 年同比下降 7.99%，人才派遣收入 2020 年同比下降 8.17%，业务外包收入 2020 年同比下降 4.31%，其他业务收入 2021 年、2020 年同比都大幅下降，其余都是同比增长；北京人力的薪酬福利收入 2020 年同比下降 14.44%，招聘及灵活用工收入 2020 年同比大幅下降 68.86%，其他业务收入 2021 年、2020 年都有所下降，其余同比均增长；中智股份的各类主营业务收入中，2020 年人事管理同比微降 1.75%、薪酬财税下降 15.25%、管理咨询微降 0.39%，其余均保持增长。

表 11 2019~2022 年外服控股各类业务收入占比及同比增长情况

单位：%

项目	2022 年		2021 年		2020 年		2019 年
	占比	同比增长	占比	同比增长	占比	同比增长	占比
营业收入	100.00	28.02	100.00	-47.64	100.00	-6.07	100.00
其中:人事管理	8.40	6.33	10.12	8.67	4.87	-7.99	4.98
人才派遣	0.98	8.53	1.16	-99.00	60.70	-8.17	62.09
薪酬福利	11.52	13.18	13.03	16.36	5.86	10.25	4.99
招聘及灵活用工	5.48	24.81	5.62	22.77	2.40	7.50	2.09
业务外包	73.36	34.63	69.76	40.92	25.92	-4.31	25.44
其他业务	0.26	5.23	0.32	-33.76	0.25	-41.64	0.40

表 12 2019~2021 年北京人力各类业务收入占比及同比增长情况

单位：%

项目	2021 年		2020 年		2019 年
	占比	同比增长	占比	同比增长	占比
营业收入	100.00	40.45	100.00	11.81	100.00
其中:人事管理	5.17	5.21	6.90	13.29	6.81
薪酬福利	3.86	7.43	5.04	-14.44	6.59
招聘及灵活用工	4.50	43.64	4.40	-68.86	15.81
业务外包	85.47	46.01	82.22	33.29	68.97
其他业务	0.96	-1.63	1.37	-13.39	1.77

表 13 2019~2021 年中智股份各类业务收入占比及同比增长情况

单位：%

项目	2021 年		2020 年		2019 年
	占比	同比增长	占比	同比增长	占比
营业收入	100.00	3.06	100.00	0.63	100.00
其中:人事管理	7.40	6.26	7.18	-1.75	7.35
人才派遣	1.16	16.96	1.02	6.55	0.97
薪酬财税	1.17	9.97	1.10	-15.25	1.30
健康福利	7.80	40.24	5.73	22.77	4.70
业务外包	68.30	32.27	53.22	0.42	53.33
招聘及灵活用工	11.40	31.36	8.95	4.06	8.65

项目	2021 年		2020 年		2019 年
	占比	同比增长	占比	同比增长	占比
管理咨询	1.36	1.76	1.38	-0.39	1.39
其他人力资源业务	1.38	37.78	1.04	30.96	0.80
非人力资源业务	—	—	20.35	-4.71	21.50

科锐国际近四年业务收入占比最高的一直是灵活用工，2022 年达到 88.39%；中高端人才寻访、招聘流程外包的占比逐年下降，分别从 2019 年的 14.54%、4.19% 降到了 2022 年的 7.50%、1.20%（见表 14）。中高端人才寻访收入 2022 年同比下降 2.43%、2020 年下降 11.67%，招聘流程外包收入 2022 年下降 24.78%、2020 年下降 26.05%，其他 2021 年同比下降 9.85%；灵活用工、技术服务收入连年高速增长。

表 14　2019~2022 年科锐国际各类业务收入占比及同比增长情况

单位：%

项目	2022 年		2021 年		2020 年		2019 年
	占比	同比增长	占比	同比增长	占比	同比增长	占比
营业收入	100.00	29.69	100.00	78.29	100.00	9.65	100.00
其中:灵活用工	88.39	35.49	84.61	90.58	79.15	12.53	77.13
中高端人才访寻	7.50	-2.43	9.97	51.67	11.72	-11.67	14.54
招聘流程外包	1.20	-24.78	2.08	31.09	2.82	-26.05	4.19
技术服务	0.44	77.98	0.32	78.51	0.32	—	—
其他	2.46	5.51	3.03	-9.85	5.98	58.46	4.14

外服控股、北京人力、中智股份等三家公司在作统一业务分类标准处理后，2021 年各类业务收入占比，以及 2021 年收入与 2019 年相比的情况如表 15 所示①。

① 表 15 中，"人事管理"是外服控股的"人事管理"和"人才派遣"，北京人力的"人事管理"，中智股份的"人事管理"和"人才派遣"；"薪酬福利"是外服控股的"薪酬福利"，北京人力的"薪酬福利"，中智股份的"薪酬财税"和"健康福利"；"其他业务"是外服控股的"其他业务"，北京人力的"其他业务"，中智股份的"管理咨询"和"其他人力资源业务"。

各类业务 2021 年相比 2019 年的收入增长率,外服控股最高的是业务外包、为 34.85%,招聘及灵活用工、薪酬福利也分别达到 31.97%、28.29%;北京人力业务外包收入增长 94.61%,招聘及灵活用工下降了 55.28%;中智股份各类业务收入均有增长,薪酬福利增长 55.03%、最高,人事管理增长 6.76%、最低。

表 15　外服控股、北京人力、中智股份 2021 年各类业务收入
占比及比 2019 年增长情况

单位:%

项目	外服控股		北京人力		中智股份	
	占比	21 年比 19 年增长	占比	21 年比 19 年增长	占比	21 年比 19 年增长
营业收入	100.00	—	100.00	57.04	100.00	32.11
其中:人事管理	11.28	—	5.17	19.19	8.56	6.76
薪酬福利	13.03	28.29	3.86	-8.08	8.97	55.03
招聘及灵活用工	5.62	31.97	4.50	-55.28	11.40	36.70
业务外包	69.76	34.85	85.47	94.61	68.30	32.82
其他业务	0.32	-61.34	0.96	-14.80	2.74	30.15

(四)各类业务毛利

外服控股、北京人力、中智股份等三家公司的业务毛利,外服控股的"人事管理""人才派遣"合计 2021 年为 10.4 亿元,北京人力的"人事管理"2021 年为 10.9 亿元,中智股份的"人事管理""人才派遣"合计 2021 年为 9.5 亿元,三家的规模相近;外服控股的"薪酬福利"2021 年为 4.7 亿元、在三家中最高,另两家规模相近,北京人力的"薪酬福利"2021 年为 3.2 亿元,中智股份的"薪酬财税""健康福利"合计 2021 年为 3.2 亿元;中智股份的"招聘及灵活用工"毛利 2021 年为 2.2 亿元,北京人力 2021 年为 1.1 亿元、是中智股份的 61.44%,外服控股 2021 年是 0.5 亿元,仅为中智股份的 22.79%;北京人力的"业务外包"毛利 2021 年为 5.7 亿元,中智股份为 2.4 亿元、是北京人力的 42.07%,外服控股为 1.6 亿元、是北京人力的 28.14%。此外,中智股份的"管理咨询"2021 年有毛利 9482 万元(详见表 16、表 17、表 18)。

表 16　2019～2022 年外服控股各类业务毛利情况

单位：万元

项目	2022 年	2021 年	2020 年	2019 年
毛利	174898.44	173511.79	164572.48	166136.67
其中:人事管理	93180.42	94069.19	90405.44	94841.97
人才派遣	10248.44	10113.09	14055.98	15480.22
薪酬福利	45799.21	46540.18	42671.64	35587.17
招聘及灵活用工	5660.12	5050.51	4479.92	4459.51
业务外包	18319.55	15902.15	10574.18	11077.92
其他业务	1690.70	1836.67	2385.32	4689.88

表 17　2019～2022 年北京人力各类业务毛利情况

单位：万元

项目	2022 年	2021 年	2020 年	2019 年
毛利	229531.63	216787.65	186110.00	181946.38
其中:人事管理	—	109248.32	97765.83	89674.13
薪酬福利	—	32386.54	32350.36	27855.08
招聘及灵活用工	—	10648.18	7561.21	8627.83
业务外包	—	56508.29	40842.96	35981.76
其他业务	—	7874.02	7475.29	19552.86

表 18　2019～2021 年中智股份各类业务毛利情况

单位：万元

项目	2021 年	2020 年	2019 年
毛利	198944.95	203522.06	203414.66
其中:人事管理	82692.70	76982.80	78723.12
人才派遣	12623.66	10662.26	10296.28
薪酬财税	10627.09	9703.94	11103.72
健康福利	31821.51	33691.35	33629.22
业务外包	23772.01	20494.33	15176.79
招聘及灵活用工	22156.82	17329.65	12985.81
管理咨询	9482.42	7737.81	5653.82
其他人力资源业务	5557.74	4911.84	5179.41
非人力资源业务	—	21507.59	30358.15

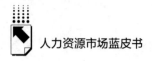

科锐国际 2022 年的毛利，灵活用工有近 6 亿元，中高端人才寻访超过 2.5 亿元，技术服务尚只有 666 万元（见表 19）。

表 19　2019~2022 年科锐国际各类业务毛利情况

单位：万元

项目	2022 年	2021 年	2020 年	2019 年
毛利	87984.59	80774.47	53358.18	51302.98
其中：灵活用工	59666.17	47781.06	28604.10	23756.16
中高端人才访寻	25119.12	26005.62	16778.57	18817.75
招聘流程外包	2553.27	6294.48	4950.87	6888.25
技术服务	666.35	559.81	306.43	0.00
其他业务	−20.32	133.51	2718.20	1840.82

（五）各类业务毛利占比及同比增长

外服控股、北京人力、中智股份等三家公司，毛利占比最大的是同一大类业务，即外服控股的"人事管理""人才派遣"两项合计、2022 年为 59.14%，北京人力的"人事管理"、2021 年为 50.39%，中智股份的"人事管理""人才派遣"两项合计、2021 年为 47.92%；毛利占比次高的，外服控股和中智股份是同一大类业务，分别为"薪酬福利"、2022 年为 26.19%，"薪酬财税""健康福利"合计、2021 年为 21.34%，北京人力则是业务外包、毛利占比 2021 年为 26.07%。毛利占比超过 10% 的业务，外服控股 2022 年还有业务外包，北京人力 2021 年有"薪酬福利"，中智股份 2021 年有"业务外包""招聘及灵活用工"（详见表 20、表 21、表 22）。

表 20　2019~2022 年外服控股各类业务毛利占比及同比增长情况

单位：%

项目	2022 年		2021 年		2020 年		2019 年
	占比	同比增长	占比	同比增长	占比	同比增长	占比
毛利	100.00	0.80	100.00	5.43	100.00	−0.94	100.00
其中：人事管理	53.28	−0.94	54.21	4.05	54.93	−4.68	57.09
人才派遣	5.86	1.34	5.83	−28.05	8.54	−9.20	9.32

项目	2022 年		2021 年		2020 年		2019 年
	占比	同比增长	占比	同比增长	占比	同比增长	占比
薪酬福利	26.19	−1.59	26.82	9.07	25.93	19.91	21.42
招聘及灵活用工	3.24	12.07	2.91	12.74	2.72	0.46	2.68
业务外包	10.47	15.20	9.16	50.39	6.43	−4.55	6.67
其他业务	0.97	−7.95	1.06	−23.00	1.45	−49.14	2.82

表 21　2019~2022 年北京人力各类业务毛利占比及同比增长情况

单位：%

项目	2022 年		2021 年		2020 年		2019 年
	占比	同比增长	占比	同比增长	占比	同比增长	占比
毛利	100.00	5.88	100.00	16.48	100.00	2.29	100.00
其中:人事管理	—	—	50.39	11.74	52.53	9.02	49.29
薪酬福利	—	—	14.94	0.11	17.38	16.14	15.31
招聘及灵活用工	—	—	4.91	40.83	4.06	−12.36	4.74
业务外包	—	—	26.08	38.36	21.95	13.51	19.78
其他业务	—	—	3.63	5.33	4.02	−61.77	10.75

表 22　2019~2021 年中智股份各类业务毛利占比及同比增长情况

单位：%

项目	2021 年		2020 年		2019 年
	占比	同比增长	占比	同比增长	占比
毛利	100.00	−2.25	100.00	0.05	100.00
其中:人事管理	41.57	7.42	37.83	−2.21	38.70
人才派遣	6.35	18.40	5.24	3.55	5.06
薪酬财税	5.34	9.51	4.77	−12.61	5.46
健康福利	16.00	−5.55	16.55	0.18	16.53
业务外包	11.96	15.99	10.07	35.04	7.46
招聘及灵活用工	11.14	27.85	8.51	33.45	6.38
管理咨询	4.77	22.55	3.80	36.86	2.78
其他人力资源业务	2.79	13.15	2.41	−5.17	2.55
非人力资源业务	—	—	10.57	−29.15	14.92

科锐国际 2022 年各项业务毛利占比，灵活用工达 67.81%，中高端人才寻访为 28.55%。灵活用工的毛利逐年同比快速增长，占比不断提高；中高端人才寻访、招聘流程外包的毛利 2022 年、2020 年都出现了同比下降，两者的毛利占比也都大幅降低。技术服务的毛利占比还不到 1%，很小（见表23）。

表 23 2019~2022 年科锐国际各类业务毛利占比及同比增长情况

单位：%

项目	2022 年		2021 年		2020 年		2019 年
	占比	同比增长	占比	同比增长	占比	同比增长	占比
毛利	100.00	8.93	100.00	51.38	100.00	4.01	100.00
其中:灵活用工	67.81	24.87	59.15	67.04	53.61	20.41	46.31
中高端人才访寻	28.55	-3.41	32.20	54.99	31.45	-10.84	36.68
招聘流程外包	2.90	-59.44	7.79	27.14	9.28	-28.13	13.43
技术服务	0.76	19.03	0.69	82.69	0.57	—	0.00
其他业务	-0.02	-115.22	0.17	-95.09	5.09	47.66	3.59

外服控股、北京人力、中智股份等三家公司在作统一业务分类标准处理后，2021 年各类业务毛利占比，以及 2021 年毛利与 2019 年相比的情况如表24①所示。2021 年相比 2019 年，毛利增长较大的业务，外服控股是业务外包、薪酬福利，北京人力是业务外包，中智股份是招聘及灵活用工、业务外包、其他业务；毛利下降的业务，外服控股是人事管理、其他业务，北京人力是其他业务，中智股份是薪酬福利。

---

① 表23 中，"人事管理"是外服控股的"人事管理"和"人才派遣"，北京外企的"人事管理"，中智股份的"人事管理"和"人才派遣"；"薪酬福利"是外服控股的"薪酬福利"，北京外企的"薪酬福利"，中智股份的"薪酬财税"和"健康福利"；"其他业务"是外服控股的"其他业务"，北京外企的"其他业务"，中智股份的"管理咨询"和"其他人力资源业务"。

表 24 外服控股、北京人力、中智股份 2021 年各类业务
毛利占比及比 2019 年增长情况

单位：%

项目	外服控股		北京人力		中智股份	
	占比	21 年比 19 年增长	占比	21 年比 19 年增长	占比	21 年比 19 年增长
毛利	100.00	4.44	100.00	19.15	100.00	14.96
其中：人事管理	60.04	−5.57	50.39	21.83	47.91	7.07
薪酬福利	26.82	30.78	14.94	16.27	21.34	−5.11
招聘及灵活用工	2.91	13.25	4.91	23.42	11.14	70.62
业务外包	9.16	43.55	26.07	57.05	11.95	56.63
其他业务	1.06	−60.84	3.63	−59.73	7.56	38.83

（六）各类业务的毛利率

外服控股、北京人力、中智股份等三家公司各类业务的毛利率，人事管理、人才派遣三家相差不多，中智股份略低；三家历年均略有波动。薪酬福利（薪酬财税、健康福利）外服控股、北京人力两家的水平相近；中智股份拆分为二后其中的薪酬财税显著更高，因此其薪酬财税、健康福利合计高于外服控股、北京人力。招聘及灵活用工中智股份明显高于外服控股和北京人力。业务外包三家都很低，外服控股相对最低（详见表 25、表 26、表 27）。

表 25 2019~2022 年外服控股各类业务毛利率情况

单位：%

项目	2022 年	2021 年	2020 年	2019 年
毛利率	11.93	15.15	7.52	7.13
人事管理	75.64	81.19	84.80	81.85
人才派遣	71.06	76.10	1.06	1.07
薪酬福利	27.12	31.19	33.28	30.60
招聘及灵活用工	7.05	7.85	8.55	9.14
业务外包	1.70	1.99	1.86	1.87
其他业务	44.19	50.52	43.46	49.86

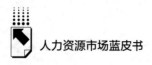

表 26　2019～2022 年北京人力各类业务毛利率情况

单位：%

项目	2022 年	2021 年	2020 年	2019 年
毛利率	7.21	8.53	10.28	11.24
人事管理	—	83.13	78.27	81.33
薪酬福利	—	33.03	35.44	26.11
招聘及灵活用工	—	9.30	9.49	3.37
业务外包	—	2.60	2.74	3.22
其他业务	—	32.23	30.10	68.19

表 27　2019～2021 年中智股份各类业务毛利率情况

单位：%

项目	2021 年	2020 年	2019 年
毛利率	12.80	13.49	13.57
人事管理	71.88	71.11	71.44
人才派遣	69.89	69.05	71.05
薪酬财税	58.43	58.67	56.89
健康福利	26.25	38.97	47.76
业务外包	2.24	2.55	1.90
招聘及灵活用工	12.50	12.84	10.01
管理咨询	44.91	37.29	27.14
其他人力资源业务	25.83	31.45	43.43
非人力资源业务	—	7.01	9.42

科锐国际的各类业务毛利率如表 28 所示，招聘流程外包、技术服务
2022 年下降较大。

表 28　2019～2022 年科锐国际各类业务毛利率情况

单位：%

项目	2022 年	2021 年	2020 年	2019 年
毛利率	9.68	11.52	13.57	14.31
灵活用工	7.42	8.06	9.19	8.59
中高端人才访寻	36.85	37.22	36.42	36.08

项目	2022 年	2021 年	2020 年	2019 年
招聘流程外包	23.31	43.23	44.58	45.87
技术服务	16.59	24.80	24.23	—
其他业务	-0.09	0.63	11.55	12.40

三　政府补助、人均指标和研发费用

四家公司取得的政府补助金额（与公司正常经营业务密切相关，符合国家政策规定、按照一定标准定额或定量持续享受的政府补助除外）都很大，占当期利润总额的比重最低也达 13.18%，最高的北京人力 2022 年达到了 37.94%（见表 29）。

表 29　2020～2022 年四家公司计入当期损益的政府补助
金额及其占利润总额的比重

单位：万元，%

公司	2022 年		2021 年		2020 年	
	金额	占利润总额的比重	补助金额	占利润总额的比重	补助金额	占利润总额的比重
外服控股	12798.66	15.74	10209.99	13.18	9653.22	13.38
北京人力	46842.47	37.94	26544.02	26.63	24001.90	25.67
中智股份	—	—	18626.85	17.22	15531.79	13.58
科锐国际	8328.04	17.47	5956.83	15.36	5493.28	20.26

外服控股、中智股份、科锐国际 2021 年的部分人均指标如表 30 所示。科锐国际的人均产出和人均成本费用，比外服控股、中智股份低很多。北京人力未见公布员工人数，无法计算人均指标。

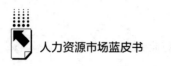

表 30　外服控股、中智股份、科锐国际 2021 年部分人均指标

单位：万元

项目	外服控股	中智股份	科锐国际
人均毛利	57.89	43.89	26.69
人均营业利润	25.91	23.90	11.60
人均净利润	19.57	18.99	9.75
人均人工成本	28.45	20.21	8.67
人均费用	37.10	27.38	14.02

注："人均"为相应指标除以平均员工人数，平均员工人数是本年末人数与上年末人数之和除以 2；"人工成本"是销售费用、管理费用、研发费用中的人工费用之和；"费用"是销售费用、管理费用、研发费用之和。

研发费用支出，北京人力和中智股份历年的金额规模相当，如果与它们各自的净利润相比，支出强度都很高；外服控股则明显低于北京人力和中智股份。科锐国际的支出金额和强度（占利润比重）都远低于北京人力和中智股份（见表 31）。

表 31　2019~2022 年四家公司的研发费用

单位：万元

项目	2022 年	2021 年	2020 年	2019 年
外服控股	7075.42	3453.62	2483.78	2201.64
北京人力	—	19424.66	18960.14	16411.13
中智股份	—	19743.73	15905.01	15440.88
科锐国际	4331.17	3875.57	1453.47	758.90

B.22
云南省人力资源服务行业
发展状况分析（2022）

曾辉　郭惠莲　朱远昆　方阳*

摘　要： 2022 年，通过强化政策支持、推进园区建设、发挥行业作用、促进沟通交流、完善监管服务等举措，云南省人力资源服务行业在产业规模、业态分布、人员素质、市场配置等方面取得新的进展，但同时也存在创新能力不强、骨干企业不多、品牌作用不明显等问题，需要加以优化和完善。

关键词： 人力资源服务　创新发展　云南省

2022 年，云南省深入贯彻党中央、国务院的决策部署，认真落实人力资源社会保障部和省委、省政府的工作要求，坚持政府引导、市场主导、社会参与，推动人力资源服务行业规模持续增长、质量不断提升，特别是产业集聚实现了新的突破，为优化人力资源配置、服务就业创业、促进经济社会发展发挥了重要作用。

一　发展现状

（一）行业规模呈现"两增一减"

从机构数量看，2022 年云南全省共设立各类人力资源服务机构 3316

---

* 曾辉，云南省人社厅人力资源流动管理处处长；郭惠莲，云南省人社厅人力资源流动管理处副处长（二级调研员）；朱远昆，云南省人社厅人力资源流动管理处副处长（三级调研员）；方阳，云南省人社厅人力资源流动管理处一级主任科员。

家，同比增长 12.4%；从从业人数看，2022 年全省人力资源服务行业从业人员共有 3.54 万人，同比减少 5.9%；从营业收入看，2022 年全省人力资源服务行业营业收入达 312.76 亿元，同比增长 29.6%（见表 1）。通过数据可以看出，2022 年云南省人力资源服务行业总体规模继续呈现"两增一减"的特点，机构数量和营业收入有较大增长，但从业人数相对减少。分析其原因，随着新冠疫情影响的消退和复工复产的推进，经济社会运行逐步恢复常态，市场化的人力资源服务需求逐渐增加。

表 1　2020~2022 年机构数量、从业人数、营业收入变化情况

年份	机构数量（家）	从业人数（万人）	营业收入（亿元）
2020	2434	4.09	203.88
2021	2949	3.76	241.3
2022	3316	3.54	312.76

（二）传统业态明显收缩，新兴业态不断发展

2022 年，全省各类人力资源服务机构累计服务用人单位 35.6 万家次，帮助 716.58 万人次实现就业、择业和流动。现场招聘会方面，举办现场招聘会 1.23 万场次、同比减少 29.6%，提供招聘岗位信息 402.26 万条、同比减少 85.3%，参会用人单位 8.29 万家次、同比减少 33.7%，参会求职人员 207.39 万人次、同比减少 84.2%；网络招聘方面，发布招聘岗位信息 346.24 万条、同比减少 49.4%，发布求职人员信息 153.17 万条、同比减少 25.6%；流动人员人事档案管理方面，现存档案数量 228.83 万份、同比减少 1.4%，依托档案提供服务 50.50 万次、同比减少 67.7%；人力资源管理咨询方面，服务用人单位 2.69 万家次、同比增长 10.8%；人力资源服务外包方面，服务用人单位 0.41 万家次、同比增长 26.0%，外包人员 13.05 万人次、同比增长 23.7%；人力资源测评方面，测评人员 67.24 万人次、同比增长 519.0%；猎头方面，委托推荐岗位 1.39 万个、同比基本持平，成功推荐人才 1.28 万人次、同比减少 24.5%（见表 2、表 3、表 4）。从数据可以

看出，传统业态受疫情等因素影响较为明显，服务规模不同程度缩减，新兴业态总体呈现上升趋势，保持了较快的发展。

表2 2021年至2022年现场招聘会、网络招聘业务量变化情况

统计年度	现场招聘会				网络招聘	
	场次 （万场次）	提供招聘岗位 信息（万条）	参会用人单位 （万家次）	参会求职人员 （万人次）	发布招聘岗位 信息（万条）	发布求职人员 信息（万条）
2021 年	1.75	2733.73	12.50	1313.78	684.38	205.75
2022 年	1.23	402.26	8.29	207.39	346.24	153.17
2022 年同 比增长（%）	−29.6	−85.3	−33.7	−84.2	−49.4	−25.6

表3 2021年至2022年流动人员人事档案管理、人力资源管理咨询、
人力资源服务外包业务量变化情况

统计年度	流动人员人事档案管理		人力资源 管理咨询	人力资源服务外包	
	现存档案数量 （万份）	依托档案提供 服务（万次）	服务用人单位 （万家次）	服务用人单位 （万家次）	外包人员 （万人次）
2021 年	232.13	156.32	2.43	0.33	10.55
2022 年	228.83	50.50	2.69	0.41	13.05
2022 年同 比增长（%）	−1.4	−67.7	10.8	26.0	23.7

表4 2021年至2022年人力资源测评、猎头业务量变化情况

单位：万人次，万个

统计年度	人力资源测评	猎头	
	测评人员	委托推荐岗位	成功推荐人才
2021 年	10.86	1.39	1.69
2022 年	67.24	1.39	1.28
2022 年同比 增长（%）	519.0	0.0	−24.5

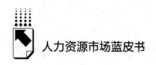

（三）从业人员素质结构进一步优化

2022 年，全省人力资源服务行业从业人员总数为 3.54 万人。从学历层次看，研究生及以上学历 337 人、占从业人员总数 1.0%、占比同比增长 0.2 个百分点，大专和本科学历 1.85 万人、占从业人员总数 52.3%、占比同比增长 6.3 个百分点，高中及以下学历 1.65 万人、占从业人员总数 46.7%、占比同比减少 6.6%；从取得职业资格情况看，取得职业资格 4874 人、占从业人员总数 13.8%、占比同比增长 1.1 个百分点；从取得职称情况看，取得职称 2186 人、占从业人员总数 6.2%、占比同比增长 1.1 个百分点（见表 5）。通过数据可以看出，人力资源服务行业从业人员素质结构进一步优化，专业能力进一步提升，为行业高质量规范发展提供了智力支持，但高学历和取得职业资格、专业职称的人才占比不够高。

表 5　2021 年至 2022 年从业人员素质结构分布情况

项目	总数	学历分布			职业资格	职称
		研究生及以上	大专和本科	高中及以下	取得职业资格	取得职称
2021 年数量（人）	37562	279	17284	19999	4750	1923
2021 年占比（%）	—	0.7	46.0	53.3	12.6	5.1
2022 年数量（人）	35403	337	18520	16546	4874	2186
2022 年占比（%）	—	1.0	52.3	46.7	13.8	6.2
2022 年占比同比增长（个）	—	0.2	6.3	−6.6	1.1	1.1

（四）市场配置能力和活力进一步增强

从机构数量看，2022 年全省经营性人力资源服务机构共有 3111 家，占人力资源服务机构总数的 93.8%，占比同比增长 3.6 个百分点；从从业人数看，全省经营性人力资源服务机构从业人员共有 3.33 万人，占从业人员总数的 94.1%，占比同比增长 11.1 个百分点（见表 6）。通过数据可以看出，经营性人力资源服务机构的数量和从业人数占比进一步提高，说明人力资源市场自由度和开放度不断提升，在促进人力资源合理流动和优化配置方面，市场机制正在发挥越来越重要的作用。

表 6　2021 年至 2022 年经营性人力资源服务机构占比增长情况

统计年度	经营性人力资源服务机构数量（家）	占比（%）	经营性人力资源服务机构从业人数（万人）	占比（%）
2021 年	2660	90.2	3.21	83.0
2022 年	3111	93.8	3.33	94.1
2022 年占比同比增长（个）	3.6		11.1	

二　主要做法

（一）持续加大政策支持力度

云南省发展改革委、省财政厅、省商务厅、省市场监督管理局联合印发实施《云南省推进新时代人力资源服务业高质量规范发展的十条措施》，从提高创新驱动水平、发挥行业职能作用、培育骨干龙头企业、强化从业人员素质、推进产业园区建设等多个方面，提出推进人力资源服务业高质量规范发展的务实举措。启动人力资源服务行业骨干企业、领军人物认定工作，对认定为骨干企业、领军人物的分别给予 50 万元、10 万元一次性工作补贴。

（二）大力推进产业园区建设

引导昆明、玉溪、保山、曲靖等地建成一批地方性人力资源服务产

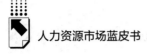

业园并投入运营。完成首次省级人力资源服务产业园认定工作，认定昆明市五华区人力资源服务产业园、昆明市官渡区人力资源服务产业园、玉溪市红塔区人力资源服务产业园为首批省级人力资源服务产业园。对获批省级、国家级人力资源服务产业园的分别给予200万元、1000万元一次性开园补贴。

（三）全面发挥行业职能作用

围绕巩固拓展脱贫攻坚成果同乡村振兴有效衔接，筹划组织2022年人力资源服务行业助力乡村振兴人才精准支持行动，采取讲座辅导、案例分享、项目合作等多种方式，通过线上线下平台为乡村地区精准培养输送一批产业发展人才，帮助基层劳动者提高就业质量、拓宽致富渠道。部署开展人力资源服务机构稳就业促就业行动，引导人力资源服务行业发挥市场和专业优势，提升市场化就业服务质量，优化人力资源供需匹配，不断增强稳就业促就业工作实效。

（四）积极促进行业沟通交流

参加云南省第六届国际人才交流会，开展人力资源服务产业园授牌、国际化人力资源服务项目路演、人力资源服务区域交流合作等活动。组织开展云南省2022年人力资源服务知识技能竞赛，为促进行业沟通交流，提升人力资源服务专业化、职业化水平搭建优质平台。举办云南省2022年人力资源服务业发展能力提升线上培训班，进一步强化行业政治引领，提升从业人员综合素质和专业技能，全省2194人参加线上培训。

（五）不断优化日常监管服务

指导州（市）、县（区）人社部门认真做好人力资源服务机构日常监管服务工作。实行人力资源服务许可证、备案证全省统一编号，设计开发许可证全省统一编码软件，对人力资源服务许可、备案、报告等工作进行系统规范。探索推广行政许可"告知承诺+云勘验"工作模式。

三　未来的发展措施

云南省人力资源服务行业虽然在规模上保持了持续的提升，在质量上取得了新的进展，在集聚上实现了新的突破，但与发达地区相比，还存在创新能力不强、骨干企业不多、品牌作用不明显等问题，需要进一步改进和完善。下一步，重点做好以下工作。

一是引导人力资源服务行业创新服务模式、拓宽业务范围，发挥人力资源服务行业在助力乡村振兴、促进就业创业等方面的积极作用；二是积极筹建中国（昆明）人力资源服务产业园；三是加强人力资源服务行业标准化建设，探索制定云南省人力资源服务领域有关地方标准；四是加快推进人力资源市场管理信息系统建设有关工作；五是举办人力资源服务业发展专题研修班、HR 翠湖荟等行业交流活动，帮助从业人员强化政治引领、深化沟通交流、提升综合素质；六是探索建立人力资源服务行业星级评定管理机制，引导人力资源服务机构树立诚信自律意识。

Abstract

朱丹雨　柏玉林

Based on the statistical and survey data of the State Statistics Bureau, Human Resources and Social Security Bureau and other functional departments, universities and human resources service organizations, a systematic analysis is made on the supply and demand, employment, mobility and human resources service in the human resources market. The book includes four topics: General Report, Basic Situation of Human Resources, Regional and Industrial Human Resources Market, and Human Resources Services, which consists of 22 reports.

General Report analyzes the condition of scale of supply and demand, regional distribution, quality structure of human resources market, meanwhile this report also analyzes the situation of the performance and characteristics of human resource allocation in urban and rural areas, regions, industries and other dimensions, the mobility of workers and the income of workers by region, industry and enterprise.

Basic Situation of Human Resources part, focusing on the talent demand under the background of integration of data and reality, manufacturing talent demand, recruitment through public recruitment websites, made a systematic analysis of the development characteristics and trends of China's human resource market, job hunting and recruitment and employment problems.

Regional and Industrial Human Resources Market based on the survey and statistical data of various regions, regional and industrial human resource market part studies the supply and demand, mobility and salary of Shanghai, Chongqing, Shandong, Guangdong, Henan, Kunshan, Qingdao, high-tech, financial and other industries.

Human Resource Service part analyzes the development of the human resource service industry in China from the aspects of industry and region. In the aspect of industry, the evaluation of leading talents, the development of talent groups, and the operating conditions of human resources service head institutions are analyzed. In the regional research, the development of human resource service industry in Beijing and Yunnan Province and related problems are analyzed and discussed. Comprehensive on the analysis of the human resources market, the following eight characteristics can be found: First, within the monitoring data in 100 cities, the gap between supply and demand in 2022 is weaker than in 2021, the scale of job hunting has increased, and the demand of human resource market has decreased. Second, job demand still structural. The demand of eight industries, which includes manufacturing, wholesale and retail, accommodation and catering industry, resident service repair and other services, leasing and business services, construction industry, information transmission computer services and software industry, and real estate industry, accounted for more than 80% of the total demand in the monitoring data of 100 cities. Third, the mobility of the human resources market in 2022 is basically the same as that of the previous year, and it is characterized by strong mobility in both urban and rural areas. Fourth, the proportion of formal employment of the third generation of migrant workers has increased, and the employment choice has gradually changed from the traditional force type to the service type and knowledge type, but they still face the challenge of weak employment competitiveness and low vocational level. Fifth, the human resources demand of public recruitment websites has shown a downward trend in recent years, but the average market commitment compensation is increasing year by year. Sixth, emerging businesses such as business outsourcing and flexible employment are growing rapidly in the leading enterprises of human resources service organizations. The scale indicators such as operating income and gross profit of the leading enterprises maintain a continuous growth trend, while the profitability indicators such as gross profit rate and profit rate show a downward trend. Seventh, the development of human resources service industry achieved a double harvest on economic and social benefits, which played a greater role in

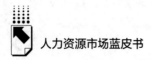
人力资源市场蓝皮书

promoting employment and realizing person-post matching. Eighth, the regional characteristics of the development of regional human resources service industry are still relatively obvious, and consistent with the level of economic development.

Keywords: Human Resources; Employment; Compensation; Human Resource Service

Contents

朱丹雨　柏玉林

I　General Report

Abstract：Based on the statistical data of Bureau of statistics, Ministry of human resources and social security, development and reform commission and other functional departments, and the survey data of relevant research institutions and human resources service organizations, which matically analyzes the labor supply, demand, mobility, and matching in China human resources market. It mainly includes：first, the scale and regional distribution of labor supply, regional distribution and industry composition of demand; Second, the overall situation of supply and demand matching in the human resources market and the characteristics of matching in different regions and industries; Third, the mobility between urban industries and rural labor; Fourth, the status and changing trend of labors income by region, industry and unit. Fifth, the income status and change trend of different types of personnel. Theanalysis results show that：in 2022, the labor supply in the human resource market will increase slightly, and the demand will decrease slightly; The average job-seeking ratio was 1.42, 0.15 lower than the 2021 average of 1.57; In terms of mobility, the proportion of permanent migrant population in 2021 is 29.81 percent of the total resident population, and the

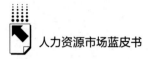

change rate of urban workers is 0. 03, basically unchanged from the previous year. The total number of migrant workers in 2022 is 295. 62 million, an increase of 1. 1 percent over the previous year. In terms of income, the average salary of employees in urban company has steadily increased, and the top three industries in terms of average salary are information transmission, software and information technology services, finance and scientific research and technology services.

Keywords: Human Resources; Supply and Demand Matching; Mobility; Employment; Income

II   Basic Situation of Human Resources

B. 2   Value Implication, Evaluation Standard and Practical
Choice of High-Quality Fuller Employment

Shi Danxi, *Lai Desheng* / 043

Abstract: High quality fuller employment is proposed as an integration goal, which highlighting the integrity, guidance and development. Promoting high-quality fuller employment is an integral part of achieving high-quality development, is an inevitable choice on promoting high-quality population development, and is an important way to promote common prosperity and a fundamental measure to improve people's quality of life. High-quality fuller employment emphasizes the coordinated development of quantity and quality of employment, and it is urgent to construct a compactness and inclusive employment quality evaluation index system to synthesize and calculate the employment quantity collaborative development index. In the new era and new journey, adhere to the orientation of economic development and employment, comprehensively strengthen the policy of giving priority to employment, attaching great importance to investment in human capital, will help promote high-quality employment and help achieve Chinese-style modernization.

Keywords: High-Quality Fuller Employment; Coordination of Employment Quantity and Quality; Priority Employment Policy; Human Capital Investment

B . 3   Analysis of Human Resources Market Status Based on the

Big Data of National Public Recruitment Website(2020—2022)

Zhang Yiming / 059

Abstract: According to the big data analysis of national public recruitment website for 2020 – 2022 shows that the recruitment demand for positions throughout the year of 2022 continues to fluctuate. In general, except for the first quarter, the demand for recruitment positions in the past three years has declined year by year. The number of recruitment demands has declined for three consecutive years in the first quarter, and began to show irregular changes in the second quarter. Contrary to the overall downward trend in hiring demand, four industries, including public administration, social security and social organization, electricity, heat, gas and water production and supply industry, scientific research and technical service industry, resident service, repair and other service industry, have a significant increase in the number of recruitment needs, with a year-on-year growth rate of more than 300% in 2022. Although the number of job positions from 2020 to 2022 is on a downward trend, the three-year average market promise salary of the job openings is increasing year by year. The article suggested to further promote the optimization of employment structure in the process of industrial structure adjustment, further dynamically monitor the monthly changes in the labor market, and accurately grasp the changes in the labor market. Meanwhile, pay more attention to flexible employment and other forms of employment, and take multiple measures to promote high-quality full employment, when the number of regular jobs is decreasing.

Keywords: Public Recruitment Network; Big Data; Labor Demand; Human Resources Market

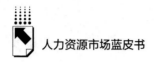

B . 4　Analysis of Talent Demand Under the Integration of Digital

Technology and Real Economy　　　　　　*Yang Huiling* / 071

Abstract：The integration of digital technology and real economy has changed the demand for talents, which makes the mismatch between talent supply and demand more prominent, and magnifies the talent gap. The survey showed that the talent shortage in China (except Hong Kong, Macao and Taiwan) hit the highest level since the survey in 2022. Coupled with the impact of the COVID-19, the shortage of talents in livelihood industries becomes more serious. Digital skills demand penetrated rapidly, and the skills demand on IT/ data jumped to the top. The demand for digital skills is increasing in different sizes of enterprises and industries, and the more digitalized the industry, the higher the demand for IT data skills and the harder it is to fill. For the integration of digital and realistic, enterprises should take stock of needs and integrate talent acquisition channels according to the priority of business needs; accelerate the integration of corporate culture, employer brand building and other aspects to enhance the cross-border flow of talents; training both internal and external, from the long-term development of the exploration of composite digital finance personnel training mode; give young people more opportunities and strengthen their reserves of soft skills.

Keywords：Digital Technology and Real Economy Integration; Talent Gap; IT / data; Innovation; Originality

B . 5　Analysis of Human Resources Demand Trend (2023):

Research Based on Enterprise Service Data

Xia Ming, Chen Jun and Hou Rong / 083

Abstract：By using the data of the National Human Resources Service Industrial Park Alliance in Bolje, study the economic and technological development zones or high-tech industrial development zones with high human resource service coverage in East China, South China and Central China; Focus on selecting ten representative industries in various development zones; Enterprises in the manufacturing sector and major investment categories of the development zone are targeted. Analyze the changes in the current human resources service demand of enterprises, forecast the overall change and trend of China's human resource demand in 2023. The study finds that, (1) Although the total human resource demand of enterprises in economic and technological development zones or high-tech industrial development zones will still increase, the increase in demand mainly comes from the service industry, and the human resource demand of manufacturing enterprises in the development zone will decline this year. (2) Hong Kong and Taiwan investment and private investment enterprises are the main types of investment enterprises in the new human resource demand of the development zone. Correspondingly, the growth of new human resource demand of European and American investment enterprises and Japanese and South Korean investment enterprises is weak. (3) The tidal employment of enterprises in the development zone leads to the regularity and repetition of human resource demand, which deserves the attention of the society.

Keywords: Human Resources Service; Supply and Demand; Enterprise Service; Economic and Technological Development Zone; High-Tech Industrial Development Zone

B.6 Group Characteristics and Career Development Report of
the Third Generation of Migrant Workers

Wang Jiawen, Hou Liwen and Wang Letian / 097

Abstract: The article uses relevant data to analyze the group characteristics of the third generation migrant workers. The result shows that compared with the first and second generation migrant workers, the group characteristics, employment structure and career development of the third generation migrant workers have obvious

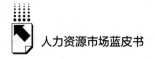

characteristics of the generate, group characteristics and regional characteristics. The proportion of formal employment has increased, and the employment choice has gradually changed from the traditional force type to the service type and knowledge type, but it still faces problems such as weak employment competitiveness, low occupational level, long-term unemployment, relatively low level of security, and greater impact of the epidemic. It is suggested to improve the employment quality of the third generation of migrant workers by increasing skills training, expanding growth channels to promote career development, increasing ideological guidance to establish a positive employment view, improving the system and mechanism to improve the level of security, and increasing precise assistance to help stable employment.

Keywords: Third Generation of Migrant Workers; Employment Quality; Career Development

B . 7 Analysis and Improvement Path of Labor Cost-Efficiency in Manufacturing Industry

Research Group of China International Technology and

Intelligence Cooperation Group Co. Ltd / 117

Abstract: Under the background of increasing uncertainty in the external environment and increasing business challenges, the management requirements of enterprises for cost control and efficiency, quality and efficiency have been significantly improved. As a labor-intensive, capital-intensive and technology-intensive industry, the manufacturing industry faces particularly prominent cost pressure and efficiency improvement challenges. This paper analyzes the labor cost input-output efficiency of listed manufacturing companies, and selects three advanced manufacturing fields of mechanical equipment, electric power equipment and national defense for key observation, aiming to provide the latest market labor cost efficiency data and human efficiency improvement management practice reference for the majority of manufacturing enterprises.

Keywords: Advanced Manufacturing Industry; Labor Cost-efficiency; Human Efficiency Improvement

Ⅲ   Regional and Industrial Human Resources Market

B.8   Research on the Education and Training of Talents of

Financial Industry Talents in Shanghai   *Liu Na*, *Liu Lin* / 130

Abstract: The rapid development of Shanghai's financial industry has promoted the development of education and training of financial talents. Similarly, the education and training of financial talents has also continued to import outstanding financial talents for the financial industry. However, the education and training of financial talents can no longer meet the needs of Shanghai's financial industry for financial composite talents, it is necessary to strengthen the education and training of talents in the financial industry. This article will study and analyze the current situation of the development of Shanghai's financial industry, the current situation and problems of talent education and training in Shanghai's financial industry. The corresponding suggestions and countermeasures are put forward: First, strengthen education and training of high-end financial talents; Second, strengthen the teachers'strength, cultivate "double-qualified" teachers; Third, promote school-enterprise cooperation, enhance practical ability; Fourth, establish and improve the education and training mechanism for financial talents. The above four countermeasures are conducive to promoting the optimization and upgrading of the education and training mechanism of Shanghai's financial industry talents, and are conducive to accelerating the adaptation to the needs of economic and social development.

Keywords: Financial Talent; Education and Training; Shanghai

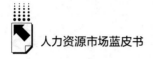

B.9　Analysis of the Current Situation of County Employment

in Chongqing

China Chongqing Human Resources Service Industry Development

Research Institute and Chongqing Macroeconomic Association Joint

Research Group / 149

Abstract: Based on the basic situation of 12 counties in Chongqing, this article analyzes the basic situation of the current county economy, the basic situation of the county population and talents, and the basic situation of the county employment. Combining with the actual situation of Chongqing's industrial development, general characteristics of county employment are analyzed. Adhere to the development of county economy as a fulcrum to expand employment space, it puts forward the policy suggestions to improve the comprehensive carrying capacity of county employment in Chongqing from six aspects: stabilizing the market, strengthening the industry, expanding the channel, protecting the group, gathering talents and optimizing the environment.

Keywords: County Area; Employment; Population; Chongqing

B.10　Analysis of the Basic Situation of Hunan Human Resources

Market　　*Yang Wangping, Chen Rongxin and Zeng Jia* / 159

Abstract: This paper uses questionnaire survey, field interview and other methods to collect and collate data, and analyzes the supply and demand of Hunan human resources market. The result shows that compared with the problem of low completion rate of management and technical positions in the third quarter, the recruitment situation of all positions in the fourth quarter shows a consistent improvement, the recruitment plan of employers has expanded, and the job demand has gradually increased. Meanwhile, the problem of difficult recruitment of enterprises has been alleviated to a certain extent, and the recruitment choice has changed from online to on-site. The job market for migrant workers picked up in the fourth quarter, but the difficulty of finding a job still exists. The employment trend of university and college graduates is generally stable, and they tend to shift from production to technical and management positions in the process of employment transition, and take flexible employment as an important employment choice or transitional measure.

Keywords: Human Resources Market; Labor Demand; University and College Graduates; Hunan

B.11 Analysis the Supply and Demand of Public Human Resources Market in Shandong Province (2022)

Yi Junqiang, Qi Yanqun, Yu Dongpeng, Zhuang Laibin / 175

Abstract: In 2022, the public human resources market at all levels in Shandong Province continuous to expand the on-site recruitment service model in combination with the requirements of epidemic prevention and control, and flexibly hold professional, precise, miniaturized, customized offline special recruitment activities, effectively promoting the accurate docking of supply and demand. This paper use the data accumulated by the above activities to make a statistical analysis of the supply and demand of the public human resources market in Shandong Province. The results showed that the overall supply and demand of the public human resources market in the province remained balanced, with steady growth at both ends of the supply and demand, and the industrial demand maintained a "321" pattern, but the structural contradiction in employment was still prominent.

Keywords: Human Resources Market Industry; Supply and Demand Analysis; Shandong Province

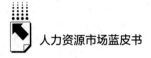
B.12 Investigation and Analysis of Compensation Level in
Guangdong Province（2022）

Lin Fan，Tian Wenna and Ma He / 191

Abstract：Based on the analysis and research of salary data from 2021 to 2022 in Guangdong Province，which finds that：（1）The quality of the province's economic development has been steadily improved，the confidence of enterprises in production and operation has been continuously strengthened，and the average compensation of employees has continued to rise；（2）The compensation competitiveness of the financial industry is the strongest，the leasing and business services industry has improved significantly，and the real estate industry continues to decline；（3）The compensation gap between enterprises is narrowed，and the interaction between educational background and length of service is strengthened；（4）Contract system employment continued to maintain steady growth，and the compensation gap with labor dispatch employment further widened.

Keywords：Compensation Survey；Compensation Level；Guangdong Province

B.13 Analysis and Prospect of the Construction of Skilled
Talents in Henan Province *Wang Changlin，Wu Deqiang* / 215

Abstract：In recent years，Henan Province has implemented the work of "everyone licensed，skill Henan" with high quality，which made a remarkable achievements in promoting the construction of skilled personnel in Henan Province. This paper is based on the current situation of skill talent team construction in Henan Province，analyze the main problems existing in the construction of skill talents，such as low practical ability，insufficient overall supply，structure to be improved，lack of support and guarantee，and urgent optimization of social environment. Put forwards the countermeasures and suggestions on the construction of skill talents highland in Henan Province from the aspects of improving the practical ability of skill talents, paying attention to the effectiveness of talent, optimizing the structure of talent, increasing capital investment and improving the social environment.

Keywords: Skilled Talent; Everyone Licensed, Skilled Henan; Human Resource

B . 14 Supply and Demand Analysis of Kunshan Human Resources Market (2022)   *Zhu Xinjie* / 227

Abstract: In 2022, as a state-owned human resource organization, Kunshan human resource market actively performs the mission and responsibility of serving talents, enterprises and society, adheres to the service concept of "the first stop for job recruitment, the first window for solving problems, the first source for career development", and constantly accelerates the market reform, development and innovation. In 2022, the impact of the COVID-19 gradually wanes and China's economy steps into a strong recovery. However, it is not difficult to see that the data of on-site recruitment participants, job demand data and job search data all show a downward trend, and the structural contradiction is still prominent. State-owned human resource institutions still face great challenges in the allocation of resources. By using the statistical data of Kunshan human resource market in the process of serving the city's enterprise recruitment and talent search, it objectively reflect the main situation of the supply and demand sides of the local labor market in Kunshan through summary screening, inductive comparison, typical analysis and other methods in the form of characteristic maps and brief descriptions.

Keywords: Human Resources Market; Supply and Demand Status; Employment Positions; Recruitment Data; Kunshan

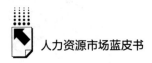

B.15   Analysis of Talent Supply and Demand in Qingdao（2022）

Song Xueyan ∕ 234

Abstract：This paper relies on the relevant recruitment and job hunting data of China Marine Talent Market（Shandong）and Qingdao Talent network, analyzing the supply and demand status of talents in Qingdao 2022. From the demand side, the demand for jobs in non-public enterprises represented by private enterprises shrank, especially in the construction and real estate industries declined significantly, and the demand for talents with doctoral degrees rose against the market. From the perspective of job hunting, the job seekers are still mainly talents with bachelor's degree or above, and state-owned enterprises are still popular, and suggestions are put forward from the aspects of conserving labor ecology, optimizing labor structure, enhancing the ability of manufacturing industry to gather talents, guiding and encouraging college graduates to actively find jobs, and actively carrying out special actions to ensure employment.

Keywords：Talent Market; Talent Demand; Job Hunting; Qingdao

B.16   Talent Insights and Compensation Trends in Big

Health, Finance and Automobile Industry

Fu Xiaowei ∕ 244

Abstract：This paper analyzes the talent market trends and compensation status of key industries including big health, finance and automotive. The recruitment market activity, talent demand, talent mobility and compensation trend of each key industry are fully revealed, which help the government and enterprises fully understand the market and talent situation, so as to formulate scientific talent strategy and decision. Scientific and effective talent and salary management is an inevitable demand for the development of modern enterprises. Understanding the change of talent market and salary trend is helpful for the government and enterprises to understand the market and talent situation, provide reference for enterprises to make sustainable talentstrategies and decisions, and provide guidance for talents to find jobs and employment. This report analyzes the salary data of more than 1 million senior management and professional technical candidates in key positions in Career International database. Focus on the key industries includingComprehensive Health, finance and automotive industry talent market trends and salary analysis, makes a relatively complete disclosure of the recruitment market activity, talent demand status, talent flow and salary trends in each key industry areas. The research finds that under the environment of increased uncertainty, the recruitment demand and salary increase of enterprises are more conservative and prudent, and the employment requirements for talents are correspondingly increased. Talents with "multiple abilities, soft and hard ability" have become the favored objects of enterprises.

Keywords: Talent Demand; Compensation; Talent Mobility; Big Health; Financial; Automobile

Ⅳ   Human Resources Service

B.17   An Analysis of the Employment Situation of Human Resource
Management Graduates in Beijing Vocational College in 2022:
A Case Study of L School in Beijing   *Zheng Zhenhua* / 258

Abstract: Based on the questionnaire survey of 110 graduates from L School of Human Resource Management in Beijing Vocational College, this paper analyzes their employment situation. The result shows that the employment industry of the sample graduates covers a wide range, distributed in 16 industries, mainly concentrated in the service industry, especially the human resources service industry belongs to the business service industry accounted for the highest proportion of 23%, private enterprises in the employment unit type. The employment units show the characteristics of decentralization and simplification, 86.3% of graduates work in

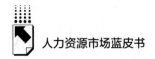
different companies, and the employment positions are mainly recruitment, personnel service, training and social security. The analysis of graduates' demand for knowledge, ability and quality shows that, (1) the six knowledge that should be strengthened most are labor economics, labor policies and regulations, enterprise management, human resource management, management communication, and human resource services. (2) The six skills that should be strengthened most are interpersonal communication, teamwork, psychological resistance to pressure, language expression, logical thinking, learning and understanding ability. (3) The six qualities that should be strengthened most are the sense of responsibility, dedication, hard work, meticulous and patient, honest and trustworthy, scientific and rigorous.

Keywords: Higher Vocational; Major of Human Resource Management; Employment; Beijing

B.18 Analysis on the Innovation and Development of Human Resources Service Institutions in Beijing

Shen Zhiyu / 274

Abstract: Based on the statistics of operating human resources service institutions and the survey data of innovation and development needs of human resources service industry associations in Beijing, the article analyzes the aspects of revenue scale, digital construction, participation in employment and talent service, and carry out business in country or overseas, etc. Then, look forward to the changes in the industry environment. The recent development of human resources services in Beijing has shown four characteristics: First, digital construction to enhance service capacity and strengthen the institutional competitiveness; The second is to start to promote the national expansion to open branches, looking for business subsidence fulcrum outside Beijing; The third is to attach importance to social welfare services while market-oriented business operations; Fourth, explore the overseas talent market and actively participate in the global human resources service trade competition.

Keywords: Digitalization; Specialized and Sophisticated; Human Resources Services; International Trade; Beijing

Abstract: Talent group is an emerging human resource service organization in recent years, and it is also an important exploration of the high-quality development of talent work in our country, and an important starting point of talent work in local government. This paper briefly describes the development of talent Group in recent years from its regional distribution, registered capital, equity structure and main business. At the same time, according to the function positioning of the talent group and the analysis of the competitive market environment, the future development strategy of the talent group is proposed, and suggestions are made for the peers or similar enterprises to implement internal integration in the region and carry out strategic cooperation outside the region.

Keywords: Talent Group; Strategic Positioning; Strategic Selection

Abstract: By using data from Normstar's "Leadership Practices Inventory" over the past six years, the article analyzed the personality tendency of managers with different gender, age, educational background, industry and enterprise nature, which helps enterprises to grasp the personality characteristics of managers more accurately. Statistical analysis shows that managers have outstanding sense of

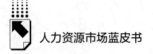
responsibility, internal attribution, agreeableness and self-discipline. From the perspective of the industry, leaders in science and technology Internet industry are tough, self-discipline and happy; Leaders in the automotive industry have strong management willingness, pioneering and innovative spirit and self-discipline; Leaders in the financial industry are more likely to be cheerful, responsible and flexible; Transportation service leaders have obvious gregarious, outgoing and strong sense of responsibility characteristics. From the perspective of the nature of enterprises, leaders of state-owned enterprises have stronger management willingness, leaders of joint ventures (foreign capital) enterprises have stronger innovation and flexibility, and leaders of private enterprises have stronger achievement willingness in work.

Keywords: Leaders Leadership Personality; Personality Test; Human Resource

B.21 Operating Status of the Leading Enterprises in China's Human Resource Service Industry *Chen Wei* / 312

Abstract: Using and analyzing the public data of annual report, and the operation conditions of the four largest enterprises in the human resources service industry such as foreign service Holdings. The results show that business income, gross profit and other scale indicators maintain a continuous growth trend; Profitability indicators such as gross profit rate and profit rate showed a downward trend; Rapid growth of emerging businesses such as business outsourcing and flexible employment; fiscal subsidies and other aspects may face the risk of regulatory and policy uncertainty in business and tax norms.

Keywords: Human Resources Service; Leading Enterprises; Operating Conditions

B . 22 Analysis on the Development of Human Resources Service

Industry in Yunnan Province （2022）

Zeng Hui , Guo Huilian , Zhu Yuankun and Fang Yang / 335

Abstract：In 2022, through the strengthening policy support, promoting the construction of the park, giving play to the role of the industry, promoting communication and exchanges, and improving regulatory services, the human resources service industry in Yunnan Province has made new progress in terms of industrial scale, format distribution, personnel quality and market allocation. But at the same time, there are also problems such as weak innovation ability, few backbone enterprises, and not obvious brand role, which need to be optimized and improved.

Keywords：Human Resources Service; Innovation Development; Yunnan Province

社会科学文献出版社

皮 书

智库成果出版与传播平台

✦ 皮书定义 ✦

皮书是对中国与世界发展状况和热点问题进行年度监测,以专业的角度、专家的视野和实证研究方法,针对某一领域或区域现状与发展态势展开分析和预测,具备前沿性、原创性、实证性、连续性、时效性等特点的公开出版物,由一系列权威研究报告组成。

✦ 皮书作者 ✦

皮书系列报告作者以国内外一流研究机构、知名高校等重点智库的研究人员为主,多为相关领域一流专家学者,他们的观点代表了当下学界对中国与世界的现实和未来最高水平的解读与分析。截至2022年底,皮书研创机构逾千家,报告作者累计超过10万人。

✦ 皮书荣誉 ✦

皮书作为中国社会科学院基础理论研究与应用对策研究融合发展的代表性成果,不仅是哲学社会科学工作者服务中国特色社会主义现代化建设的重要成果,更是助力中国特色新型智库建设、构建中国特色哲学社会科学"三大体系"的重要平台。皮书系列先后被列入"十二五""十三五""十四五"时期国家重点出版物出版专项规划项目;2013~2023年,重点皮书列入中国社会科学院国家哲学社会科学创新工程项目。

皮书网

（网址：www.pishu.cn）

发布皮书研创资讯，传播皮书精彩内容
引领皮书出版潮流，打造皮书服务平台

栏目设置

◆ 关于皮书

何谓皮书、皮书分类、皮书大事记、
皮书荣誉、皮书出版第一人、皮书编辑部

◆ 最新资讯

通知公告、新闻动态、媒体聚焦、
网站专题、视频直播、下载专区

◆ 皮书研创

皮书规范、皮书选题、皮书出版、
皮书研究、研创团队

◆ 皮书评奖评价

指标体系、皮书评价、皮书评奖

◆ 皮书研究院理事会

理事会章程、理事单位、个人理事、高级
研究员、理事会秘书处、入会指南

所获荣誉

◆ 2008 年、2011 年、2014 年，皮书网均
在全国新闻出版业网站荣誉评选中获得
"最具商业价值网站"称号；
◆ 2012 年，获得"出版业网站百强"称号。

网库合一

2014年，皮书网与皮书数据库端口合
一，实现资源共享，搭建智库成果融合创
新平台。

皮书网　　　"皮书说"　　　皮书微博
　　　　　　微信公众号

权威报告·连续出版·独家资源

皮书数据库
ANNUAL REPORT(YEARBOOK)
DATABASE

分析解读当下中国发展变迁的高端智库平台

所获荣誉

- 2020年，入选全国新闻出版深度融合发展创新案例
- 2019年，入选国家新闻出版署数字出版精品遴选推荐计划
- 2016年，入选"十三五"国家重点电子出版物出版规划骨干工程
- 2013年，荣获"中国出版政府奖·网络出版物奖"提名奖
- 连续多年荣获中国数字出版博览会"数字出版·优秀品牌"奖

皮书数据库

"社科数托邦"
微信公众号

成为用户

　　登录网址www.pishu.com.cn访问皮书数据库网站或下载皮书数据库APP，通过手机号码验证或邮箱验证即可成为皮书数据库用户。

用户福利

- 已注册用户购书后可免费获赠100元皮书数据库充值卡。刮开充值卡涂层获取充值密码，登录并进入"会员中心"—"在线充值"—"充值卡充值"，充值成功即可购买和查看数据库内容。
- 用户福利最终解释权归社会科学文献出版社所有。

社会科学文献出版社 皮书系列
SOCIAL SCIENCES ACADEMIC PRESS (CHINA)

卡号：225316337295

密码：

数据库服务热线：400-008-6695
数据库服务QQ：2475522410
数据库服务邮箱：database@ssap.cn
图书销售热线：010-59367070/7028
图书服务QQ：1265056568
图书服务邮箱：duzho@ssap.cn

S 基本子库
UB DATABASE

中国社会发展数据库（下设 12 个专题子库）

紧扣人口、政治、外交、法律、教育、医疗卫生、资源环境等 12 个社会发展领域的前沿和热点，全面整合专业著作、智库报告、学术资讯、调研数据等类型资源，帮助用户追踪中国社会发展动态、研究社会发展战略与政策、了解社会热点问题、分析社会发展趋势。

中国经济发展数据库（下设 12 专题子库）

内容涵盖宏观经济、产业经济、工业经济、农业经济、财政金融、房地产经济、城市经济、商业贸易等 12 个重点经济领域，为把握经济运行态势、洞察经济发展规律、研判经济发展趋势、进行经济调控决策提供参考和依据。

中国行业发展数据库（下设 17 个专题子库）

以中国国民经济行业分类为依据，覆盖金融业、旅游业、交通运输业、能源矿产业、制造业等 100 多个行业，跟踪分析国民经济相关行业市场运行状况和政策导向，汇集行业发展前沿资讯，为投资、从业及各种经济决策提供理论支撑和实践指导。

中国区域发展数据库（下设 4 个专题子库）

对中国特定区域内的经济、社会、文化等领域现状与发展情况进行深度分析和预测，涉及省级行政区、城市群、城市、农村等不同维度，研究层级至县及县以下行政区，为学者研究地方经济社会宏观态势、经验模式、发展案例提供支撑，为地方政府决策提供参考。

中国文化传媒数据库（下设 18 个专题子库）

内容覆盖文化产业、新闻传播、电影娱乐、文学艺术、群众文化、图书情报等 18 个重点研究领域，聚焦文化传媒领域发展前沿、热点话题、行业实践，服务用户的教学科研、文化投资、企业规划等需要。

世界经济与国际关系数据库（下设 6 个专题子库）

整合世界经济、国际政治、世界文化与科技、全球性问题、国际组织与国际法、区域研究 6 大领域研究成果，对世界经济形势、国际形势进行连续性深度分析，对年度热点问题进行专题解读，为研判全球发展趋势提供事实和数据支持。

法律声明

"皮书系列"（含蓝皮书、绿皮书、黄皮书）之品牌由社会科学文献出版社最早使用并持续至今，现已被中国图书行业所熟知。"皮书系列"的相关商标已在国家商标管理部门商标局注册，包括但不限于LOGO（▐）、皮书、Pishu、经济蓝皮书、社会蓝皮书等。"皮书系列"图书的注册商标专用权及封面设计、版式设计的著作权均为社会科学文献出版社所有。未经社会科学文献出版社书面授权许可，任何使用与"皮书系列"图书注册商标、封面设计、版式设计相同或者近似的文字、图形或其组合的行为均系侵权行为。

经作者授权，本书的专有出版权及信息网络传播权等为社会科学文献出版社享有。未经社会科学文献出版社书面授权许可，任何就本书内容的复制、发行或以数字形式进行网络传播的行为均系侵权行为。

社会科学文献出版社将通过法律途径追究上述侵权行为的法律责任，维护自身合法权益。

欢迎社会各界人士对侵犯社会科学文献出版社上述权利的侵权行为进行举报。电话：010-59367121，电子邮箱：fawubu@ssap.cn。

社会科学文献出版社